서서평 선교사의
통전적 영혼 구원 선교

서서평 선교사의 통전적 영혼 구원 선교
― 20세기 선교와 21세기 한국교회의 선교신학

2020년 3월 10일 초판 1쇄 인쇄
2020년 3월 17일 초판 1쇄 발행

지은이 | 임희모
펴낸이 | 김영호
펴낸곳 | 도서출판 동연
등 록 | 제1-1383호(1992. 6. 12)
주 소 | 서울시 마포구 월드컵로 163-3
전 화 | (02)335-2630
전 송 | (02)335-2640
이메일 | yh4321@gmail.com

ISBN 978-89-6447-557-7 93230

이 도서의 국립중앙도서관 출판예정도서목록(CIP)은 서지정보유통지원시스템 홈페이지
(http://seoji.nl.go.kr)와 국가자료종합목록 구축시스템(http://kolis-net.nl.go.kr)에서 이
용하실 수 있습니다. (CIP제어번호 : CIP2020010159)

서서평 선교사의
통전적 영혼 구원 선교

20세기 선교와 21세기 한국교회의 선교신학

임희모 지음

동연

어떻게 무엇을 선교했는가,
무슨 의미를 오늘날 한국교회에 주고 있는가?

2012년과 그 이후 한국 사회에서 서서평(徐舒平, 쉐핑, Elisabeth J. Shepping, R.N., 1880-1934, 재한기간 1912. 03. 19.-1934. 06. 26.) 선교사에 대한 열풍이 세차게 불었다. 한국 입국 100년이 되는 해, 2012년에 그의 한국선교 100주년 기념예배 및 책 출판기념회가 열렸고, 강연 등이 개최되었다. 뒤이어 학술대회를 비롯하여 책 출판, 뮤지컬, 다큐멘터리 영화, 연극 등이 다양하게 창작되고 연출되고 상영되었다. 여러 매체를 통하여 사후 80년의 서서평과 주변 이야기들이 한국 사회와 한국교회에서 되살아났다.

조그만 사실이 과장되어 나중에는 전설로 회자되듯이 서서평에게도 이와 비슷한 이야기들이 떠돌고 있다. '세상에서 가장 가난한 선교사', '남을 살리기 위하여 자신은 굶어 죽은 선교사', '나병환자 500명을 거느리고 조선총독부를 향해 데모 행진을 했던 선교사.' 또 이런 이야기도 있다. '사후 남겨진 전 재산이 동전 7개, 강냉이 가루 2홉과 다 닳아진 담요 반장'이라든지, '성공이 아니라 섬김' (Not Success but Service)을 스스로 실천했고, '고아 14명과 과부와 불행한 여성 38명을 돌보며 산' 이야기 등등. 앞의 셋은 과장과 허위에 가까운 이야기이고, 뒤의 셋은 잘 알려진 사실이다. 서서평은 개인적으로 자신의 비용을 들여 이들을 키우고 교육하고 시집보내며 더불어 살았다. 이는 사실이다. 사실과 과장이 어우러져 전해진 서서평의 삶과 사역은 정사가 아니라 때로는 야사로 이해되기도 한다.

이러한 상황에서 필자는 역사적 사실은 사실대로 알리고 과장과 허위는 교정하고 바로 잡고자 노력하였다. 사실 2009년에 필자는 서서평에 관한 첫 논문을 발표했다. 지금 생각하면 아찔한 생각이 넘치는 글인데, 서서평과 직접 관련된 자료는 당시 동아일보 신문 기사 4개(사설 1개 포함)와 백춘성이 그의 사후에 행적을 찾아 출판한 책『천국에서 만납시다』라는 자료 그리고 이외에 보충적 자료 몇 개를 활용하여 글을 썼다. 그 후 10년의 연구 세월이 흘러 그의 글과 그와 관련된 자료의 대부분을 수집하고 독서하고 분석하였다. 필자가 2015년에 출판한『서서평, 예수를 살다』라는 초판은 일종의 서서평 개설서이다. 2017년에는 이를 개정하고 필자의 논문 1개와 서로득 부인(Lois Hawks Swinehart)이 쓴 서서평 소전(Informal Sketch)을 번역하여 두 글을 덧붙여 개정증보판으로 출판했다.

그동안 서서평 선교사를 연구한 국내 저작물과 논문들이 대략 50편 정도가 될 듯싶다. 한국주재 선교사 중에서 이렇게 집요하게 집중적으로 분석되어 논문의 연구 대상으로 주목받은 선교사가 몇 명이나 될까? 더구나 미국남장로교한국선교회의 주류인 스코틀랜드계의 남성이 아닌 독일계 여성, 그것도 주류 남부 출신이 아닌 북부 뉴욕 출신의 독신 여성 선교사, 또한 의료선교사의 주류인 남성 의사가 아닌 여자 간호선교사, 건강한 몸이 아닌 스프루라는 한국적 풍토병으로 19년을 앓으며 나환자, 고아와 과부, 가난한 소녀와 불우한 여성, 소박맞은 여성과 성매매 여성 등을 섬기며 한국 여인들과 똑같은 주변부 여인의 모습으로 살았던 예수님의 참된 제자. 이렇듯이 주변부 출신으로 주변부에서 맴돈 서서평을 찬사로 부른 말이 있다. 한국에서 삶을 산 '재생한 예수'라는 말인데, 당시 비기독교인들 눈에 비친 독일계 미국인 서서평 선교사, 그녀는 분명 한국에서 한국인으로 다시 태어난 참된 한국인이었고, 십자가에서 죽고 부활한 예수 그리스도의 참된 제자였다.

1969년 대한민국 국민을 대표하여 대통령이 국민훈장 동백장을 서서평에게 추서했고, 1937년 미국 남장로교 여전도회가 세계에서 선교하는 여성 중 7인을 '영광스런 선교사'(Glorious Living)로 뽑았을 때 한국 선교사 중에서 유일하게 선정되었고, 1934년 소천 시, 광주시의 애국시민들이 광주시 최초의 시민사회장으로 그녀의 장례를 엄수하였다. 1932년에는 선교사역 20주년을 기념하여 광주시의 15개 시민사회단체가 모여 20주년 선교사역을 성대하게 축하하였다. 이 잔치에 대하여 동아일보가 크게 보도했고(1932년 6월 14일) 서서평은 특히 비기독교인들이 주축인 시민단체들이 마련한 이 잔치를 무척 감격해 했다. 선교 20주년 기념비가 지금 전주에 소재한 한일장신대학교 교정에 겸손하게 앉아 있는 듯 서 있다.

왜 서거한 지 86여 년이 지난 지금 서서평 선교사와 선교사역을 들먹이는가? 한국교회의 선교 현장인 한국 사회는 더는 한국교회를 신뢰하지 않을뿐더러 교회를 백안시하고 무시하고 천대하고 있다. 이러한 상황에서 교회에 다니는 교인 중 상당수는 기독교인이라는 사실을 부끄럽게 여긴다고 한다. '가나안 교인'이 수백만에 이른다는 언론 보도도 있다. 사회의식을 가진 한국의 시민사회와 단체는 한국교회를 적폐라고 생각한다. 이렇듯이 길에 버려져 맛 잃은 소금처럼 짓밟히는 현실이 오늘날 한국교회가 처한 상황이다.

한국교회의 이러한 현실에서 당시 한국 사회가 '재생한 예수'라고 최대의 칭송을 아끼지 않은 서서평 선교사에 대한 선교사적 의미가 오늘날 더 크게 부각되고 있다. 위에서 장황하게 말을 흘렸지만, 서서평을 또다시 잠깐 생각해보자. 왜 광주의 비기독교 시민단체들이 선교 20주년 기념을 성대하게 축하했을까? 왜 첫 시민사회장으로 예우를 했을까? 왜 대한민국은 국민훈장 동백장을 추서했을까? 서서평은 여타 선교사들과는 달리 낮은 자세로 한국인을 존중하고 사랑하여 십자가의 예수님처럼 자신을 희생하여 불행한 사람들을 섬기고 삶과 생명과 열정을 이들에게 주었다. 이렇듯이 자기 자신을 비우고 남을 귀하게 여기고 섬기는 모습의 한 조각이라도 한국교회와 기독교인들이 세상을 향해 내보여주기를 한국 사회가 기대하고 기다리고 있는 것은 아닐까?

이렇듯이 절박하게 달려드는 역사적 긴장을 느끼며 필자는 서서평의 1차 자료를 읽고 분석하여 오늘날 사회적 신뢰를 잃은 한국교회의 상황에서 조명한 글 7개를 묶어 책으로 출판하려고 한다. 미국 선교사들이 전한 미국 기독교의 복음이 개인주의적이고, 이원론적 영혼 구원 중심의 것임에 반해 서서평이 전한 성경적 복음은 사회적이고, 전인적이고, 통전적 성격을 지녔다. 이는 당시의 이원론적 영혼 구원 일변도의 선교 흐름에서 볼 때 이들과 확연히 다른 획기적인 선교적 실천이었다. 서서평은 영혼 구원과 함께 사회적 섬김을 통해 죄와 멸망의 길에 들어선 사람들을 구조해냈다.

"As to soul winning which is my chief reason for being here,
I do not know if I have won anyone to Christ, personally as

in years past, but by the grace of God I have been able to keep many from paths of sin and ruin through direct social service.[1]

내[서서평]가 여기[조선]에 있는 주된 이유인 영혼 구원과 관련해서, 지난 몇 년에 (1920-1925년 순회전도에서) 했던 대로 개인적으로 누구의 영혼을 그리스도에게로 인도했는지 나는 모른다. 그러나 하나님의 은혜로 나는 사회적 섬김을 직접 행하여 죄와 멸망의 길로부터 많은 사람을 구출할 수 있었다.

첫 번째 글은 영혼 구원만을 강조하는 대다수 선교사와 구별하여 필자는 서서평을 통전적 사회선교사로 규정하고 그의 사회선교사적 배경을 분석했다. 당시 미국 사회의 혁명적 변화와 국내전도 상황, 그의 개신교로의 개종, 화이트(Wilbert Webster White) 박사가 세운 성경교사훈련학교(BTTS, Bible Teachers Training School, 오늘날 뉴욕신학교 New York Theological Seminary)에서 공부하고 연구한 성경 교육과 선교 교육 그리고 한국에서 행한 통전 선교 사역을 분석했다.[2]

둘째 글은 간호 전문인 선교사 서서평의 초기 사역(1912-1919)을 정리하였다.[3] 서서평의 사역 전체를 바라보면 그는 늘 새롭게 변

---

1 Elise J. Shepping, "Report of Miss Elisabeth J. Shepping, R. N., Principal of Neel Bible School," Kwangju, Korea, Asia (Received at Nashville, Tennessee, July 26, 1929).

2 임희모, "서서평(쉐핑, Elisabeth J. Shepping) 선교사의 사회선교와 선교교육", 서서평연구회, 『서서평 선교사의 사회선교와 영성』 (전주: 학예사, 2019), 15-62.

3 임희모, "서서평 선교사의 초기 사역(1919-1919) 연구: 군산 구암예수병원 사역을 중

화하면서 다양하게 다층적으로 선교를 행했다. 그는 초기의 병원 간호 사역을 넘어 1920년부터 순회복음 전도와 1922년부터 성경 교육과 부인조력회 활동과 사회적 선교를 추진했고, 동시에 이들을 위한 조직이나 단체 및 기관을 만들었다. 이러한 사역들은 초기 간호사역에서부터 발화되어 발전해 갔다. 이러한 의미에서 서서평을 이해하기 위해서는 그의 초기의 활동을 심도 있게 연구할 필요가 있다.

서서평 선교사의 사역을 구태여 통전적 영혼 구원 선교라고 부르는 이유는 무엇인가? 이에 대하여 셋째 글이 해명한다. 이 개념이 오늘날 한국교회의 국내전도와 타 문화권 선교 관행을 갱신하고 예수 그리스도의 복음을 새롭게 전하게 하는 핵심 언어로 이해되기 때문이다. 한국교회는 전통적인 '이원론적 영혼' 구원 즉 사람을 영과 육으로 구분하고, 영을 강조하고 몸(육체)을 경시하는 구원 개념의 한계 속에 깊숙이 빠져 들어있다. 이러한 상황에서 우리는 성경 특히 구약성경과 예수께서 이해한 '영혼' 개념을 새롭게 조명할 필요가 있다. 구약과 예수 전통의 '영혼'은 영과 육과 사회성을 통전적으로 아우르는 성격을 갖는다. 여기에서 통전적 영혼 구원 선교의 중요성 즉 한국교회가 구령중심적 비사회적 관행으로부터 빠져나올 수 있게 하는 일종의 탈출구를 제공할 필요가 있다.[4] 『서서평, 예수를 살다』의 2017년 개정증보판에 덧붙였으나, 좀 더 상세한 서술과 보충이 필요하여 상당 부분을 새롭게 조직하고 재구성하여 세 번째 꼭지로 넣게 되었다.

심으로", 한국교회역사복원연구회, 「한국교회 역사복원 논총」 vol. 1 (2019), 47-83.
4 임희모, 『서서평, 예수를 살다』 (서울: 도서출판 케노시스, 2017), 165-196.

넷째, 오늘날 한국뿐만 아니라 세계적 수준에서 다문화 다인종 사회가 도래한 바, 이들 이민자나 소수자들에 대한 만남과 배려에 대한 논의가 한국교회에서 복잡하고 혼란스럽게 진행되고 있다. 이러한 상황에서 당시 가난하고 불행한 한국인들을 무조건으로 환대한 서서평의 사역을 분석하고 오늘날 한국교회의 대응에 대하여 새로운 관점을 제공한다.[5]

다섯째, 오늘날 한국교회는 역사적으로 한국의 종교 문화적, 정치 경제적, 사회적 상황에서 자연스럽게 뿌리가 내려진 교회 즉 토착화가 광의적으로 이루어진 교회이다. 이렇듯이 토착화가 진행되는 당시 한국교회에서 서서평은 어떻게 하나님 나라를 바라보며 가난하고 힘든 한국인들의 교회 즉 한국적 토착교회가 되도록 기여했는가를 선교학자 월스(Andrew F. Walls)의 순례자적 토착화 원리에 기대어 논하였다.[6]

여섯째, 오늘날 한국교회는 믿음지상주의에 빠져 사회로부터 지탄을 받는 바, '행함 있는 믿음'을 실천한 서서평의 삶을 루터 종교 개혁 500주년을 맞아 분석하였다.[7] 서서평은 개인을 총체적 인간으로 그리고 이웃과 사회를 포괄하는 통전적 관점에서 '행함 있는 믿음'을 실천하였다. 이는 나사렛 예수가 갈릴리에서 복음으로 선포하고 증언한 하나님 나라를 이루는 선교의 연장선에 있다. 이러한 선교 실천을 수용할 때 한국교회는 미래적 비전을 갖는다.

---

5 임희모, "환대의 선교사 서서평 (Miss Elisabeth J. Shepping, R.N.)의 무조건적 환대",
  「장신논단」 51-1(2019년 3월), 61-91.
6 임희모, "토착화 선교사 서서평 (Elisabeth J. Shepping)의 사역", 「선교와 신학」 48집
  (2019, 여름호), 335-366.
7 임희모, "루터 종교개혁과 행함 있는 믿음의 실천자 서서평", 서서평 연구회, 『행함 있는
  믿음으로 본 – 여성주의 관점에서 본 서서평 선교사』 (전주: 학예사, 2017), 15-54.

일곱째, 서서평은 복음의 실천 현장으로 지역 교회를 중요하게 여겼다. 당시 가난한 금정교회(현재 광주제일교회)에 평신도로 등록하고 출석하여 여성들을 지도하였다. 특히 성경 교육을 실시하고 부인조력회(여전도회) 활동에 헌신적으로 봉사하여 성경 말씀대로 행하는 자로서 삶의 모범을 보였다. 금정교회 성장과 성숙에 기여한 믿음의 실천자 서서평의 삶과 신앙을 논하였다.8

이 7개의 글을 묶다 보니 중복된 내용과 설명이 많아졌다. 책의 일관성 관점에서 볼 때 흠인 것은 틀림없다. 이 책은 서서평 평전을 쓰는 것이 아니고 한국교회에 변화를 주기 위한 목적으로 기술되었다. 이 목적을 이루기 위하여 몇 가지 주제와 테마를 선정하고 각각의 논리화에 집중하다 보니 전체적으로 하나의 책의 관점에서는 중복된 내용이나 표현이 불가피하게 생겼다. 이를 넓은 마음으로 독자께서 양해하시기를 바랄 뿐이다.

끝으로 이 책을 출판함에 있어서 세 공동체에 감사의 말씀을 드리고 싶다. 먼저 2013년부터 생성되기 시작한 서서평연구회와 연구위원들에게 감사를 드린다. 이들은 매년 2회의 학술대회가 개최되도록 발표자로 참여하고 또한 발표된 글들을 보다 세련되게 정련하여 학술지 등에 게재한 후 연말에 출간되는 연구논문집에 싣도록 허락하여 서서평 연구논문 6집(2019년)까지 생산하게 되었다. 연구위원들의 이러한 노력이 쌓여 서서평연구회는 2019년에 서서평 상(Shepping Award)을 제정하게 되었고, 서서평의 섬김과 얼을 잇는 자를 선정하여 연구하고 시상함으로써 하나님께 영광을 드리게 되

---

8 임희모, "광주선교부 금정교회의 평신도 교인인 서서평 선교사의 사역", 서서평연구회, 『동백(冬柏)으로 살다: 서서평 선교사』 (전주: 학예사, 2018), 181-216.

었다. 연구위원들에게 심심한 감사를 드리는 바이다.

또 그동안 예수 그리스도의 십자가의 고난과 죽음 그리고 부활을 믿고 따르는 삶을 공동체로써 체험하며 살아온 정읍중앙교회(담임: 박종식 목사, 서서평연구회이사장)와 평화생명교회 공활체에 감사를 드린다. 정읍중앙교회와 평화생명교회는 예수 그리스도의 섬김의 삶을 따라 산 서서평 선교사의 정신을 이어 섬김으로써 하나님 나라를 이루는 일에 동참하면서 서서평 연구회 활동에 적잖은 물심양면의 성원을 보내고 있다. 이 두 교회 공동체가 물량적 크기와 높이와 넓이에 집착하는 한국교회를 갱신하는 일에 선명하게 기여하기를 바라며 감사의 말씀을 드리고 싶다.

마지막으로 7개의 각기 다른 원고들을 책의 형태로 다듬고 말미에 찾아보기(Index)까지 포함시켜 곱고 귀한 책으로 만들어준 출판공동체 도서출판 동연의 김영호 대표님과 편집팀 및 여러 스태프에게 감사를 드린다.

부디 여기에서 연구하고 논의한 서서평의 섬김의 삶이 예수 그리스도의 십자가 고난과 부활을 증거하고, 이 예수 그리스도의 하나님 나라 복음이 이 땅에서 실천되어 삼위일체 하나님께 큰 영광으로 드러나기를 바란다.

2020년 2월
모악산의 변함없는 자태에 안겨
임희모

| 차례 |

1 장
통전적 사회선교사 서서평
― 배경과 사역과 선교 교육

I. 서론

보수적인 한국기독교목회자협의회가 의뢰하여 지금부터 7년 전 한국갤럽은 한국기독교인의 종교 생활을 조사하고 분석한 보고서를 작성했다. 한국교회의 이념적 성향을 조사한 통계를 보면 보수적 성향의 목회자 수는 55.8%로서 기독교인 47.3%와 비기독교인 41.3%보다 높다. 반면 진보적 성향의 목회자 수 13.4%는 기독교인 16.6%와 비기독교인 21.0%보다 적다.[1] 이 통계에 의하면 보수적 목회자가 진보적 목회자에 비하여 양적으로 4배가 많다. 진보적 목회자는 대개 복음의 사회성을 의식하며 사회적 빈자나 약자를 옹호

---

1 한국기독교목회자협의회, 『한국기독교분석레포트』 (서울: 도서출판 URD, 2013), 502-506.

하면서 부유한 강자의 논리를 비판하고 부패한 기득권을 질타한다. 이에 비하여 보수적 목회자 대부분은 이미 약자와 강자가 정해진 불평등한 사회관계에서 강자 편을 들거나 중립을 취함으로써 약자에게 불이익을 온존시키고 강자의 횡포를 눈감는다.

이러한 의미에서 상기 불균형적 통계수치는 세 가지 사실을 추론하게 한다. 첫째, 교인들에게 영향을 크게 미치는 목회자들의 보수성은 한국교회가 사회 문제에 대해 눈감거나 비사회적, 심한 경우 반사회적 태도를 갖게 한다. 둘째, 교회 내에서 목사나 장로가 금전, 성, 세습 문제 등을 일으킬 때 교인들은 눈감고 모르는 체하거나 비사회적 방식으로 처리한다. 셋째, 교인 자신은 대개 교회 내에서 거룩하다는 예배를 드리지만 교회 밖 사회에서는 비윤리적이거나 비사회적 삶을 산다. 이로 인하여 한국 사회는 비사회적 한국교회와 기독교인을 무시하거나 심하면 반사회적 적폐 세력으로 폄하하기도 한다.

한국교회의 보수적 목회자라고 하더라도 교회 내적인 사역을 넘어 교회 밖의 사회 문제에 대해 선교적으로 대응하는 삶을 살 필요가 있다. 또한 교인들 역시 교회 밖에서 복음을 실천하는 사회선교사로, 또한 자기 자신의 삶이 사회변혁적 삶이 되도록 살아야 할 것이다. 이러한 사회적 삶을 통하여 기독교인과 목회자 및 교회는 사회적 신앙이 성숙되고 사회적 관계를 긍정적으로 변화시키고 목회자의 삶 역시 올바르게 될 것이다. 한국교회는 사회선교 차원에서 한국교회의 현재 모습을 갱신하고 미래적 비전을 논해야 할 것이다.

여기에서 1910년대부터 한국에서 복음을 통전적으로 이해하고 복음의 사회성을 선교적 삶으로 실천한 쉐핑(서서평, Elisabeth J.

Shepping) 선교사를 연구할 필요가 있다. 그는 한국에서 1912-1934년까지 활동한 독일계 미국인이었다. 전문인 간호사 선교사로서 그는 1912-1919년까지 병원 중심의 간호선교사로, 1920-1925년은 순회복음 전도자로, 1922년부터 교육선교사로, 오늘날의 장로교 여전도회전국연합회(1928년 창립 시 4개 선교회의 여전도회를 조직하는 사무총장)를 조직한 교회행정조직가로, 1923-1933년까지 조선간호부회(오늘날 대한간호협회)를 창립하여 10년간 회장직을 맡아 사회적 민족적 간호정책을 시행했다. 서서평(쉐핑)은 선교 초기부터 공적 업무로 병원 간호와 각 개인의 영혼 구원 사역을 수행하면서, 사적으로 사회적 관심을 가지고 불우 여성이나 사회적 약자를 위한 구제와 사회개혁을 시도했다. 그는 20세기에 선교를 했지만 오늘날 21세기 선교학적 개념으로 통전적 선교를 실시했다.[2] 대다수 선교사가 개인주의적으로 인간의 영혼 구원에 집중한 반면 서서평은 총체적 인간구원을 강조했고 교회 밖의 사회구원 활동을 주도함으로써 통전적 선교를 행했다.

이러한 쉐핑 선교사를 한국 시민사회가 존중하여 한국인으로 인정했고 본인도 스스로 한국인의 정체성을 가지고 살았다.[3] 그는 오늘날 호남의 5대 영성가(최흥종, 이세종, 서서평, 강순명, 이현필) 중 1인으로 논해지고 있다.[4] 그가 1934년 6월 소천하자 조선의 비기독교

---

2 쉐핑(서서평)의 사회선교와 관련하여 다음의 글을 참조하라. 임희모, "서서평의 사회선교: 통전적 영혼 구원 선교", 『서서평, 예수를 살다』(서울: 도서출판 케노시스, 2017: 개정증보판), 163-196; 임희모, "토착화 선교사 서서평(Elisabeth J. Shepping)의 사역", 「신학과 선교」 48 (2019), 335-366; 임희모, "환대의 선교사 서서평(Elisabeth J. Shepping)의 무조건적 환대", 「장신논단」 51-1 (2019. 3.), 61-91.

3 임희모, "토착화 선교사 서서평(Elisabeth J. Shepping)의 사역", 335-366, 특히 344-348.

4 서재룡, "서서평 선교사와 최흥종-강순명-이현필: 호남의 영성운동가들", 서서평연구

신문인 동아일보는 그녀를 "재생한 耶穌[예수]"[5]라고 불렀다. 이는 서서평의 선교 사역 속에서 다시 말하면 그가 복음을 실천하는 모습에서 예수가 드러났다는 것을 강조한 말이다. 이러한 서서평의 사회선교적 삶을 오늘날 한국교회 상황에서 되새기고 성찰할 필요가 있다.

이 글은 전문인 간호사 선교사인 쉐핑의 삶을 크게 두 부분에서 분석하려 한다. 먼저 미국의 1870년대와 그 이후 혁명적 상황을 살피고, 뉴욕에서의 그의 삶과 성장과 교육과 훈련을 살핀다. 특히 그가 교육받은 성경교사훈련학교(Bible Teachers Training School: BTTS)의 특징과 교육 그리고 당시 논의된 타 문화권의 사회적 진보를 위한 선교 신학을 분석한다. 뒤이어 본 글은 쉐핑 선교사가 한국에 입국하여 행한 사회선교 사역을 선교 교육과 연계하여 분석한다. 이를 위하여 먼저 호남지역의 사회경제적 상황을 분석하고, 서서평의 다양한 사회선교를 검토한다. 이는 여성절제운동과 공창폐지운동, 남장로교한국선교회[6]의 산업 활동 교육 정책과 이를 실천한 서로득 부인(Mrs. Lois Hawks Swinehart)과 서서평의 협력 사역을 논의한다. 결론적으로 본 글은 서서평의 사회선교 사역과 교육이 오늘날 한국교회에 주는 시사점과 의미를 서술하려고 한다. 이 글을 위한 분석 자료로는 가급적 제1차 자료(원문)를 활용하려 한다. 여기에는 한국선교회의 연례회의록과 *Korea Mission Field*(KMF) 그리고 각 선교사의 선교 보고가 포함된다.

회, 『행함 있는 믿음으로 본 – 여성주의 관점에서 본 서서평 선교사』(전주: 학예사, 2017), 56-88, 특히 82-83.

5 "慈善 教育事業에 一生 받힌 貧民의 慈母 徐舒平孃 長逝, 生前에는 再生한 耶穌의 稱號 모범할 勤勉力行의 一生",「동아일보」(1934. 6. 28.).

6 이후 이 글은 남장로교한국선교회를 한국선교회로 칭한다.

II. 미국의 혁명적 변화 상황(1870-1912년): 쉐핑의
사회선교 준비

쉐핑은 19세기 말 독일 이민자의 물결을 타고 대도시인 뉴욕에
정착하여 성장하고 교육을 받았다. 당시 새롭게 부상했던 공업과
산업의 도시인 뉴욕은 다양한 인종들이 이민자로 모여들어 빈부격
차가 심했고 경제적, 사회적, 문화적, 인종적 긴장이 상시로 일어났
다.[7]

1. 1870-1912년 미국 종교 상황에서 독일계 이민자로 살기

1) 미국의 사회 변화

미국 연방의회가 1808년 노예 수입을 금지한 이래 미국 북부와
남부가 지속하여 갈등하였는데, 1810년 120만의 노예가 1860년에
400만 명에 이르렀다. 이 사이에 장로교회도 분열되었다. 1837년
미국 장로교회는 전통적 칼뱅주의를 고집한 구파(old school)와 부
흥 운동과 인간의 자발성을 강조한 신파(new school)로 분열되었
다. 북부 노회에서 다수를 차지한 신파 총회가 1857년 노예제를 비
판하자 남부 노회에 속한 신파들이 총회를 탈퇴하여 남부대회를 만

---

7 대부분의 남장로교 선교사들은 영국인이나 스코틀랜드인들의 후예들로서 미국 남부의
농촌 혹은 소도시에서 성장하고 교육을 받은 신흥 중산층 출신이었다. 이들은 흑인을
데려다가 대규모 농사를 짓는 농촌 사회의 지적 분위기에서 교육과 훈련을 받았다. 그
러나 쉐핑은 독일계 미국인으로 다문화사회의 산업도시인 뉴욕에서 10대 이후의 삶을
살았다. 이로 인하여 쉐핑은 이들 선교사의 생활과 교육과 환경 더 나아가 선교 방식과
내용 면에서도 차이가 나는 선교를 행했다.

들었다. 한편 원래 구파는 노예 문제에 관심하지 않았지만 남부 노회에 다수를 이룬 구파는 1861년 남북전쟁 발발 이후 곧 남부장로교로 분리하였다. 여기에 신파의 남부대회가 참여하여 1866년 미국남장로교회(Presbyterian Church in the United States)를 만들었다. 1870년 북부의 교회들은 연합하여 미국북장로교회(Presbyterian Church in the USA)를 조직했다.[8] 노예제에 대한 입장 차이는 정치적, 사회경제적, 문화적 차이를 만들었다. 남장로교 측은 전쟁에 패했지만, 전쟁의 책임을 전혀 느끼지 않았고, 사회적 보수성을 견지하면서 여전히 노예제가 성경적이고 의롭다고 여겼다. 한편 전쟁 중 북부 교회와 남부 교회는 각각 지역감정에 빠져 자기 지역을 편들면서 성경의 가르침이 주는 도덕적 권위를 상실하였다.

전쟁 이후, 북부에서 지배적인 상업적이고 물질적 가치관이 미국 전역을 휩쓸고 정치는 도덕과 관련 없이 완전히 분리되어 진행되었다. 이윽고 미국은 산업화가 급속도로 진전되면서 도덕적 종교적 이상이 아니라 번영과 물질을 탐하는 사회로 변하였다. 산업화는 급격한 도시화를 불러일으켰다. 이 현상은 서부개척과 함께 진행되어, 시골에 사는 사람들을 도시로 대거 이주하게 했다. 이러한 산업화와 도시화는 이주민들을 몰려들게 했고 이들 사이에 노동문제, 빈부격차, 환경파괴, 범죄증가 등이 일어났다.

이주민과 노동자에게 일어나는 사회 문제를 극복하기 위하여 기독교 지도자들은 사회에 각성을 촉구하면서 사회복음(social gospel) 운동을 벌였다. 이들은 사회 문제 접근에 개인주의적 선의나 구제에 의지하기보다는 사회경제적 구조나 제도를 변혁하는 전략

---

8 류대영, 『미국종교사』 (파주: 청년사, 2007), 310-311.

을 취하였다. 개인 영혼 구원뿐만 아니라 사회를 구원할 수 있도록 사회구조를 기독교화하려 했다. 특히 독일의 고등비평과 진보신학을 습득한 월터 라우션부시(Walter Rauschenbusch)는 인간 교육을 통하여 미국 사회를 하나님 나라를 실현하는 기독교적 구조로 만들려 했다.

사회복음 사상의 근저에는 진화론과 과학적 합리성 및 성경에 대한 고등비평이 있었다. 이에 대하여 보수적 기독교 측은 사회복음 운동을 비판하면서 보수적 신학을 강조하고 배타적 근본주의 운동을 일으켰다. 보수적 기독교인은 교리와 성경에 대한 합리적 이해를 가능케 한 고등비평과 현대주의 사조를 비판하면서 교회의 갈등과 분열을 꾀하였다.

이렇듯이 변화하는 지적 분위기 속에서 여성의 사회적 역할도 확대되었다. 남북전쟁에서 자원봉사를 주도한 여성들이 전쟁 이후에 교회에서는 활동할 자리를 차지하지 못하였다. 이러한 상황에서 해외선교지가 확장되었다. 활동적인 여성들은 국내에서 역할의 한계를 넘어 타문화권 선교사로 지원하여 선교사로 파송되었다.

2) 이민자의 도시 뉴욕과 종교 교육

위에서 살핀 바와 같이 19세기에 들어 미국은 산업혁명과 서부로의 경계 확장을 진행했다. 여기에 공장 건설과 광산 개발 및 서부의 넓은 땅을 개척할 노동자들이 필요했다. 이를 위하여 유럽의 이민자들을 받아들인 결과로 미국의 인구가 급격하게 증가하였다. 1800년 530만, 1830년까지 1,300만, 1850년에 2,300만, 1880년

5,000만, 1910년에 9,350만 명으로 늘어났다.[9] 1820-1865년 사이에 영국인 744,285명, 아일랜드인 1,880,943명, 독일인 1,545,508명과 기타 유럽인들이 입국하였다. 1871-1880년에는 영국인 437,706명, 아일랜드인 436,871명, 독일인 718,182명 등이 이민자로 들어왔다.[10]

독일인 이민자는 1608년에 미국에 처음으로 입국하여 1683년에 13가정의 퀘이커 교도들이 종교의 자유를 찾아 들어왔다.[11] 그후 지속적으로 증가하여 1841-1850년에 434,626명, 1901-1910년에 341,498명 등이 입국하였다. 1820-1955년까지의 이민자 총수는 6,530,543명으로 매년 평균 48,375명이 입국하여 미국 이민자 중에서 가장 큰 수를 기록하였다.[12] 독일 이민자들은 주로 농부와 소기업인과 기능기술자로 구성되어 중산층 기반을 이루었고 독일어를 사용하였다. 특히 독일 개신교인들은 루터교의 전통을 고집했다. 타 이민자에 비하여 독일인들은 높은 학식과 지식을 가진 민족으로 인정되었다.[13]

가톨릭은 19세기 말에는 개신교 인구를 능가하면서 가장 큰 교파

---

9 Kenneth Scott Latourette, *Christianity in a Revolutionary Age: A History of Christianity in the Nineteenth and Twentieth Centuries Vol. 3: The 19th Century Outside Europe: The Americas, the Pacific, Asia and Africa* (New York: The Paternoster Press, 1961), 7.

10 John Bodnar, *The Transplanted: A History of Immigrants in Urban America* (Bloomington: Indiana University Press, 1985), 217.

11 Elizabeth Raum, *German Immigrants in America* (Mankato: Minn: Capstone Press, 2008), 106.

12 John Bodnar, *The Transplanted*, 217(1820-1955년 영국인 2,823,144명, 아일랜드인 4,369,926명, 독일인 6,530,543명, 이탈리아인 4,849,033명, 오스트리아-헝가리인 4,212,959명 등 유럽계 이민자는 33,874,574명이고, 여타 국가 포함 이민자 총 수는 40,413,120명이다).

13 John Bodnar, *The Transplanted*, 6-8; 142; 150-152.

가 되었다. 1850년에 1,6606,000명, 1900년 12,041,000명, 1906년 14,210,000명으로 증가했다.[14] 1886년 미국 가톨릭의 성직자로서 주교 총수는 69명이었다. 이중 아일랜드계가 35명, 독일계(오스트리아와 스위스 포함)가 15명, 프랑스계 11명, 영국계 5명, 화란계, 스코틀란드계 및 스페인계는 각각 1명이었다.[15]

뉴욕의 초기 가톨릭 교구들은 인구가 지배적으로 많은 아일랜드인으로 구성되었으나 독일인들은 이들 교구로부터 분리하여 그들 자신의 정체성을 강조하여 언어와 문화와 풍습을 지켰다. 1833년에는 첫 독일가톨릭 교회가 세워졌다. 1865년에는 뉴욕에 독일 교구 8개가 존재했고 독일어 예배를 드렸다.[16] 독일 가톨릭 이민자들의 자부심은 적지 않았다. 이에 비하여 뉴욕의 이탈리아 이민자는 1890년까지 39,951명으로 뉴욕 인구의 2.6%, 1900년까지 145,433명으로 4.2%, 1910년에는 340,765명으로 7.1%를 차지했다.[17]

유럽계 이민자들은 자신들의 국가 종교를 가지고 입국하여 미국사회는 다종교사회로 변하였다. 초기에 형성된 뉴잉글랜드의 주류적 개신교 전통을 뛰어넘어 미국은 새로운 종교적 다원주의 속에서 이주민 교육을 실시해야 했다. 여기에 기독교의 각 종파는 복음 전도를 시도하여 종교 간 긴장이 고조되었다. 초기부터 종교적 분위

---

14 Kenneth Scott Latourette, *Christianity in a Revolutionary Age*, 59.

15 위의 책, 102.

16 Richard Panchyk, *Catholic New York City* (Charleston, SC: Arcadia Publish- ing, 2009), 9-10.

17 Samuel L. Baily, *Immigrants in the Lands of Promise: Italians in Buenos Aires and New York City, 1870 to 1914* (Ithaca and London: Cornell University Press, 1999), 58.

기를 지배하던 개신교가 19세기 중반에 공교육 운동(public school movements)을 학교 교육 운동으로 발전시켰다. 이 운동은 교육 과정으로 모든 학생에게 영어를 가르쳐 미국의 주류 문화에 적응하게 하고, 해설은 하지 않았지만 매일 성경을 낭독하고 주기도문도 반복하도록 했다. 가톨릭 측에서 이에 대하여 심하게 반발하자, 성경 낭독과 주기도문을 생략하는 공립학교도 생겼다.[18] 이러한 긴장 관계에서 로마 교황을 수장으로 하는 가톨릭교회는 교구 학교를 세워 교육했다. 1900년에 뉴욕에는 121개의 가톨릭 교구 학교가 있었다. 이 중 61개 소년학교 재학생은 18,953명에 이르렀고, 61개 소녀학교에 21,199명이 공부를 했다. 뉴욕 가톨릭 교구에 5,000명의 대학생과 15개의 병원도 있었다.[19]

가톨릭교도인 쉐핑은 그러나 국가가 실시하는 공교육 과정을 통해[20] 영어를 배우고 미국인 문화를 익히고 미국 사회에 편입되었다. 이렇듯이 종교 간 긴장이 심화되는 상황에서 쉐핑은 뉴욕의 공립 학교를 다니고 졸업했지만 성경의 존재는 알지 못했다. 20살 무렵에 그녀는 뉴욕 성마가병원에서 간호교육을 받고 간호사 자격을 취득하여 전문인 간호사가 되었다.

---

18 민경희, 『미국 이민의 역사: 이론과 실제』 (청주: 도서출판 개신, 충북대학교 출판부, 2008), 35.

19 Richard Panchyk, *Catholic New York City*, 10.

20 Lois Hawks Swinehart, "Elise Johanna Shepping," Sarah Lee Vinson Timmons (ed.), *Glorious Living: Informal Sketches of Seven Women Missionaries of the Presbyterian Church, U. S.* (Atlanta, Ga: Committee on Woman's Work, PCUS., 1937), 160; 임희모, 『서서평, 예수를 살다』, 215.

3) 미국 내 복음 전도 운동과 쉐핑의 개종

19세기 후반에도 미국 내 불신자와 이민자에 대한 개신교의 복음 전도 운동은 활발하였다. 복음 전도 기도회, 부흥회, 신앙사경회, 천막집회, 거리집회, 주일학교 운동 등이 다양하게 진행되었다. 19세기 후반에 무디(Dwight Lyman Moody, 1837-1899)는 가장 유명한 전도자였다. 그는 옛 뉴잉글랜드 노스필드(Northfield, Mass.) 출신으로서 보스턴을 거쳐 서부 시카고로 가서 하나님의 말씀인 성경적 복음을 대중적 부흥회나 사경회에서 설교하고 가르쳤다. 그는 평신도로서 당시 거센 신학적 논쟁과 무관하게 복음을 전하였다. 1857년 시카고 기독교청년연합회(YMCA) 총무로 활동하고 1858년에 시카고의 슬럼가에서 소년 주일학교 운동을 벌이면서 복음 전도, 기도회, 주일학교, 사회구제와 복지를 행했다. 1867년 이후 5번에 걸쳐 영국과 스코틀랜드, 웨일즈 및 아일랜드를 방문하여 부흥 사경회를 인도했다. 그에게는 모든 사람이 성경의 복음을 믿고 영혼을 구원하는 것이 중요했다. 무디는 복음과 전도를 강조했지만 타 교단의 신앙에 대하여 배타적 태도를 갖지 않는 에큐메니컬 마인드를 가졌다.

그는 1879년 여학교를 Northfield에 창설했고 2년 후 남학교도 창립했다. 1889년에는 시카고에 무디성경학원(Moody Bible Institute)을 만들어 경건한 기독교지도자를 무료로 양성하였다. 무디는 해외선교자원운동(SVM)에 지대한 원동력을 제공하였다. 1886년 4주간 진행된 헤르몬산(Mt. Hermon) 대학생 집회에서 설교를 했다. 그는 영국 케임브리지의 7인에 속한 스터드(Studd) 형제에게 영향

을 미쳐 미국 대학생 운동을 활성화했고, 미국 국내 복음 전도 운동
을 통해 해외 선교 운동도 자극했다. 특히 무디스쿨의 인사들로서
모트(John R. Mott)와 토레이(R. A. Torrey) 등이 중심이 되어 국내
복음화 운동을 진척시켰다.[21]

또 국내복음화는 청년운동을 통해 진행되었다. 처음에는 영국과
유럽에서 일어났지만 미국에서 활짝 열린 YMCA 운동과 YWCA 운
동은 복음주의적 열정을 통해 성장했다.[22] 특히 대도시 변두리의
소외되고 잊어진 젊은이들에게 개신교 평신도들이 복음화의 관심
을 가지고 접근했는데, 후에 이러한 청년 운동은 대학생 운동으로
발전했다.[23] 또 기독교 절제 운동은 "그리스도를 고백하고 그리스
도를 위하여 봉사하고 그리스도인들과 교제하고 그리스도의 교회
에 충성한다"[24]는 원칙을 강조했다. 이외에도 주일학교운동과 해외
선교를 위한 학생자원운동이 국내전도 운동과 연계되어 활성화되
었다.[25] 이러한 개신교 운동들은 성경 중심의 복음을 전하고 이를
통한 영혼 구원을 강조함으로써 일반 시민들을 개신교로 개종을 이
끌었다.

쉐핑은 이렇듯이 역동적인 복음 전도 현장에서 1900년경 간호
사 동료의 전도를 받아 복음주의 개신교 예배에 참석하여 설교를
듣고 비로소 성경을 접하게 되었다. 이후 그녀는 개신교 예배에 지

---

21 Paulus Scharpff, *Geschichte der Evangelisation* (Gieβen: Brunnen Verlag, 1964), 198-204.

22 Richard C. Morse, *History of the North American Young Men's Christian Associations* (New York: Association Press, 1913).

23 Kenneth Scott Latourette, *Christianity in a Revolutionary Age*, 125-130.

24 위의 책, 130-132, 인용은 131.

25 Paulus Scharpff, *Geschichte der Evangelisation*, 204-209.

속 참석하여 개신교를 이해하고 결국 가톨릭에서 개신교로 개종하였다. 이것이 화근이 되어 독실한 가톨릭교도인 어머니는 딸에게 절교 선언을 하였고 쉐핑은 간호사라는 전문직을 통해 홀로서기를 시작하였다. 그녀는 성경을 더 심도 있게 배우고 예수 그리스도를 깊이 알고자 1904년 뉴욕에 있는 성경교사훈련학교(Bible Teachers Training School)에 입학하였다. 쉐핑은 성경에 계시된 예수 그리스도의 사랑에 깊이 빠져들었다.

2. 성경교사훈련학교(BTTS: 1904-1911): 사회선교의 모체

1) 화이트 박사의 성장과 성경적 선교 이해

화이트(Wilbert Webster White, 1863-1940)[26] 박사는 오하이주 낸킨(Nankin, Ohio)에서 경건한 어머니와 목수이자 농부인 아버지 사이에서 3남 3녀의 맏이로 태어났다.[27] 그는 경건한 장로교 교단(United Presbyterian Church) 가정에서 어린 시절 교육을 받았다. 화이트는 장로교 대학인 우스터(Wooster) 대학에서 학사(1881)와 석

---

26 Charles Richard Eberhardt, *The Bible in the Making of Ministers: The Scriptural Basis of Theological Education: The Lifework of Wilbert Webster White* (New York: Association Press, 1949), 37-44.

27 Wilbert의 형제자매 대부분은 선교와 에큐메니칼 운동과 관련되어 있다. 그의 여동생인 Elizabeth Belle(born 1864)는 Charles Compton 목사와 결혼했고, Leila Ada (1866)는 당시 사도 바울로 알려진 John R. Mott와 결혼했다. Anna May(1868)는 중국에서 30년 이상을 선교사로서 YMCA 운동에 헌신한 William R. Stewart와 삶을 같이 살았다. 그의 동생 John Campbell(1870)은 평신도선교사운동(Layman's Missionary Move- ment)의 총무로서 Wilbert와 19세기 말 인도 선교여행을 동행했고 후에 우스터대학의 총장을 역임했다. 막내 동생 David George(1872)는 미국 서부에서 일생을 살았다.

사과정(1883)을 마쳤다. 제니아신학교(Xenia Theological Seminary)를 마치고(1885) 16개월간의 목회를 했다. 뒤이어 구약 고등비평의 대가인 하퍼(William Rainey Harper) 교수가 재직 중인 예일대학교 박사과정(Ph.D.)에 입학하여 연구하였다. 그러나 화이트는 하퍼 교수의 고등비평학에 심취하지는 않고 모국어 성경 읽기를 강조하였다. 그는 1891년에 박사학위를 취득하고 제니아신학교에 교수로 복직했으나 1894년 교수직을 사임하고 대도시인 시카고의 무디성경학원(Moody Bible Institute of Chicago)의 부원장(Associate Director)으로 청빙되었다. 여기에서 그는 낡은 방식의 전통과 권위를 탈피하고 교파적 한계를 지닌 신학교 분위기를 벗어나 실질적인 변화를 이끌어내는 초교파적 성경 교육의 중요성을 깨달았다. 2년 후 1896년 그는 YMCA 국제위원회의 초청으로 인도 캘커타에서 대학생들과 함께 YMCA 활동을 했다. 거기에서 활동하는 선교사들과 만나 대화하면서 성경교육과 모국어 성경 읽기와 성경의 영적 가치의 중요성을 인식했다. 또 그는 영국의 각 도시에서 초청받아 성경 교육과 모국어 성경 읽기를 강의하였다. 인도 선교현장과 영국의 각 도시에서 성경 교육의 중요성을 깨달은 화이트는 미국 뉴욕에서 성경학교 설립에 대한 비전을 품고 귀국했다.

화이트 박사에게 큰 영향을 준 4명의 인사는 다음과 같다.[28] 첫째는 그가 영국에 머무는 동안 재정 지원과 성경대학 설립 비전을 심어준 스코틀랜드인 오버토운 경(Lord Overtoun)이고, 둘째 인사

---

28 "Finding Aid for Wilbert Webster White Papers, 1878-1945," The Burke Library Archives (Columbia University Libraries) at Union Theological Seminary, New York (Revised by Roth Tonkiss Cameron 5/6/2009), 2; Charles Richard Eberhardt, *The Bible in the Making of Ministers*, 50-63.

는 그에게 경건한 삶으로 안내한 기도서를 쓴 머레이(Andrew Murray)이며, 셋째는 당대 최고의 복음주의 부흥사인 무디(Dwight Moody)였고, 넷째는 예일대학교의 구약학 교수로서 후에 시카고대학교 창립자가 된 하퍼(William Rainey Harper) 총장이었다.

구약성경과 신학을 전공한 화이트 박사는 고등비평학을 연구하였지만 몰두하지 않았고 이를 위하여 논쟁하지도 않았다. 그는 선교 현장에서 성경 중심 신앙과 신학의 필요성을 중시하여 모국어 성경 읽기와 영적 생활을 강조했다. 그는 전통적인 장로교 신학을 이어 받았지만 초교파적 성경교육과 에큐메니칼 정신을 포용하는 복음주의적 성경대학의 설립을 구상하였다.

2) 화이트 박사의 BTTS 구상과 선교 교육

1901년 1월 화이트 박사는 컬럼비아대학교 사범대학(Teachers College)을 모델로, 커리큘럼은 성경, 목적은 교사 양성, 학문성은 대학 수준을 지닌 성경사범대학(Bible Teachers College)을 뉴저지 몬클레어(New Jersey Montclair)의 YMCA 강당에서 시작하였다.[29] 그러나 대학 여건을 갖추지 못한 상황에서 1902년 뉴욕으로 이전하고 교명을 '성경교사훈련학교'(Bible Teachers Training School: BTTS)로 바꿨다. 그는 컬럼비아대학교 사범대학의 러셀 학장(Dean James E. Russell)과 이 대학의 도서관장인 캔필드(Librarian Dr. Canfield)를 만나 협력관계를 맺었다.[30] 1904년 캠퍼스가 마련되고

---

29 Charles Richard Eberhardt, *The Bible in the Making of Ministers*, 62, 88.
30 위의 책, 91.

학제가 갖추어질 때까지 시내의 몇몇 교회를 빌려 채플과 강의실로 활용하였다. 그러나 학생들에 대한 강의와 연구 수준을 높이기 위하여 굴드(Gould)상을 제정하였는데 첫 회에 266개의 논문이 접수되었다.[31] 심사자는 프린스턴대학교 총장 및 하트포드신학교 학장 등 7명을 위촉했다. 한편 화이트 교장은 프린스턴신학교에서 1년 반 동안 영어성경 2개 과정을 강의했다. 그의 성경 교육은 성경에 관하여 이해하고 연구하는 방법을 가르치는 것이 아니라 성경 그 자체를 중시하여 본문을 여러 가지 방법으로 읽고 특히 모국어로 성경을 읽고 영적 가치를 깨닫고 실천적 삶을 살게 하는 것이었다.

화이트에 있어서 기독교 지도자 양성의 가장 큰 중심 지점은 성경 교육이었다. 모국어 성경 연구는 이들을 훈련하는 과정에 있어서 중심적 역할을 했다.[32] 화이트 학교의 성경연구 방법은 모국어 성경을 여러 가지 면에서 읽고 또 읽는 것이었다. 그는 성경 읽기 다이어그램을 만들었는데, 이미지를 상상하며 읽기, 반성적으로 읽기, 목적을 가지고 읽고, 재판관의 입장에서 읽기, 기도하는 식의 읽기 등 열두 가지 읽기를 고안하고 가르쳤다.[33]

화이트 교장은 컬럼비아 사범대학과 연계하여 교과를 꾸렸다. BTTS 학생들은 사범대학의 교과를 수강할 수 있었다.[34] 특히 사범대학의 러셀 학장은 산업 활동 교과에 관한 논문[35]을 쓰고 가르쳤

---

31 위의 책, 94.

32 위의 책, 99.

33 Wilbert Webster White, *How to Study the Bible - Read-Read-Read: Thoughtfully to Read is to Study Read in the Best Version Obtainable in Your Mother Tongue* (W. W. White Archive genwww_3a0702_01_e43541cac4.pdf).

34 양창삼, 『조선을 섬긴 행복: 서서평의 사랑과 인생』 (서울: Serving the People, 2012), 90-91.

35 James E. Russell, "The School and Industrial Life," James E. Russell &

다. 공립학교에서 가르쳐야 할 커리큘럼의 삼중 구분 즉 인문 분야, 기술 분야 및 산업 분야로 나누어 13-14살부터 훈련해야 한다는 것이다.36 산업은 수공업과 가내 산업을 장려하고, 종류는 음식, 섬유, 목재, 철재, 진흙 등으로 나누고, 더 나아가 가치 창조적 예술 산업을 강조했다. 이러한 산업교육은 이민자 가정의 자녀나 주부들이 집에서 소규모 사업을 통하여 자립하도록 돕는 데 일조하였다. 이는 독일인과 이탈리아인의 이민자들이 급속히 증가하여 경제적 사회적 문제가 심각해진 뉴욕에서 이들에게 자활의 길을 여는 실질적 교육이 되었다.

3) 복음 전도와 타문화권 선교 교육

쉐핑은 1904부터 1911년까지 성경교사훈련학교(BTTS)에서 국내전도와 해외 선교를 공부했다. BTTS는 복음주의적 성경 이해를 바탕으로 전도와 선교에 실천적으로 참여하는 교육을 실시했다. 당시 미국에는 뉴욕의 BTTS와 시카고의 무디성경학원이 남녀공학으로 그리고 캔자스시티에는 스캐릿여성성경훈련학교(Scarritt Bible and Training School)가 있어서 성경 중심의 전도와 선교 훈련을 시켰다.37 이들 학교는 당시 개신교가 전통적으로 강조한 부흥회와 사경회를 통해 국내 복음 전도를 강조했다. 이들은 다양한 배경을 지

Frederick G. Bonser, *Industrial Education* (New York: Teachers College, Columbia University, 1914), 1-19. 이 글은 원래 Russell 박사가 1909년 *Educational Review*에 "The School and Industrial Life"라는 제목으로 게재하였다.

36 James E. Russell, "The School and Industrial Life," 7-8.

37 W. Douglas Mackenzie, *The Preparation of Missionaries*, 이종만 옮김, 『선교사 훈련』 (서울: 한국연합선교회, 2012), 239-240.

닌 이민자나 타 종교인을 대규모의 천막 집회에 초대하여 성경과 복음을 소개하고 복음주의적 개신교로 개종을 이끌었다.

화이트의 BTTS는 특히 이탈리아 이민자들을 위한 전도부(Italian Department)를 만들었다.[38] 1900년대와 그 이후 미국인들은 이탈리아 이민자들에 대하여 심한 편견과 적대감을 가졌다. 이탈리아인들은 "무식하고 경박하고 '사제의 지배를 받으며'(priest ridden) 부정직하고 더럽다"[39]는 것이었다. 이들은 미국 문화에 동화하기를 거부하면서 도시 변두리의 게토에 집결하여 사는 범법자와 파업파괴자로 이해되었다. 쉐핑은 BTTS에서 복음 전도를 배웠고, 뉴욕의 '여행자 지원 선교사회'(Traveler's Aid Missionary)에 등록하여 뉴욕의 곤궁한 이민자들을 지원하고 구제하고 복음을 전했다. 그녀는 사회적 구제와 영혼 구원의 복음을 아우르는 통전적 전도를 강조하는 실천적 교육에 참여했다.

이러한 BTTS는 해외 선교에도 관심하여 교육시켰다. 이 학교의 창립자인 화이트 박사는 위에서 언급한 바와 같이 선교와 관련된 가족 분위기에서 살면서 그 자신도 인도에서 성경교육선교를 실시했다. BTTS는 당시 해외선교 흐름을 주도한 학생자원운동(SVM)과 관련하여 선교 교육을 실시했다. SVM의 주요 지도자로 무디성경학원의 창립자 무디, SVM의 중심 리더로서 화이트의 여동생의 남편인 모트 그리고 평신도 운동의 지도자인 남동생 켐벨 등이 화이트에게 적지 않게 선교적 영향을 주었다. 화이트의 이러한 선교적 지향은 BTTS와 쉐핑에게 영향을 끼쳤는데, 쉐핑의 졸업 동기 22명

---

38 "Finding Aid for Wilbert Webster White Papers, 1878-1945," 3.
39 Samuel L. Baily, *Immigrants in the Lands of Promise*, 87.

중 5명이 선교사로 파송 받았다.[40]

3. 타문화권 사회진보적 선교: 데니스의 선교학과 사회적 선교

역동적으로 혁명적인 변화가 진행된 19세기 중반 이후 미국 국
내와 해외의 선교 상황은 선교사들에게 사회적 관심을 불러일으켰
다. 기독교 선교의 사회학적 접근은 제임스 데니스(James Shepard
Dennis, 1842-1914) 선교사에 의해 시작되었다.[41] 데니스는 먼저 기
독교 선교의 사회학적 범위를 정하고 비기독교 세계의 사회적 죄악
들을 일곱 그룹 즉 개인 그룹, 가족 그룹, 종족 그룹, 사회적 그룹,
국가적 그룹, 상업적 그룹 및 종교적 그룹으로 나누었다. 이들을 구
원(치료)함에 있어서 기독교가 비기독교 국가들에게 사회적 희망을
준다는 것이었다.[42] 제2권에서 데니스는 그동안 진행된 다양한 세
계 선교 자료를 분석하면서 비기독교 세계에 새로운 사회적 변혁이
일어나고 있다고 주장한다. 개인의 인격에 새로운 형태가 조성되

---

40 이들은 엘리제 J. 쉐핑(한국), 릴리안 C. 웰스(일본), 엘리자베스 A. 벨(뉴멕시코),
   넬리 P. 스프린터(중국), 칼로타 N. 쉬아펠리(뉴욕 도시산업선교) 등이다(양창삼,
   『조선을 섬긴 행복』, 94).

41 Jan A. B. Jongeneel, *Philosophy, Science, and Theology of Mission in the 19th and
   20th Centuries: Part I* (Frankfurt am Main: Peter Lang, 2002), 249, 259, 274,
   297-299. 역사학자와 선교 통계학자로도 활동한 데니스는 프린스턴신학교를 졸업하
   고 안수를 받은 후 1869년 시리아 선교사(ABCFM 소속)로 파송되었으나 곧 북장로교
   해외선교부(PCBFM)로 변경하고 시돈에서 4년 봉사 후 1873-1891년 베이루트의 시
   리아개신교대학(Syrian Protestant College)의 신학교 이사장(director)으로 사역
   했다("Finding Aid for James Shepard Dennis Papers, 1873-1916," http://bu.e
   du/missionary/missionary-biography/c-d/dennis-james-shepard-1842-1
   914).

42 James S. Dennis, *Christian Missions and Social Progress: A Sociological Study of
   Foreign Missions: Volume I* (New York: Fleming H. Revell Company, 1897).

고, 새로운 공론이 일어나고, 교육과 지적 세계의 진보와 박애주의 등이 확산되고 있다는 것이다.43 그는 또한 제3권에서 선교는 사회적 삶을 고양시키는 활력소가 된다는 것, 국민의 생활을 진보시키고, 상업적 이익과 산업을 진작시키며 종교적 경험을 세련되게 한다는 것이다.44 그의 선교적 관점은 선교 현장의 개인이 예수 그리스도의 복음을 수용하고 변함으로써 사회적으로 삶이 변하고 이를 통해 사회변혁이 일어난다는 것이다. 교회설립과 기독교교육과 병원 사역을 통해 비기독교 세계의 사회적 악습과 제도가 변혁된다는 낙관적인 관점을 지녔다. 총 1,627쪽에 달하는 방대한 자료를 담은 3권의 이 책은 비기독교 세계에서 활동하는 선교사들의 보고와 통계를 분석하였다. 당시의 낙관적인 선교 관점과 세계관을 토대로 저술된 제1권을 교재로 삼아 데니스는 1896년에 미국의 프린스턴신학교, 오번신학교, 레인신학교 및 웨스턴신학교 학생들에게 강의하였다.

이 책은 한국과 관련하여 수많은 사회적 죄악을 기술하고 있다. 예를 들면, 개인 그룹의 사회적 죄악으로 폭음, 도박, 처첩제와 일부다처제, 게으름과 지나친 자만심 등이고, 가족 그룹의 사회적 죄악은 여성 비하, 조혼제 등, 종족 그룹의 사회적 죄악은 노예제 등이 언급되고 있다. 제2권과 제3권에도 한국에 대한 수많은 언급이 있는데, 이들 자료의 출처는 *Korea Repository*로 이해된다.45 이 잡지의 편집자인 아펜젤러(H. G. Appenzeller)와 존스(G. H. Jones)는

---

43 James S. Dennis, *Christian Missions and Social Progress: Volume II* (New York: Fleming H. Revell Company, 1899).

44 James S. Dennis, *Christian Missions and Social Progress: Volume III* (New York: Fleming H. Revell Company, 1906).

45 위의 책, 621.

1898년 제1권에 대한 서평을 냈다. 서평자는 이 책의 내용을 소개하고 특히 젊은 선교사들에게 중요한 가치를 제공한다는 것과 신학교에서 이를 교재로 할 경우 커리큘럼 조정이 쉽지 않을 것이라는 내용도 밝히고 있다.[46]

데니스는 1900년 뉴욕의 에큐메니칼 선교대회에서 복음을 통한 사회적 진보와 개혁을 강조하는 연사로 활동했다. 그의 주장은 당시 고상한 신앙을 사회적으로 드러내려는 주류 개신교인 회중교회와 장로교회의 지적 분위기에 어울렸고 시민기독교의 윤리적 도덕적 분위기에도 적합한 것이었다. 폐쇄적이지 않은 BTTS를 비롯한 선교학계에 데니스의 사회적 진보의 선교관이 널리 알려졌다. 이러한 지적 분위기에서 쉐핑은 성경과 사회적 선교에 대한 교육을 받으며 뉴욕 거리의 가난한 이탈리아인들과 이민자들의 비참한 삶을 개선할 국내전도에 참여하였다. 조선에 입국한 쉐핑은 간호와 보건 교육, 여성 교육과 계몽, 복음 전도와 사회구제, 나환자와 고아와 과부의 돌봄, 여성의 자립과 자활 지원 등 사회적 교육과 섬김을 실천했다. 사회 선교를 행한 쉐핑은 한국 사회복지의 선구자의 1인으로 이해되고 있다.[47]

---

46 "Christian Missions and Social Progress," *Korea Repository Vol. V* (Feb. 1898), 64-69.

47 박상현, "간호와 복지의 선구자 서서평", 이웅교 편저, 『한국 사회복지를 개척한 인물』 (광주: 광주대학교 출판부, 2013), 37-58.

III. 서서평의 사회선교와 선교교육
: 남장로교의 사회선교사 서서평

서서평 선교사의 활동 시기 그리고 그 이전과 이후에도 조선(한
국)에 가장 크게 영향을 미친 정치적 메커니즘은 일제의 식민주의
였다. 1854년 대외에 개방한 일본은 1868년 명치유신을 단행하였
다. 1873년 국가의 전략으로 조선정복을 확정하고 결국 1876년 불
평등조약인 한일수호조약을 체결했다. 이를 통하여 일본은 힘을 통
한 전쟁 국가로[48] 발전했는데 1895년 청일전쟁에서 승리하고 제국
주의와 산업사회로 변하기 시작했다.[49]

1. 일제의 침략에 대한 저항운동과[50] 민중의 생활

1) 저항운동과 계몽운동

구미 식민제국주의 열강이 아시아를 침략한 이후 특히 중국은
1842년 이후 서구 열강과 계속하여 불평등조약을 체결하였다. 이
에 놀란 조선은 민중세력의 힘을 통하여 대외적으로 쇄국 정책을
실시하였지만, 내부 봉건세력의 모순으로 인하여 대원군 정권은 몰
락했다. 이후 조선에 문호 개방과 개화 정책이 강요되는 상황에서
봉건 관리의 부패에 대한 동학교도 등 기층 민중의 요구들이 거세

---

48 이성환, 『전쟁국가 일본』 (서울: 살림출판사, 2005), 6.
49 케네스 B. 파일/박영신 · 박정신 옮김, 『근대 일본의 사회사』 (서울: 현상과 인식,
   1986), 142-161.
50 한국민중사연구회 편, 『한국민중사 II: 근현대편』 (서울: 풀빛, 1986), 47-144.

지자 조선의 개혁파가 정치체제와 신분제 개혁 등을 시도하였고, 1894년 갑오농민전쟁이 일어나 외세의 침략과 봉건체제의 부패 척결을 시도했지만 결국 실패했다. 일본과 열강들은 조선에 대한 경제 이권 확보와 침략을 강화한 가운데, 조선 왕조는 버티기 위하여 외부세력을 끌어들였다. 결국 청국과 일본이 조선 땅에 진입하여 전쟁을 벌여 1895년 일본이 승리했고, 10년 후 러시아와 일본이 전쟁을 벌였지만 일본이 또 승리했다. 일본은 미국과 밀약하여 조선을 강점하는 수순을 밟았는데 이것이 1905년 을사늑약으로 나타났다.

이러한 상황에서 조선의 관료와 지식인 대중이 독립협회 운동을 벌여 정치개혁과 독립을 주장하였다. 이와 별도로 서울 주민들이 사회적 신분의 벽을 넘어 만든 만민공동회를 조직하여 수시로 열강의 경제적 이권 쟁탈전을 반대하는 반침략 민중운동을 벌였다. 특히 일제의 조선 강점과 침략이 노골화되는 1905년 이후 반일 의병전쟁이 격렬해지고 애국계몽운동이 활성화되었다.[51] 초기 의병 투쟁은 민비 시해와 단발령에 반발하는 유생과 농민이 일으켰다면 을사늑약 이후의 일본에 대한 의병전쟁은 의병 가담자의 신분과 계급구성 즉 양반과 유생, 농민과 포수, 화적, 광부 등으로 다양해졌고, 교전 회수와 참가자도 대폭 커졌다. 1907년 교전회수가 323회 참가자는 44,000명에 이르고, 1908년에는 1,900회, 참가자 83,000명이었다.[52] 특히 호남지역의 의병은 1908년 하반기 이후 평민 중심으로 조직되어 경제적 수탈과 계급에 대한 저항을 드러냈다.[53] 한편

---

51 Ingeborg Göthel, *Geschichte Koreas: Vom 17. Jahrhundert bis zur Gegenwart* (Berlin: VEB Deutscher Verlag der Wissenschaften, 1978), 136-174.

52 한국민중사연구회 편, 『한국민중사 II』, 107 (일본측 자료에 의하면 1908년 일본군은 의병 69,800명의 241개 부대와 1,451회의 교전을 했다고 한다: Ingeborg Göthel, *Geschichte Koreas*, 152).

애국계몽운동은 도시의 지식인을 중심으로 전개되어 봉건제 타파와 문명개화를 실현하여 국가 독립과 시민적 자유를 수호하려 하였다. 이 운동은 교육과 문화 분야에서 확산되었는데 정치적 압박이 가해지자 두 갈래로 분화되었다. 하나는 계몽과 실력양성운동으로, 다른 하나는 무장저항운동으로 나타났다. 1910년에 조선은 일제의 강제에 의해 식민지로 전락하였다.

2) 일제 식민지와 민중의 생활

일제는 을사늑약 이후 통감부를 설치하고 조선에 대한 정치적 지배권을 확보하고 경제적 수탈을 위하여 황실 재산과 국유재산을 조사하고 외국인에 대한 토지와 가옥의 매매와 증여 자유 등에 관한 규칙을 정하였다. 이는 법적으로 일본인에게 토지와 가옥 및 재산의 무제한적 소유를 보장하려는 것이었다. 1908년에는 동양척식주식회사를 만들어 대규모의 토지 약탈을 자행했다. 또 1910년 조선을 독점 지배하는 각종 법령과 제도를 갖추었고 조선인에게 무단통치를 행했다. 특히 1912년부터 1918년까지 전국적인 토지조사 사업을 진행했다. 이후 일제는 토지소유권을 농민이 아니라 지주계층에게 주었고, 농민들은 농업노동자나 소작농으로 전락하였다. 토지가 자본주의적 매매 대상이 됨으로써 결국 일본인에게 토지 소유가 집중되고 조선의 농민들은 몰락하거나 소작농으로 전락했다.[54] 일본인 대토지소유자에게 한국인 소작농은 반액의 소작료를

53 홍순권,『한말 호남지역 의병운동사 연구』(서울: 서울대학교출판부, 1994), 131-134.
54 1913년 당시 5정보 이상의 농가는 전체 농가의 2%, 1정보 이하의 농가는 62%, 0.5정보 이하의 농가는 34%였다(위의 책, 136).

내고 각종 세금을 부담해야 했다. 이로 인하여 농민의 빈곤화와 몰락이 가속화되어 소작농들이 농촌의 품팔이로 떠돌고, 미숙련노동자나 실업자로 혹은 빈민이 되어 인간 이하의 삶을 살아야 했다. 이 중 일부는 만주로 월경하여 중국인의 소작인, 농지 개척 혹은 독립운동에 투신했다.

1920년대에는 식민지 산업화가 이루어져 노동자 계층이 형성되었다. 노동조건이 최악인 상황에서 1920-1930년 시기에 891건의 노동쟁의가 발생하여 73,450명의 한국인 노동자들이 참가했다. 한편 당시 농민의 80%가 소작농으로 전락한 상황에서 소작쟁의도 발생하여 1922년 24건에 2,539명이 참가했고, 1925년 204건에 4,002명, 1930년에 726건에 13,012명이 참가했다.[55] 이 시기의 쟁의는 전남지역을 중심으로 일어났는데, 1922년 순천 쟁의의 경우 1,600명이 참가하여 소작료 인하, 지세 및 공과금의 지주 부담, 소작권 이동의 반대, 무상 부역 반대를 주장했다.[56] 이러한 주장은 지속적으로 확산되어 전국적 현상으로 진전되었다.

3) 사회의 변화와 새로운 종교지형의 생성

19세기 중반 이후 거세게 몰려든 서구 외세와 문화는 조선 사회의 변화를 초래했고 대부분의 농민 등 기층 민중은 혼란 속에서 삶의 희망을 잃었다. 봉건제 신분 사회에서 양반 관료들의 횡포와 착취에 대하여 민중은 직접 반기를 들었다. 수많은 민란이 일어나는

---

55 위의 책, 188-189.
56 무등역사연구회, 『광주-전남의 역사』(파주: 태학사, 2001), 236.

상황에서 서구 외세의 강제와 침략이 일어났고 민심은 불안하고 혼란 속에서 빠져들었다.

여러 민간신앙이 발흥하였다. 이러한 민간신앙을 바탕으로 유교와 불교의 가르침을 되새기고 서학과 가톨릭의 요소를 덧붙여 동학이 일어났다. 이러한 동학 발생을 일부 농민층이 수용하였다. 사회변동의 중심에서 민중에게 삶의 근원적인 의미와 위안을 주는 민중종교들이 성행한 것이다. 특히 호남지역에서는 전통적으로 내려온 민간신앙의 주술적이고 종교적인 성격이 강화되면서 증산교, 원불교, 대종교가 민중 사이에서 일어났다. 불교 미륵신앙의 바탕에서 천주교 전래와 뒤이은 동학의 발생과 확산, 강증산의 증산교, 단군사상과 대종교, 소태산 박중빈의 원불교가 발생하였다.57

19세기 말의 사회변동과 외세의 침략 시기에 개신교의 전래가 시도되었다. 중국과 황해를 통하여 개신교가 소개되고 유입되었다.58 또 일본을 통하여 개신교가 미국식의 교파적 형태로 조선에 소개되었다. 서구 문명과 함께 소개된 개신교가 조선의 혼란기에 궁중과 연관을 가지면서 권력의 호의를 받았으나 선교의 자유는 한동안 누릴 수 없었다. 20세기 초 일본 제국주의의 한국 침략에 대하여 미국 선교사들의 대다수는 동조하거나 침묵을 지켰다. 첫째, 이들은 본국(미국) 정부의 외교정책을 따르도록 종용받았다. 둘째, 당시 미국 교회의 정교분리 원칙에서 미국 선교사들은 한국 기독교인들에게 정치적으로 저항하거나 반대하는 것을 저지했다. 셋째, 미

---

57 황선명 외 5인, 『한국근대민중종교사상』 (서울: 학민사, 1983), 21-24.
58 Charles Gu[gü]tzlaff, *Journal of Three Voyages along the Coast of China in 1831, 1832, & 1833, with Notices of Siam, Corea, & the Loo-choo Islands* (London: Thomas Ward and Co. 1834), 227-249.

국의 선교사들은 개인주의적으로 내면화된 영혼 구원을 강조하고 이를 한국인들에게 요구하여 교회 내에서 신앙을 유지하게 하였다.[59]

2. 서서평의 다양한 사회선교 사역[60]

여기서는 서서평이 한국의 불우한 여성을 위하여 행한 사역 일반에 대한 논의는 하지 않는다. 또 그녀가 순회전도 기간(1920-1925)에 만난 여성들의 삶과 억압 상황, 이일학교의 여성교육과 성경 교육 그리고 광주에서 시작한 부인조력회 조직과 여성 지도력 양성도 다루지 않는다. 다만 새로운 자료 발굴로 인한 서서평에 대한 새로운 관점과 분석, 사회 선교에 대한 구체적 접근으로 기독교 절제 운동과 공창 폐지 운동, 더 나아가 여성 산업 교육과 활동에 대하여 분석하고자 한다.

1) 사회적 민족적 보건 위생 향상과 간호사 지도력의 국제 수준 높이기

서서평 선교사의 조선의 식민지적 상황 이해와 조선인 사랑은 남다른 것이었다. 그녀는 조선 전체의 위생과 보건 영역이 좀 더 사회적으로 민족적으로 향상된 상태가 되도록 노력했다.[61] 예를 들

---

59 류대영, 『개화기 조선과 미국 선교사: 제국주의 침략, 개화자강, 그리고 미국 선교사』 (서울: 한국기독교역사연구소, 2004), 413-450.

60 서서평의 간호사 사역, 이일학교 교육사역, 여전도회 조직 사역 및 일반적 사회선교 사역은 다음의 책을 참조하라(임희모, 『서서평, 예수를 살다』).

61 1910년대 당시 간호사의 타문화권 선교 준비에 있어서 많은 문제가 논의되었다. 간호

면, 조선 간호부들의 질적 수준의 향상 필요성, 조선간호부회의 간호와 보건 수준을 국제간호협회의 수준으로 높이기, 조선간호부회와 재선서양인졸업간호부회의 통합, 조선간호부회의 조선어 사용과 조선어 회의록 작성과 간호부 회보 만들기, 캐나다 국제간호협회의 회원가입 청원, 그러나 일본간호협회의 회원으로 병합되는 문제와 일본간호협회 가입에 대한 서서평 회장의 유보 등이다. 서서평이 회장직을 떠나면서 조선간호부회는 일본간호협회에 병합되었다.

이렇듯이 사회적 민족적 간호 수준의 향상을 강조하면서 서서평은 당시 애국운동과 독립운동의 기지로 역할을 한 만주의 동포 사회를 위하여 조선간호부회 소속의 이효경 등 3명의 간호사를 파송하여 위문하고 간호하게 하였다. 이들은 일제의 억압과 수탈로 인한 기아로부터 탈출하고자 고향을 떠나 만주로 이민을 떠난 자들로서 3.1운동과 항일운동의 기지 역할을 했는데 1930년 만주 거주 한국인은 61만 명에 이르렀다.[62] 만주는 한반도 면적의 6배에 해당하

사의 사역을 병원 병실과 진료소에 한정하고 이에 필요한 암기와 실습만을 한다는 것이었다. 이러한 성찰에서 간호사 훈련은 영어 성경과 선교현장 언어 활용 능력 향상, 신앙과 도덕적 자질 향상, 환자들을 만나 기독교적 자비와 사적 복음 증거, 중보기도, 사회적 만남과 교제 훈련 등 다양한 훈련이 강화되어야 한다는 것이다(W. Douglas Mackenzie, *The Preparation of Missionaries*, 『선교사 훈련』, 151-160). 위의 간호사 훈련은 개인주의적 영혼 구원 강조 시대의 훈련 지침이다. 그러나 오늘날 국제개발협력 등과 더불어 논의하는 세속적 협력 선교를 강조하는 시대는 간호사나 의사 등 의료계 사역자들에게 더 많은 능력을 요구하고 있다. 유엔이 강조하는 '지속 가능한 개발목표'(SDS, 2016- 2030년) 사업은 선교사나 국제개발협력 사역자들에게 전 지구적이고 또한 국지적 차원의 다양한 관심과 능력을 요구하고 있다.

62 한국기독교역사연구소, 『한국기독교의 역사 II』(서울: 기독교문사, 1990), 113-133; 한국기독교역사연구소-북한교회사집필위원회, 『북한교회사』(서울: 한국기독교역사연구소, 1996), 188-201; 조룡호-박문일, 『21세기로 매진하는 중국조선족 발전방략 연구』(심양: 료녕민족출판사, 1997).

는 넓은 지역으로 대개 남만주, 동만주, 북만주로 구분한다. 봉천과 홍경을 중심한 남만주 지역은 평안북도 장로교회와 북장로교한국선교회가 선교를 했고, 연길과 훈춘을 중심한 동만주 지역은 함경도의 장로교회와 캐나다장로교회한국선교회가 선교를 했고, 북만주 지역은 미국감리교회한국선교회와 조선연회가 선교를 했다. 그러나 여기에 덧붙여 남한의 호남인들과 영남인들도 만주로 대거 이주하여 살았다. 이들은 남장로교한국선교회와 호주장로교한국선교회의 선교사들의 영향을 받은 자들이었다. 만주는 한인들의 교회와 학교와 전도처 등이 흩어져 있고 이들이 소속한 노회나 연회나 선교회가 다르기 때문에 복잡한 양상을 띤다. 아마도 이들 3인의 간호사가 방문한 지역은 개원, 봉천, 무순, 철령, 사평가, 공주령, 장춘 등이었을 것이다.[63] 서서평은 조선간호부회 총회 석상에서 그들의 활동을 보고한 이효경에게 이 내용을 「조선간호부회 회보」에 게재하도록 요청하였다.[64]

서서평은 조선간호부회 임원들의 지도력을 국제 사회에서도 발휘하도록 훈련시키고 유학을 추천하였다. 그녀는 1929년 몬트리올 총회에 이금전과 이효경을 데리고 갔는데, 마침 이금전은 토론토대학 공중위생학과에서 수학하고 우수한 성적으로 졸업하였다. 간호사 로렌스(로연사, Edna M. Lawrence, 북장로교, 세브란스간호부양성소 원장, 1920-1958)에 의하면, 서서평이 조선간호부회의 회장이던 1933년 조선간호부 임원의 수준을 국제적 지도자급으로 향상시키

---

63 백춘성, 『천국에서 만납시다』, 43.
64 "[조선간호부회] 第拾回定期總會會錄", 백춘성, 『천국에서 만납시다』, 246. 그러나 필자는 「조선간호부회 회보」를 확보하지 못하여 자세한 사항을 기술하지 못한 아쉬움을 남긴다.

기 위하여 1937년 런던 ICN 대회에 조선간호부회 부회장인 이정애 (1901-1954)를[65] 대표로 파견하기로 했다. 서서평은 이 기회에 이정애가 런던 Bedford College for Nurses에서 간호학을 계속하여 공부하기를 바랐다. 그러나 이정애는 1936년 10월 동경대회에 참석하고 1937년 런던대회에 참석했지만 유학의 뜻은 이루지 못하였다. 로렌스 간호사는 이정애 간호사의 국제지도자급 위상 훈련을 서서평 회장의 공으로 이해하였다.[66]

2) 기독교여성절제운동과 공창폐지운동

미국은 남북전쟁 이후 수많은 여성단체가 이전보다 더 강하게 금주를 강조하며 절제 운동을 벌였다. 특히 1874년 클리블랜드에서 여성기독교절제연합(Woman's Christian Temperance Union, WCTU)이라는 단체가 조직되어 윌라드(Frances E. Willard, 1839-1898)가 이끌었다. 처음에는 총무로 활동하다가 곧 회장이 되어 전국적인 금주 운동 단체로 조직하였다. 음주의 해악에 대한 교육과 술 판매 금지 운동도 벌였다. 1887년에는 세계적 조직의 회장이 되었고 정치적 행동도 지지했다.[67] 윌라드는 여성해방과 여성들의 공직 참여를 강조하였다.

1922년 WCTU 총무인 틴링(C. I. Tinling)이 한국에 입국하여 전

---

65 이화여대를 졸업하고 조선간호부회 회장인 서서평의 추천으로 하와이 Queens 병원에서 간호학을 공부하여(1928-1931) 미국간호사(R.N.) 자격을 취득하였다. 한국 간호사 1호로 인정되고 있다.

66 Edna M. Lawrence, "Nurses and Nursing of the Severance Hospital," *Korea Mission Field* (1937), 104.

67 Kenneth Scott Latourette, *Christianity in a Revolutionary Age*, 213-214.

국을 순회하면서 절제운동을 소개하였다.[68] 1923년에는 여선교사들을 중심으로 기독교여성금주회가 조직되었고, 1924년에는 조선여자기독교절제연합회가 손메례를 중심으로 조직되어 "금주와 사회악과 퇴폐풍조를 일소하고 평화롭고 깨끗한 새나라를 만들려는" 창립취지를 밝혔다.[69]

서서평은 1923년부터 조선간호부회 회장으로서 여자선교사들의 모임인 기독교여성금주회와 조선여자기독교절제연합회의 사업인 금주운동과 공창폐지운동[70]에 적극 참여하였다. 1924년 제2회 조선간호부회 총회에서 간호부회원들은 절제 운동에 대하여 세브란스병원 의사인 오긍선의 강연[71]을 듣고 회원 모두가 이 운동의 회원으로 가입하였다.[72]

서서평은 한국선교회의 대외적 에큐메니칼 사회선교사 역할을 했다. 그녀는 1924년부터 공식적으로 WCTU와 한국여성긴급구조단체(The Women's Rescue Work in Korea)라는 두 단체를 위하여 한국선교회 대표로 활동을 했다. 그녀는 이를 위하여 다음과 같은 준비를 했다.[73] 우선 여성 구조사역을 위하여 1925년 예산 1천 엔을

68 Miss Tinling's Visit to Korea, *KMF* (Mar., 1922), 54-56; C. I. Tinling, "The W.C.T.U. in Korea," *KMF* (Nov., 1923), 226-228; Miss Tinling's Work in Korea, *KMF* (Jan, 1924), 12-13; Cordelia Erwin, "The W.C.T.U. in Korea," *KMF* (Feb., 1925), 31-32.

69 윤은순, "1920-30년대 한국기독교의 절제운동 - 금주-금연운동을 중심으로", 「한국기독교와 역사」 제16호 (2002.02), 189.

70 C. I. McLaren, "The Abolition of Vice," *KMF* (Feb., 1924), 32; S. Niwa, "Abolition of Prostitution," *KMF* (Feb., 1924), 34-35; William Kerr, "Anti-Prostitution Movement in Chosen," *KMF* (May, 1924), 91-96.

71 참고하라: Oh Keung Sun(M.D.), "Prohibition for Korea," *KMF* (1926), 69-70.

72 "됴션[조선]간호부회뎨[제]이회회록", 백춘성, 『천국에서 만납시다』, 232.

73 *Minutes of the Thirty-third Annual Meeting of SPM in Korea, 1924*, 60.

모금해야 했다. 서서평은 미국 남장로교 부인조력회 총무인 윈스보로 여사가 이에 대한 모금을 할 수 있도록 허락해달라는 편지를 실행위원회에 보냈다. 또 그녀는 WCTU 사역을 위하여 윈스보로 여사에게 '국가가 허락한 사회악에 대한 금지운동 협의회'(Association for the Suppression of Public Licensed Vice)의 활동에 관한 자료를 송부해 달라는 편지를 썼다. 이러한 과정을 거쳐 1927년 한국선교회는 서서평을 WCTU 사역과 서울 여자갱생원(Rescue Home)의 대표로 임명했다.[74]

사회선교사로서 서서평은 1927-1928년에 윤락녀의 5명을 구조하고 1명은 구조 중이라는 선교 보고를 담은 편지를 보냈다. 구조된 5명 중 2명은 갱생원에, 다른 2명은 구세군에, 1명은 이일학교에서 공부한다는 것이다.[75] 1928-1929년 선교 보고에는 그녀가 이혼위기에 빠진 여성 1명과 노예로 팔려가는 15살 소녀 1명을 구조했고, 1927년에 구조한 2명의 여성은 보호 중이고, 1명은 세례를 받았다.[76] 서서평은 공창 폐지를 주장하고 성매매 여성으로 떨어질 소녀들을 구하였다.

3) 경제적 자활·자립 산업 활동과 사회선교

1907년 한국선교회는 산하 4개 선교부(1913년 이후 5개 선교부)의 각 남녀학교에 산업부(industrial department)를 두고 학생들에게 산

---

74 *Minutes of the Thirty-sixth Annual Meeting of SPM in Korea, 1927,* 41.

75 Elise J. Shepping, *Annual Report of Miss Elise J. Shepping* (Kwangju, Korea, received September, 1928), 1.

76 Elise J. Shepping, *Report of Miss Elisabeth J. Shepping, R. N., Principal of Neel Bible School* (Kwangju, Korea, Asia, received July 26, 1929).

업 교육과 훈련을 시행할 결의를 했다.[77] 이 제도가 정착되면서 세 가지 목적을 시행했다. 우선 미션계 남녀학교를 설립하여 교육시키는 과정에서 입학생은 많았지만 중도에 탈락하는 학생들도 적지 않았다. 이들은 당시 한국의 경제력이 너무 약하여 등록금 납부가 부담이 되었다. 이러한 상황에서 학생들에게 산업훈련을 시키고 생산물을 만들어 판매하여 학비에 보탬이 되도록 하려는 것이었다. 또 당시 조선은 유교 영향으로 지식인들은 육체적 노동을 꺼렸기 때문에 선교사들은 노동의 중요성을 학생들에게 일깨우려 하였다. 더 나아가 가부장적 유교사회에서 쫓겨나거나 억압받는 불우한 여성들을 위하여 일감이나 일자리를 마련해줌으로써 여성들이 생계비를 벌어 자립의 삶을 살게 하려는 것이었다. 이는 남편에 종속된 삶에서 불행을 겪은 여성들이 생계를 스스로 해결하여 자립하게 하려는 여성 해방적 성격을 가졌다.

1909년부터 한국선교회는 학생들의 학비를 지원하려는 정책을 시행했다. 학교의 사정에 따라 특정 선교사에게 책임을 맡기기도 했으나 간헐적으로 책임자 혹은 담당자를 임명하였다. 남학생들에게는 농장 일이나 목수 혹은 학내 공장에서 일하도록 하였다. 남학생의 경우 초기에는 군산 영명학교가 열심히 활동하였다.[78] 매산학교는 학생들을 위하여 유기공장과 토끼사육장을 건축하여 기술교육과 산업교육을 시켜 학비를 벌게 했고, 매산여학교는 양잠과 옷재단을 교육하여 학비를 마련하도록 했다.[79] 대개 여학생들의 경우

---

77 *Minutes of the Sixteenth Annual Meeting of the SPM in Korea, 1907*, 21.

78 1907년에는 남학생들이 쌀을 담는 볏집부대(straw rice sacks)를 만들어 일본인에게 팔았다. 학생 3명이 반나절에 걸쳐 부대 1개를 만들었는데 7센트(금)를 받아 학비에 보탰다(군산제일고등학교총동문회, 『군산제일100년사』 (군산: 영문사, 2012), 39).

더욱 쉽게 접근할 수 있는 바느질, 자수, 수예 등을 만들어 주위의
선교사들이나 한국 시장에서 팔거나 미국 시장에 수출하였다. 여학
생이나 여성들의 경우 광주선교부가 수피아 여학교를 중심으로 진
취적으로 산업 활동과 교육을 실시하였다.[80]

1911년에 입국한 서로득 선교사 부인(Mrs. Lois Hawks Swinwe-
hart)은 1912년부터 광주에서 16년 동안 여성산업학교를 만들어
주도적으로 산업 교육을 지도하여 한국선교회의 산업부가 전체적
으로 활기를 띠었다.[81] 그녀는 최선을 다해 자수 방법, 문양, 재질,
시장개척 등에 심혈을 기울였다. 중국 지푸의 자수학교와 공장을 자
비로 2회 방문하여 연구하면서 수피아 여학생 2명을 데리고 가서 지
푸의 공장에서 4개월간 실습하고 배우도록 주선했다.[82] 하루 9시간
의 고된 활동을 해야 하는 이 산업사역을 한국 여학생과 불우 부인들
의 자립을 위하여 헌신적으로 투신한 서로득 부인은 기력이 쇠잔하
여 더는 버티지 못하고 1928년 사역을 접었다. 서로득 선교사 부인
은 본격적으로 바느질, 뜨개질 및 자수 교육을 시작하여 미국에 시
장을 개척하고 특히 벤스 부인(Mrs. R. G. Vance)과 협력하여 무역을

---

79 순천시사편찬위원회, 『순천시사: 문화예술편』 (순천시, 1997), 95; Mrs. M. L.
Swinehart, "The Industrial Work of Soonchun, Korea," *The Presbyterian Survey*
(June, 1931), 377-378.
80 학교는 가정 경제가 어려운 학생들에게 레이스 짜기 등 일을 시키고 식비 등을 지원하
였다. 또한 이러한 일을 통해 노동 정신을 가르치기도 하였다([인터넷 자료] 『수피아
100년사』, 280-281).
81 Mrs. L. H. Swinehart, "Industrial Work at Kwangju: A Retrospect," *KMF* (1930),
114.
82 Mrs. M. L. Swinehart, "Adventures in the Lace-making Industry," *The
Missionary Survey* (May 1920), 265-266; "Adventures in the Lace-making
Industry: Second Trip," *The Missionary Survey* (Oct. 1920), 635-638;
"Adventures in the Lace-making Industry, No. 3" *The Missionary Survey* (Jan.,
1921), 30-31.

실시했다. 광주의 소박맞은 과부들이 오두막 집에서 이 자수 활동을 통하여 자립했는데 오두막 산업(cottage industry)으로 불렸다.

서로득 선교사 부인과 서서평 선교사는 서로 긴밀하게 산업 활동을 진전시켰다.

첫째, 1914년 서로득 선교사가 산업학교를 꾸릴 때 그 학교의 학생인 연이가 계모의 학대를 받는 동생을 빼내어 무작정 학교로 데려온 사건이 있었다. 처지가 곤란한 이 학생과 동생을 서서평은 전적으로 지원하였다.[83]

둘째, 서서평은 1920년부터 순회전도 사역하면서 지역의 불우한 여성들을 서로득 부인에게 소개하여 이들이 자수산업을 배우고 자수를 만들어 경제적 자립할 수 있도록 도왔다. 서로득 부인은 이와 관련된 에피소드 하나를 소개하였다.[84] 1922년에 이미 서서평은 37명의 과부들과 부인들을 돌보고 있었다. 서서평은 순회전도에서 만난 불우 여인 1인을 또 서로득 부인에게 소개하면서 이 여인에게 자수산업을 가르쳐 자립하게 하자고 통사정을 했다는 것이다. 이러한 사연을 서로득 부인은 자기의 선교 보고에 자세히 소개함으로써 한국에서의 자수산업 활성화의 필요성과 한국여인들이 만든 자수 상품을 미국의 부인조력회와 회원들이 구입함으로써 한국의 여성들이 인간적 품위를 유지하며 살도록 도울 수 있다는 것을 강조했다.

셋째, 1924-1925년에 서로득 부인이 안식년을 떠나자 서서평이 수피아 여학교의 자수산업과 광주선교부의 여성 산업 교육과 활

---

83 Lois H. Swinehart, "Kwangju Girl's Industrial School," *KMF* (Jan. 1915), 22.
84 Lois H. Swinehart, "Letter from Mrs. Swinehart," *The Missionary Survey* (Jan. 1923), 32-33.

동을 떠맡았다.[85]

넷째, 1926년 광주 이일학교의 학생들이 산업 활동을 시작했는데 서로득 부인이 맡았다.[86] 1927년 이후 이일학교의 산업 활동은 한국선교회가 지원하였는데 1927년 1,000엔을 지원하였다.[87] 이 시기 학생들은 뽕나무를 심고 가꾸어 실크제품 생산을 준비하였다. 1929년부터 서서평이 이일학교의 산업 활동을 맡았다.[88] 한국선교회는 1929-1930년도 250엔, 1931-1932년 250엔, 1933-1934년의 예산 338엔, 1934-1935년과 1935-1936년에 각각 360엔을 지원하였다.[89]

다섯째, 서로득 부인의 미국 측 파트너로 통관과 수입 및 판매를 담당한 벤스 부인이 방한하였다. 남장로교 선교지역의 여학교 학생들과 불우한 여성들이 만든 수예품 등을 판매하여 대금을 이일학교 등 여러 학교의 학생들과 여성들에게 분배하였다. 이에 대하여 한국선교회는 공식적으로 벤스 부인에게 감사를 표했다. 한편 벤스 부인의 방한을 기념하여 순천 매산학교(왓츠기념 남학교와 여학교)는[90] 그녀의 이름으로 우물(The Flora Vance Fountain)을 파서 공적을 기렸다.[91]

---

85 *Minutes of the Thirty-third Annual Meeting of the SPM Korea, 1924*, 33.

86 *Minutes of the Thirty-fifth AM of SPM Korea, 1926*, 23.

87 위의 회의록, 43.

88 Elisabeth J. Shepping, "Letter: Miss Elisabeth J. Shepping, R. N., Principal of Neel Bible School, Kwangju, Korea, Asia" (June 3, 1931).

89 *Minutes of the Forty-third AM of SPM Korea*, (1928, 35,) (1929, 32,) (1933, 23,) 1934, 28.

90 1927년 매산여학교 학생들이 만든 종이 인형 56,000개를 벤스 부인이 팔았다. George Thompson Brown, *Mission to Korea* (Atlanta, Ga: Board of World Missions, P.C.U.S., 1962), 98.

91 *Minutes of the Thirty-fifth AM of SPM Korea, 1926*, 111-112; "Mrs. R. G. Vance,"

3. 사회 선교 교육의 특징

서서평은 "실천적이고 영적인 지도력"(practical and spiritual leadership)[92]을 갖춘 여성지도자 교육과 훈련을 강조하였다. 이를 좀 더 구체적으로 서술하면 다음과 같다.

1) 성경적 영성: 성경 말씀 연구의 성육신적 적용과 실천

서서평은 BTTS에서 화이트 교장으로부터 성경 교육과 훈련을 받았다. 그는 성경은 반드시 모국어로 읽어야 한다는 것과 이를 여러 가지 각도나 관점에서 자세히 읽고 분석하여 상황에 맞는 적용을 강조했다. 서서평은 그의 가르침에 따라 한국어 성경을 읽었다. 당시 한문으로 관주가 달린 한글 성경을 읽기 위하여 한문도 공부하였다. 일본인 학생들을 위하여 영어로 그리고 일본어로 성경을 가르쳤다.

서서평의 성경 해석을 이해할 수 있는 "바울의 모본"이라는 설교가 있다.[93] 1928년 제6회 조선간호부회 총회에서 설교한 것인데 본문으로 사도행전 20장 17-35절을 활용하였다. 먼저 그녀는 이를 8개의 단락으로 구분하고 해설하였다. 강조하여 특히 바울의 임무와 연관된 고난(22, 23, 24)을 감내하고, 물질을 탐하지 않는 것(33, 34) 또한 주는 것이 받는 것보다 복됨(35)을 언급한다. 그녀는 이러한 바울의 모본을 현실적으로 간호사의 상황에서 적용한다. 바울의

The News Leader (Staunton(Va): 15. April 1942(Wed.), 2.

92 Maie Borden Knox, "An Interview," *KMF* (1926), 215.

93 백춘성, 『천국에서 만납시다』, 47-52.

모본을 따라 간호사들이 살아야 할 것을 강조하면서 마지막으로 간호사 나이팅게일의 헌신적 삶을 소개하면서 끝맺는다.

서서평은 간호사로서 고난을 넘어 자기 부인과 비움, 순종과 섬김의 영성을 강조하였다. 한국인을 만나 이들을 사랑하고 섬기는 모습을 성육신적으로 드러냈다. 독일계 미국인 여성 쉐핑은 자기 부인과 비움을 통하여 한국인 서서평으로 성육신하여 육화되었다. 이것은 성경적 섬김의 영성을 한국 선교 상황에서 실천함으로써 드러났다. 섬김에 있어서 서서평은 자신이 성경대로 산 것을 비롯하여 이일학교 학생들의 섬김의 영적 생활을 강화하기 위하여 신약성경을 읽히고, 또한 구약성경을 읽도록 했다.[94]

2) 사회적 약자에 대한 배려와 실천성

당시 농촌 사회인 한국 상황은 가난의 제도화가 역사적으로 이루어졌고 개개인의 가난은 일상적으로 일어났다. 가난의 사회적 특징은 대개 두 가지로 나타난다. 일상화된 가난의 삶을 습관적으로 사는 가운데 가난한 자는 어떠한 기회에 대한 참여할 수 없다. 다른 하나는 관습이나 제도로 인해 가난한 자들이 사회적 죄악 속으로 쉽게 추락하게 된다.

이러한 가난 상황에서 선교사들은 다음 세 가지 중 하나, 둘 혹세 경우에 속한다. 우선, 가난을 삶의 문제로 인지하지 못하고 오로지 개인의 영혼 구원에 집착하였는데 선교사들 대부분이 이에 속하

---

94 Elisabeth J. Shepping, *"Annual Report of E. J. Shepping, 1932[-1933]"* (Received September 15, 1933).

였다. 둘째 부류의 선교사는 일상화된 가난에 대하여 극복 방안을 내고 노력하였다. 자비적 시혜나 구제를 하기도 했다. 예를 들면, 선교사가 학교를 설립하고 교육과 훈련을 시키려고 해도, 일상적으로 가난한 학부모들은 자녀들을 학교에 등록을 시킬 수 없는 처지에 있다. 이에 선교사들은 학생들에게 자립과 자활 구조를 만들어 이들이 학교를 다닐 수 있도록 했다. 한국선교회는 학교에 산업 활동과 산업 교육을 실시하게 하여 학생을 돕고, 더 나아가 노동에 대한 인식을 넓히고 혹은 의도적으로 사회적 해방을 이루려 했다. 셋째 부류의 선교사는 사회적 죄악을 조장하는 제도나 법적 장치를 제거하고 희생자를 지원하였다. 일제는 법적으로 공창제도를 만들어 성매매를 허락했는데, 여기에 가난한 여성들이 쉽게 빠져들었다. 서서평은 이러한 사회적 죄악으로부터 불우 여성들을 구조하고 기독교 교육을 통해 더욱 개선된 삶을 살도록 자신의 열정과 개인적 재산을 희생하기도 했다.

서서평은 어디에나 방치되어있는 나환자, 고아, 불우한 여성과 과부와 노인을 무조건으로 섬기고 초대하고 환대하는 삶을 살았다.[95] 더 나아가 공창폐지 운동이나 윤락녀나 윤락녀로 전락할 위기의 여성들을 구조하고 교육시키고 가정을 이루도록 도왔다. 이러한 활동을 주도한 서서평은 이일학교 학생들에게 거리나 시장에서 WCTU 운동에 참여하여 금주·금연 운동과 공창폐지 운동을 벌이도록 했다.[96] 서서평은 사회적 약자로서 가난하거나 불우한 여성들을 실질적으로 돕도록 학생들에게 실천적으로 참여하게 했고 사회

---

95 임희모, "환대의 선교사 서서평(Miss Elisabeth J. Shepping, R.N.)의 무조건적 환대", 「장신논단」 51-1권 (2019년 3월), 61-91.

96 Elisabeth J. Shepping, *"Annual Report of E. J. Shepping, 1932"* (June 21, 1932).

를 변혁하게 했다.

3) 사회적 개방성: 교회와 사회에 대한 에큐메니칼 협력

서서평은 하나님이 통치하는, 모든 사람이 사는 삶의 현장에서 선교를 했다. 이 현장에서 만나는 수많은 사람이 그녀의 선교 대상이고 이들과 더불어 살면서 하나님의 복음 선교 즉 예수 그리스도를 증언하는 삶을 살았다. 그녀의 삶을 통하여 불우한 이웃에게 예수님의 복음이 전달되고 수용되고 실천되었다. 이러한 삶으로서 선교는 그녀를 통해 모든 곳에서 일어났다. 고아를 만나고 이들이 먹고 입고 잘 곳이 필요하다면 이들을 양녀와 양자로 입양하고 같이 살았다. 순회전도 여행 중 만난, 딱한 사정으로 고생을 하는 여성 38명을 집으로 데리고 오거나 이들의 거처를 마련하고 생계를 꾸려가게 했다. 대표적 사례는 앞서 이야기한 서로득 선교사 부인의 산업학교에 여인을 입학시킨 경우다. 이 여인의 생활이 좀 나아지면 이일학교 보통과(후에 과학과)에 입학시켜 공부를 시키고 그 후 성경과에 진학시키고 부인조력회 운동을 통해 여성 지도자로 세우게 된다.

서서평은 성경 중심적 복음 전도와 교인들의 진정성 있는 교회 생활을 강조했다. 그러나 교회에 국한하거나 교회 밖의 사회적 삶을 등한시하지 않았다. 이러한 이유로 그녀의 선교에 있어서 교회와 사회가 구분되지 않았다. 간호사로서 그녀의 초기 사역은 개인 간호적 병원 사역이었지만 병원 밖의 환자들과 그들의 보건 상황을 살피는 사회적 간호를 빼놓지 않았다. 서서평은 이렇듯이 개인과 사회, 교회와 사회를 구분하지 않고 선교를 진행했다. 이러한 선교는 교회와 교회, 교회와 기독교 기관/단체, 교회와 사회단체 혹은 국가기관 등과 협력적으로 진행되었다. 남장로교 선교가 복음주의적 교회와 교단 간의 협력 선교를 강조했다. 서서평은 남장로교 지역 내에서 부인조력회 운동을 벌이고, 조선예수교장로회총회의 여전도회전국연합회를 주도적으로 조직했다. 그러나 서서평은 교회나 교단 울타리를 헐고 넓혀 타교단과 사회단체 간의 세속적 에큐메니칼 협력 차원에서도 선교를 추진했다. 이렇듯 개방적 선교 활동은 서서평에게 민족운동을 편들고 사회변혁 운동에 참여하게 했다. 서서평은 수피아 여학교를 졸업한 조아라를 이일학교의 교사로 채용하였다. 그런데 당시 민족운동을 하던 조아라 선생이 백청단 은지환 사건으로 검거되었다. 조아라 장로는 성경대로 살면서 선교사다운 선교를 하는 선교사는 단 2명뿐이었다고 증언했다. 그녀는 그중 1인이 서서평 선교사였다는 것으로 그녀를 칭송하였다.[97]

서서평은 이일성경학교 설립 초기부터 성경과와 더불어 일반과〈과학과〉를 두었다. 선교사 서서평은 광주 지역사회에서 초등학교 수준의 일반학교 교육을 실시하였다. 이일학교 학생들은 교육 프로그램으로 주일학교와 확장주일학교 운동에 참여하고, 지역사회 변혁 운동으로 절제운동과 공창폐지운동에 참여했다. 또 이일학교 학생들과 광주지역 여성들에게 산업교육을 실시하여 자립 교육, 여성의 인권 향상, 자립 생활 및 사회적 해방을 이끌게 했다. 이일학교가 나이든 여성들의 자립을 위하여 모범적으로 행한 산업교육과 활동

---

97 백춘성,『천국에서 만납시다』, 167. 다른 한 분은 코딩턴(Herbert A. Codington) 의사 선교사로서 목포(1949-1950)와 광주(1951-1974)에서 의료선교를 했고 1974년 한국보다 열악한 방글라데시로 떠났다.

을 살피려고 교육청 간부들과 사립학교 교장단이 학교를 방문하기도 했다.[98] 이렇듯이 사람과 지역사회를 변화시키는 사회적 교육을 시킨 서서평은 오늘날 의미에서 다양한 변혁 주체들과 어울려 사회적 협력 선교를 행하였다.

IV. 결론

서서평은 당시 일제 식민지 조선 사회에서 여성들의 지위 향상과 주체적 삶을 위한 선교하여 사회변화를 이끌었다. 유교적 가부장제 사회의 억압과 차별이 여성들 자신에게 깊이 체화되는 상황에서 정치적으로 일제가 이들에게 민족적 억압과 수탈을 일삼았고 또한 경제적 가난과 착취는 이들을 가혹하게 짓눌렀다. 이에 따라 여성들의 가사 노동과 가계 부담 등 사회경제적 상태는 최하의 빈곤에서 벗어날 수 없었다.

이렇듯이 고난당하는 여성 상황에서 서서평은 당시 최저소득 농촌 사회의 여성들과 부대끼며 복음을 전하고 사회선교를 행하였다. 조선 여인의 삶에 자신의 수준을 맞춘 서서평은 다른 선교사들의 평균적 삶과는 확연히 차이가 나는 선교적 삶을 살았다. 1920년대에 유행을 일으킨 기독교 절제운동과 공창폐지운동에 자연스럽게 합류하여 서서평은 사회선교와 산업 활동을 실시하여 여성들의 삶의 질을 높이고 자립적 삶을 살게 했다. 또 수피아 여학교와 이일학교의 학생들에게 사회선교 교육을 행했다. 이렇듯이 가난하고 병들

---

98 Elisabeth J. Shepping, *"Annual Report of E. J. Shepping, 1932[-1933]."*

고 차별받는 사람들과 더불어 성육신적 선교의 삶을 산 100년 전의 서서평의 사회선교와 교육이 오늘날 물질문명 사회에서 정신과 영혼을 팔아버린 것처럼 보이는 한국교회의 선교 갱신에 어떠한 의미를 줄 수 있을까?

첫째, 오늘날 한국교회는 과거 선교사들이 전해 준 선교신학의 한계를 알고 사회선교의 필요성을 깨달아야 한다. 19세기 말과 20세기 초 조선에 입국한 미국의 개신교 선교사들은 '이 세대 안에 세계의 복음화'(evangelization of the world in this generation)를 이룰 것을 강조하며 낙관적인 정복자적 선교를 강조했다.[99] 선교사들은 자기들 당대에 비기독교 국가들의 주민에게 기독교 복음을 전하여 영혼을 구원함으로써 이들 국가를 정복하여 기독교 국가로 만들겠다는 것이었다. 이때는 일본 식민제국주의의 침략이 시작되어 조선인이 고통을 겪는 시기인데 복음 선교가 허락되지 않았다. 이러한 상황에서 1884년과 1885년에 조선에 입국한 첫 개신교 선교사들은 의사나 교사 자격으로 입국하였다. 뒤이어 다수의 목회 선교사들이 입국하였다. 이들은 조선에 만연한 사회적 억압과 정치경제적 수탈과 유교적 가부장적 사회 질서를 알았지만 개인의 영혼 구원만을 강조하였다. 조선인들이 겪는 억압과 수탈은 조선인들의 영혼만을 구원하려는 선교사들에게는 중요한 관심 사항이 되지 못하였다. 이들은 구령사업의 선교는 조선인의 일상적 가난과 정치적 억압 상황과는 직접적 관련이 없다는 생각을 했다. 그러나 서서평은 자기

---

99 1910년 에든버러 세계선교사대회의 의장인 모트 박사는 다음의 말로 마침 연설의 첫 운을 뗐다. "The end of the Conference is the beginning of the conquest." John R. Mott, "Closing Address," *The World Missionary Conference, Edinburgh 1910. The History and Records of the Conference* (Vol. 9) (New York: Fleming H. Revell Company, 1911).

자신을 부인하고 가난하고 불우한 사람들과 함께 살면서 이들에게 사회 선교를 행하여 예수 그리스도의 온전한 복음을 전하였다.

둘째, 21세기 오늘날 변화된 상황에서 이러한 영혼 구원 선교를 보완하거나 한계를 극복하려는 복음적 통전 선교가 중요성을 갖는다.[100] 서서평의 사회선교는 개인적 영혼 구원을 바탕으로 하는 것으로서 복음적 통전 선교 혹은 복음적 에큐메니칼 성격을 갖는다. 오늘날 한국 사회에서 한국교회의 국내적 사회선교는 두 갈래로 나누어져 있다. 한국교회의 보수적 분파는 근본주의적 기독교로 우편에 존재하고 좌편에는 사회 지향적 에큐메니칼 운동이 자리를 잡고 있다. 그 중간에 복음적 통전 선교 혹은 복음적 에큐메니칼 선교가 존재한다. 사실 이 복음적 에큐메니칼 선교마저도 근본주의적 분파는 다름을 인정하지 않고 정죄하려 한다. 그러나 복음서에 나타난 나사렛 예수의 하나님 나라 선교는 분명하게 복음적 에큐메니칼 선교 혹은 복음적 통전 선교와 같은 성격을 갖는다. 이는 하나님 나라를 이루려는 선교 개념으로서 예수 그리스도의 복음 선포와 사회선교 교육 및 개인적이고 공동체적 치유 등 실천을 중요하게 여긴다.

셋째, 이러한 복음적 통전 선교 혹은 복음적 에큐메니칼 선교는 타문화권에서 여러 전략을 통해 실천될 수 있다. 오늘날 타문화권 선교 상황이란 주로 개발도상국의 상황을 말한다. 현지인들이 거주하는 삶의 현장은 대단히 다양한 요소로 복잡하게 얽혀있다. 여기에는 근본적으로 성경이 강조하는 개인적 영혼 구원 선교를 필요로한다. 또 이들의 삶의 질을 향상하려는 복음적 사회개발 선교가 중요성을 갖는다. 이러한 사회개발 선교적 과정은 기독교인 개인은 물

---

100 본 책의 제3 장을 참조하세요.

론 다양한 교회와 기독교 단체들, 공동선을 지향하는 NGO, 지역의 세속적 정부 및 기업 등 다양한 주체들의 연대적 지원과 참여를 요구한다. 유엔은 이에 대하여 15년 단위로 개발목표를 세우고 추진하고 있다. 국제사회는 2001-2015년의 MDGs(새천년개발목표)를 세워 추진했고, 2016년부터 SDGs(지탱 가능한 개발목표)를 세우고 시민사회 및 민간기업과 국가기관과 국제개발협력 NGO들이 공동으로 참여하는 생태 친화적으로 지탱 가능한 사회개발을 이루려 한다. 예수님의 교회는 이들과 연대하고 협력하여 하나님 나라를 이루도록 노력해야 한다.

여기서 서서평 선교사가 복음적 에큐메니칼 사회 선교를 통하여 1910-1930년대 조선 사회의 불우하고 가난한 사람들을 예수 그리스도 구원의 공동체로 이끌었던 노력을 상기할 필요가 있다. 한국교회의 현재적, 미래적 선교 과제는 20세기 초 서서평 선교사가 가난하고 불우한 사람들과 자신을 일치시켜 행한 성육신적 사회선교를 오늘날 21세기 삶의 현장에서 새롭게 이해하고 복음적 에큐메니칼 통전 선교를 행하여 하나님 나라의 순례를 행하는 일이다.

2장
서서평 선교사의 초기 사역(1912~1919년) 연구
─ 군산 구암예수병원 사역을 중심으로

I. 서론

서서평은 미국 남장로교 해외선교실행위원회(The Executive Com-mittee of Foreign Missions of the Presbyterian Church in the U. S.)가[1] 간호선교사로 한국에 파송하여 1912년 3월 19일에 입국한 바 간호선교, 복음 전도, 교육 선교 및 사회 선교에 헌신하였고 1934년 6월 26일 광주 선교현장에서 소천하였다.[2]

---

1 이 글은 다음 네 가지 용어로 기술한다. 즉 미국남장로교해외선교실행위원회는 실행위원회, 미국남장로교한국선교회는 한국선교회, 한국선교회 산하 선교거점으로 즉 군산, 전주, 목포, 광주 및 순천에 설치된 지부는 각각 선교부, 그리고 남장로교한국선교회 산하 각 위원회는 위원회로 기술한다.

2 1934년 2월 17일부터 시작된 오랜 병상에서 서서평은 죽음을 앞두고 지인들과 제자들에게 유언을 남겼는데, 애제자 오복희에게는 "광주천 강변 빈민들에게 전도해라"라는 말을 남겼다(백춘성, 『천국에서 만납시다』[서울: 대한간호협회출판부, 1996], 191).

서서평 선교사의 사역을 이해하기 위하여 우선 당시 남장로교의 선교정책인 삼각 선교 전략(Triangular Mission Method)을 간략하게 설명할 필요가 있다. 교회 개척과 목회를 담당할 목사 선교사, 학교 교육을 담당할 교사 선교사 그리고 질병을 치료할 의료선교사로 의사와 간호사 등을 선교지부에 배치하여 통전적으로 선교하였다. 이들의 비율은 남장로교 한국선교의 경우 대략 1:1:1의 비율을 유지하였다. 병원에서 일할 의료선교사는 의사 1인과 훈련된 간호사 1인이 팀을 이루도록 했다. 그러나 목회와 교육과 의료에 대한 중요도는 달랐다. 인간에 대한 고대 그리스 철학적 이원론적 이해를 바탕으로 영혼 구원을 최우선으로 강조하다 보니 목사로서 목회 선교사가 가장 중요한 위치를 차지했고, 교육선교사와 의료선교사는 대개 평신도로서 부차적 존재로 역할을 했다. 이러한 이유로 이들 교육이나 의료선교사들은 본업의 중요성만큼 현지인의 영혼을 구원하기 위한 복음 전도를 강조했다. 이러한 구조를 지닌 선교회의 4개 선교부(전주, 군산, 목포-광주)가 1904년에는 삼각체제를 갖추었고 1913년에 세워진 순천선교부도 이 체제를 갖춰 출범하였다.

한국선교회의 이러한 선교 정책과 구조에서 서서평은 선교사에게 필수적인 1년 차, 2년 차, 3년 차 언어공부와 문화 익히기, 병원 행정 및 간호사역과 간호사 훈련, 순회 전도를 통한 복음 전하기, 이일성경학교의 사역과 여성 지도력 양성, 확장 주일학교 사역, 성경 강의와 성경 교사 훈련, 간호 교과서 번역 사역, 조선간호부회 창립과 지도, 남장로교 선교지역을 넘어 전국 조직으로 확대한 4개 장로교선교회 여전도회전국연합회를 조직하고 훈련하기, 다양한 개인적 사회구호와 구제 사역, 지역사회 변혁 사역 등을 실시하였다.

지역적으로 서서평은 첫 근무지인 1912년 광주에서 시작하여 1914년 군산과 1917년 서울에서 근무하다가 1920년 광주로 다시 복귀하였다. 그리고 복음 전도와 성경 교육 차 호남권인 전주와 순천은 물론 제주도와 추자도를 6회 왕래하였다. 서서평은 또한 전국적 차원의 단체에서 회장 혹은 임원으로서 활동한 바, 조선간호부회 회장으로서 10년 그리고 한국의 4개 장로교선교회를 포함하는 여전도회전국연합회의 사무총장/부회장으로 5년의 활동은 호남지역 범위를 훨씬 넘어선다. 서서평의 이러한 다양하고 광범위한 사역은 광주와 군산과 서울 지역에서 활동한 초기 사역이 단초가 된다. 이러한 의미에서 서서평의 선교사역을 총체적으로 이해하기 위해서는 그의 초기 사역(1912-1919)의 특징을 연구할 필요가 있다.

　이 글은 서서평의 사역 초기 근무지 이동 특히 한국선교회 내에서 행해진 서서평에 대한 인사 문제의 복잡함을 보다 선명하게 해명할 필요가 있다. 이를 위하여 한국선교회 총회의 업무를 공식적으로 다룬 연례회의록을 자세하게 검토한다. 총회 시 출석부에 기록된 소속 선교부 그리고 활동부서와 업무할당을 중심으로 서서평의 사역 성격을 검토한다. 이 시기에 서서평은 지리적으로 광주 사역(1912. 03.- 1914. 08.)을 거쳐 군산 사역(1914. 09.-1917. 08.)을 넘어 서울에서 세브란스간호부양성소 운영과 간호사 훈련(1917. 09.-1919. 12.)을 담당하였다. 이 시기 간호선교사 서서평은 향후 사역에 있어서 중요한 언어공부 즉 한국어 이외의 일본어와 한자 등을 공부하였고 또한 세 곳의 병원 사역에 집중하였다. 더 나아가 광주와 군산 등 지역사회의 여성들에게 전도를 하면서 그들의 삶을 보다 심층적으로 관찰하였다.

이러한 활동분석 자료로 한국선교회의 1912-1920년 연례회의록을 주로 분석하고, 이외에 실행위원회에 서서평이 보고한 편지와 기고문 등을 분석할 것이다. 그리고 한국주재 여러 선교사가 그들의 선교에 관하여 기고한 글들을 게재한 *Korea Mission Field*를 참고하고, 백춘성 장로의 책 『천국에서 만납시다』를[3] 중심으로 서서평의 삶을 다룬다. 이러한 이 글은 우선 서서평이 배치된 순서대로 광주,[4] 군산 그리고 서울 차례로 연례회의록을 분석하여 서서평의 공식적 일정과 사역과 임무를 검토한다. 또 그녀가 개인적으로 혹은 사적으로 실시한 사역을 분석하고 그 특징들을 간략하게 서술할 것이다. 특히 이 글은 서서평이 만 3년을 사역한 군산 구암예수병원 사역을 중점적으로 연구하기 위하여 군산선교부의 설립과 발전을 분석하고 사역의 특징을 기술할 것이다.

II. 광주선교부 소속 서서평 선교사의 사역 (1912. 3. ~ 1914. 8.)

1. 한국선교회 연례회의록에 나타난 서서평의 사역

1912년 서서평은 광주선교부 소속으로서[5] 1년 차 언어공부를

---

3 초판은 서서평 사후 46년이 지난 1980년에 백장로가 대한간호협회출판부를 통해 출간했고 증보판은 1996년에 인쇄하였다.

4 광주선교부의 개척과 설립에 관한 사항은 다음을 참고하라: 임희모, "광주선교부 금정교회의 평신도인 서서평의 사역", 서서평연구회, 『동백(冬栢)으로 살다: 서서평 선교사』 (전주: 도서출판 학예사, 2018), 188-192.

5 *Minutes of Twenty-First Annual Meeting of the Southern Presbyterian Mission*

해야 했다.6 구술시험과 필기시험을 통과해야 했다. 특히 훈련된 간호사로서 누구라도 1년 차 구두시험과 필기시험에 합격하지 못하면 의료 사역을 할 수 없다는 것, 그러나 예외적으로 응급상황에서 의사가 요청할 때는 가능하다는 규정에 따라7 서서평은 입국 1년 동안 언어공부에 집중하였다.

1913년 연례회의록에 의하면, 서서평 선교사는 광주선교부 소속으로 1년 차 구두시험과 필기시험을 합격하였다.8 이에 서서평에게 주어진 업무는 병원 사역 외에 지역 여성을 대상으로 하는 복음전도사역을 보조하는 일이었고, 또한 2년 차 언어공부를 계속하는 것이었다.9

2. 서서평 선교사의 초기 활동: 광주(1912. 3. ~ 1914. 8.)

1912년에 전주선교부로 이적한 군산선교부 소속 케슬러(Ethel E. Kestler) 간호선교사의 후임자로 서서평 선교사가 언제부터 군산선교부 소속으로 사역을 시작하였는가? 실행위원회가 한국에 최초로 파송한 간호선교사로서 군산에서 사역한 케슬러는 1912년 1월 27일 군산에서 전주로 옮기고 싶다는 편지를 한국선교회에 보내자 한국선교회는 케슬러의 전주 이동을 허락하였다.10 부명광(George

---

in Korea, Kwangju, Korea, August 3-13, 1912, 4.

6 위의 회의록, 27.

7 위의 회의록, 29.

8 *Minutes of Twenty-Second Annual Meeting of the Southern Presbyterian Mission in Korea, Chunju, Korea, August 21-September 1, 1913*, 74-75. 1년 차 언어시험도 매우 까다로운 것이어서 '하다' 등 동사의 어미의 수많은 변형, 예시에 나온 30개의 어미 변형을 숙달해야만 통과할 수 있었다(위의 회의록, 76-79).

9 위의 회의록, 35.

Thompson Brown)은 서서평의 1912년 군산선교부 배치를 기록하고 있다.[11] 송인동은 서서평이 광주에서 4년을 보낸 후 1916년부터 군산선교부에 소속되었다고 한다.[12] 또 구바울 선교사 부인(Mrs. Sophie Montgomery Crane)은 서서평의 광주 배치에 관한 언급은 하지 않고 군산에서 1912년부터 1918년까지 근무했고 세브란스에서 1년을 근무했다고 한다.[13] 이들의 주장의 근거들은 각각 다르지만, 분명한 것은 위에서 서술한 1912년 연례회의록과 1914년 연례회의록에 기록된 사실과 다르다.[14]

당시 미국에서 정규 간호교육을 받고 그동안 남장로교 간호사선교사로 한국에서 활동한 선교사는 다음과 같다. 1905년 입국한 군산의 케슬러는 1912년 전주로 옮겼고, 1907년에 전주에 온 코델(Emily Cordell)은 1910년 맹현리(H. D. McCallie) 선교사와 결혼하여 목포로 갔다.[15] 피츠(Laura M. Pitts)는 1910년 전주에 왔으나 1911년에 사망하였다. 1912년에 도착한 라두리(Lillie Ora Lathrop)

---

10 위의 회의록, 48, 29.

11 George Thompson Brown, *Mission to Korea* (Atlanta, Ga: Board of World Missions, Presbyterian Church U. S., 1962), 242. 반면, Miss Anna Lou Greer, R.N.가 광주에 부임한 것으로 기록하였다(위의 책, 241).

12 송인동, "서서평(E. J. Shepping) 선교사의 언어와 사역", 「신학이해」 제40권 (2011), 179.

13 Sophie Montgomery Crane, *A Legacy Remembered*, 정병준 옮김, 『기억해야 할 유산』 (서울: 한국장로교출판사, 2011), 81.

14 이만열, 『한국기독교의료사』 (서울: 아카넷, 2003)는 404쪽에서 1912년 군산 부임을 기록하고 409쪽에는 1912년 광주 부임을 기록하여 혼선을 빚고 있다.

15 서울의 보구녀관(保救女館)에 1903년 한국 최초의 간호부양성학교를 세운 북감리회 간호사선교사인 에드먼즈(Margaret Jane Edmunds)는 1908년 9월 2일 하위렴(William Butler Harrison)과 결혼하였다. 1909년부터 1912년까지 목포에서 복음전도 사역을 주로 실시했다. 1912년부터 3년의 안식 휴가를 지낸 후 1915년 군산으로 부임하여 부간호사(Associate nurse)로 활동하였다.

은 목포에서, 1912년에 도착한 그리어(Anna Lou Greer)는 순천에서 그리고 서서평은 광주에서 근무하였다. 1913년 연례회의록은 서서평은 1년 차 언어공부로 필기와 읽기 두 과목 모두 합격하였고, 라두리는 구술시험에 합격했다. 그러나 그리어의 이름은 합격자 명단에 나타나지 않는다.[16]

1913년 6월 1일 이후 윌슨(Robert Manton Wilson) 선교사가 안식년으로 떠나자[17] 타마자(John Van Neste Talmage) 선교사와 서서평은 함께 병원 행정과 간호사역을 맡았다. 또 서서평은 여자 나환자들에게 성경을 가르쳐 읽게 하고 글을 쓰도록 교육하였다.[18] 서서평은 서로득 선교사 부인(Mrs. Lois Hawks Swinehart)이 지도하는 여자산업학교에서 훈련을 받는 연이(Yunnie)가 아버지가 죽고 계모 밑에서 학대를 받는 동생을 무작정 데리고 집을 뛰쳐나와서 서서평 선교사에게 도움을 요청하였다. 서서평은 기꺼이 이들을 돌보았다.[19]

3. 서서평 선교사의 광주지역 사역의 특징

서서평 선교사가 1912년 3월 19일 한국에 도착하여 군산보다는 광주로 간 사연에 대한 추측은 가능하다. 광주선교부는 1904년 12

---

16 *Minutes of Twenty-Second Annual Meeting of the Southern Presbyterian Mission in Korea, Chunju, Korea, August 21-September 1, 1913*, 74-75.

17 위의 회의록, 34.

18 타마자(John Van Neste Talmage)/마성식·채진홍·유희경 옮김,『한국 땅에서 예수의 종이 된 사람』(서울: 한국장로교출판사, 1998), 30.

19 Lois H. Swinehart, "Kwangju Girl's Industrial School," *Korea Mission Field* Vol. XI No. 1(1915. 1.), 22.

월에 시작되었다. 놀란(Joseph Wynne Nolan) 의료선교사는 1904년 8월에 입국하여 목포선교부에서 진료를 시작하고 동년 12월에 광주선교부에 속하여 1905년 11월 20일 광주진료소를 개설하였지만 1907년 4월에 선교사직을 사임하였다. 그 후임으로 뉴욕에서 이비인후과 병원을 개원하면서, 서서평이 다닌 뉴욕 성경교사훈련학교(Bible Teachers Training School)에서 훈련을 받은 윌슨이 1908년 2월에 광주에 도착하여 제중원을 맡았고 1912년 봉선동에 나환자병원을 건축했다.[20] 이러한 상황에서 광주선교부는 훈련받은 정규간호사가 필요했는데 서서평이 처음으로 정규간호사로서 광주에 부임하였다.

1년 차 간호선교사로서 서서평은 언어 습득과 문화 적응에 집중하여 1913년 상반기에 1년 차 구술시험과 필기시험에 합격하였다. 2년 차 간호사로서 서서평은 1913년부터 주된 임무로 병원 사역을 하고 보조 업무로 지역 여성 복음 사역을 돕고 언어공부를 계속하였다. 이러한 공식적 업무의 경계를 넘나들면서 서서평은 사적이고 개인적으로 나환자병원에서 활동하면서 여성 나환자들에게 성경을 가르치고 복음을 전하였고 글을 읽고 쓸 수 있도록 교육하였고, 지역의 가난한 여성들의 자활교육에도 관심을 가졌다. 이외에 집을 뛰쳐나와 오고 갈 데가 없는 연이와 동생들을 기꺼이 도왔다.

광주 체류 시기의 전문인 간호선교사 서서평의 활동을 분석하면 네 가지 사역으로 특징화된다. 첫째, 선교사로서 기본으로 갖추어야 할 한국어를 말하고 쓰기에 집중하고 한국인을 이해하는 일에 열심을 냈다. 둘째, 본업으로서 사역의 주된 업무인 병원 간호사역에 집중하여 일반 병자들을 돌보았고, 윌슨 원장의 안식년 휴가에

---

20 광주기독병원선교회, 『제중원 편지 1』 (광주: 광주기독병원선교회, 2015), 84.

는 병원을 책임적으로 운영하였다. 그리고 이들로부터 격리당하여 따로 마련된 봉선리 나환자병원에서 여성 나환자들을 돌보았다. 셋째, 복음 전도 사역에 헌신하였다. 나환자 특히 여성 나환자들에게 성경을 가르쳐 새로운 삶을 살게 하였다. 그리고 지역 여성들에게 복음을 전도하였다. 넷째, 측은지심의 발로에서 시작된 여성 나환자들을 가까이하여 치료하고 복음을 전하고 성경을 가르쳤다. 또 복음 전도 사역으로써 삶의 질을 높이려는 산업 활동(industrial work)을 통해 불우한 학생을 돕고 구제하였다. 특히 사회적으로 차별받고 소외당하는 가난하고 불우한 여성들을 위하여 헌신하였다.

III. 군산선교부 소속 서서평의 구암예수병원 사역
(1914. 9. ~ 1917. 8.)

1894년에 남장로교선교사들이 군산에 들어왔고, 일본 제국주의는 1899년에 군산을 개항하였다. 여기에서는 군산의 선교 상황 이해에 중요한 일제강점기 군산의 인구변동을 살펴보고, 뒤이어 남장로교선교사들의 군산 도착과 선교 사역을 기술하고자 한다.

1. 일제강점기 군산과 구암예수병원의 발전

1) 일제강점기 군산과 남장로교선교사들의 선교지 개발

일본 제국주의가 1899년 5월 군산을 개항하고 군산을 호남평야의 미곡 이출 거점의 도시로 만들어 근대화를 촉진하는 과정에서 군산지역의 선교 상황이 급변하였다. 우선 인구의 이동과 증가가 확연해졌다. 군산 주변 농촌의 한국인들이 대거 몰려들었고 일본 이주민들도 입국하였다. 이로 인하여 정체된 어촌사회가 미곡 이출 과 관련한 정미소와 상가와 은행 등이 조성되어 근대적 사회로 변 하였다. 그러나 주민들의 삶은 변화의 속도를 따라잡지 못하고 불 안정하였다. 인구 변화에 대한 통계는 다음과 같다.[21]

연도	한국인		일본인		기타 외국인		계	
	호수	인구	호수	인구	호수	인구	호수(단위: 호)	인구(단위: 명)
1899	150	511	20	77	–	–	170	588
1905	739	3,451	421	1,620	35	85	1,195	5,156
1909	1,364	5,466	813	3,220	32	96	2,209	8,782
1910	896	3,830	904	3,448	25	95	1,825	7,373
1915	1,373	5,561	1,396	5,291	25	113	2,794	10,965
1919	1,742	6,581	1,665	6,809	57	214	3,464	13,604

[도표 1] 군산 거주 한국인 수와 일본인 수의 변동 통계

군산이 개항됨으로써 주변 농촌 사회에서 농민들이 군산으로 몰려들었고 또한 일본인 이주민들은 초기에는 생계형이 이주했고 뒤에는 사업투자형이 들어왔다. 이러한 생계형, 사업투자형 이외에 다양한 전문직 종사자들도 유입되었다. 1917년 현재 군산부에는 의료관계자들로 병원 4개, 의사 7명, 의생 7명, 약제사 2명, 산파 8명, 간호부 4명, 약종상 1명이 있었다.[22]

---

21 출전: 群山府, 1935, 『群山府史』, 18-19. 김태웅, "군산부 주민의 이동사정과 계층분 화," 김종수-김민영 외 공저, 『새만금도시 군산의 역사와 삶』(서울: 선인, 2012), 89 와 99에서 재인용.
22 위의 책, 102.

2) 군산선교부의 설립과 삼각형 선교 전략

군산 개항이 이루어지기 7년 전인 1892년 10월 18일 미국남장로교 선교사로 데이비스(Linnie Davis)가 제물포에 도착하고 11월 4일에 6명의 남녀선교사들(W. M. Junkin, Mary Layburn, W. D. Reynolds, Patsy Bolling, Lewis B. Tate, Mattie S. Tate)도 도착하였다. 1893년 1월 북장로교선교사들과 남장로교선교사들이 모여 장로교공의회를 조직하고 남장로교의 선교지역을 호남지역으로 결정하였다. 이러한 배경 하에 군산선교가 이루어졌다.

> 처음에 군산선교사는 리눌서[W. D. Reynolds]와 류대모[Alexander D. Drew] 의사니 1894년(갑오 봄)에 전남북도를 시찰차 군산에 하륙하여 참사에게 전도를 하였으며 그다음 해 3월에 전[위렴, W. M. Junkin]목사와 류대모 의사가 인천서 작은 풍범선을 타고 11일 만에 군산에 내려 삭간[1개월간] 전도하며 환자를 진찰한 뒤 김봉래와 송영도 양 씨가 믿기로 작정하고 선교사가 다시 올 때에 원입문답을 하여 달라 하였습니다. 이 두 선교사가 자기 돈을 내여 임시로 집을 샀으니.[23]

해안선 선교시대에 접근성[24]이 좋은 군산에 전위렴 목사와 유대모 의사가 집을 얻어 전도처와 진료소로 사용하는 동안 1895년 동

---

23 전라남북노회 기념식 준비위원 이승두·이자익·홍종필, 「전라도선교 25주년 기념」, 1917, 16.
24 송현숙, "호남지방 기독교 선교기지 형성과 확장에 관한 연구", 「한국기독교와 역사」 제19호 (2003), 236-237.

학혁명이 격화되어 이들은 다시 서울로 돌아갔다. 이듬해 1896년 봄에는 두 가정이 군산으로 내려와 정착하였고 7월에 전위렴의 집을 군산교회로 정하고 상기 두 명에게 세례를 베풂으로 군산에서 복음 전도가 이루어졌다. 1896년 말에는 여자선교사 데이비스가 서울에서 내려와 구암(궁말)에서 어린이와 여자들을 위한 기도처를 운영함으로써 5명의 선교사가 활동하였다. 특히 유대모 선교사는 자기 집의 진료소에서 그리고 배를 타고 고군산열도를 바쁘게 돌며 진료를 하여 2년에 4,000여 명의 환자를 치료하였다.[25] 이러한 노력으로 1897년 군산교회의 주일 예배 참석인원은 40여 명이 되었다. 그러나 일본 제국주의자들의 군산 개항은 1899년 5월 이후 일본인들의 군산 진입을 거세게 몰아붙여 군산선교부는 시내의 선교센터를 옮겨야 할 상황이 되었다. 전위렴의 사택 교회와 류대모의 진료소를 그해 12월 군산 변두리인 구암으로 옮기고 새롭게 구암교회를 세우고 진료소도 만들었다.

1904년에 이르러 교회 개척과 목회, 학교 교육 및 병원 의료 분야에 본격적으로 선교가 시작되었다. 목회 선교사와 의료선교사와 교육선교사가 고루 갖추어진 것이다. 목회 선교사는 전위렴 이외에 1899년 부위렴(William F. Bull), 뒤이어 그의 부인이 되는 알비(Eli-zabeth Alby) 선교사가 1899년에 도착하였다. 그동안 과로로 인하여 두통을 앓던 유대모의 건강을 염려하여 1901년 미국 실행위원회가 본국으로 그를 소환하였다. 1902년 12월에 의료선교사 알렉산더(A. J. Alexander)가 입국하였지만 부친의 사망을 접하고 1903년 초에 급

---

25 조지 톰슨 브라운, 『한국선교이야기: 미국남장로교 한국선교역사(1892-1962)』, 천 사무엘·김균태·오승재 옮김 (서울: 도서출판 동연, 2010), 74.

거 귀국하면서 오긍선을 대동하여 유학시켜 의사로 키웠다. 오긍선은 1907년 말에 의사가 되어 귀국하여 구암예수병원에서 근무하였다.[26] 1904년 어아력(Alexander Miller Earle) 선교사 그리고 의사로는 단 의사(Thomas Henry Daniel) 부부, 1905년에는 실행위원회가 한국에 파송한 최초의 훈련받은 간호사로서 케슬러가 군산에 도착하였다.

한편 1902년에 전위렴이 몇 명의 남자아이를 모아 사랑에서 공부를 시켰는데 이것이 군산의 학교 교육 선교의 시작이 되었다. 1904년부터 초등학교에 더하여 중등과정을 운영하였다.[27] 1908년에는 이 학교에서 소학교는 4년제 안락소학교로 분리시켜 교회가 운영하였다. 그리고 1909년에는 4년제 고등과와 2년제 특별과가 병설된 영명중학교를 설립하고 한국선교회가 운영하였다.[28] 군산 여학교는 1902년 전위렴 부인이 시작하였다. 그러나 1907년 전까지는 불안정하게 유지되다가 1908년 부위렴 선교사 부인의 운영 하에 1909년 교명이 멜볼딘여학교로 바뀌었다.[29]

---

26 오긍선은 24세인 1903년 알렉산더를 따라 미국 켄터키의 센트럴대학 2년, 1904년 루이빌 의대 편입과 3년의 의학 공부, 졸업(1907년 3월)과 의사자격증 취득, 1907년 말에 귀국하였다. 오긍선은 대한병원이 정3품관직과 150원 급료를 약속했는데, "돈을 위해서가 아니라 전도하기를 원하여" 25달러(50원)를 제의한 군산예수병원을 택하였다(*The Missionary Survey* [Mar. 1908], 127).

27 송현강, "한말-일제강점기 군산영명학교-멜볼딘여학교의 설립과 발전", 143.

28 심재영, 김형환 편집, 『군산제일100년사』(군산: 군산제일고등학교 총동문회, 2012), 29.

29 송현강, "한말-일제강점기 군산영명학교-멜볼딘여학교의 설립과 발전", 148.

3) 구암예수병원의 설립과 발전

군산선교부의 첫 의사 선교사인 유대모는 1895년 봄에 전킨과 함께 군산에서 전도하고 진료를 했다. 그는 군산 대신에 나주에 선교부를 두기로 결정한 1896년 한국선교회 모임에는 참석하지 않았다. 그러나 유대모는 당시 한국선교회의 유일한 의사 선교사로서 군산을 끝까지 고집하여 결국 군산에서 나주로 이전하여 나주선교부 설치 계획을 1년 유보하자는 결정을 전킨과 함께 얻어냈다. 1896-1897년 2년 동안 전킨과 유대모는 부지런히 전도하고 진료하여 결국 군산선교부를 존속시켰다.

군산 시내 진료소를 1899년 구암으로 이전한 유대모는 건강상의 이유로 1901년에 본국으로 소환되었다. 1902년 의사 알렉산더가 군산에 도착하자마자 부친의 사망으로 급히 귀국하였지만, 군산 진료소의 열악한 상황을 개선하기 위하여 거금을 보내와 단 의사가 한옥 건물에 진료실과 수술실과 18개 병상 규모의 2개 병동을 갖춘 남장로교 최초의 병원을 지었다. 이 구암예수병원은 일부 시설비를 지원한 애킨슨(Atkinson) 부인의 이름을 붙였다(Francis Bridges Atkinson Memorial Hospital). 1907년 미국 유학에서 귀국한 오긍선 의사가 이 애킨슨 병원에서 근무했다. 이 병원이 군산 시내에서 멀리 떨어져 있기 때문에 군산 주민들의 불편을 덜기 위하여, 단 의사가 안식년으로 미국에 간 1909년 5월, 오긍선이 군산 시내에 진료소를 만들고 시술하였다. 오긍선은 오전과 오후로 나누어 구암병원과 군산 진료소를 각각 오가며 진료했다. 그러나 오긍선이 1910년 목포에서 근무한 1914년 구암병원에 흡수되었다. 단 의사가 전주로 전근을 가자, 1910년 패터슨(Jacob B. Patterson, 손배순) 의사 선교사가 군산에 왔고 여러 건물을 지어 병원을 확장하고 특히 온돌병실을 지었다. 단 의사가 군산예수병원의 기틀을 갖추었다면 패터슨(1910-1924)은 절정기를 만들었다. 당시 군산예수병원은 한국선교회의 병원 가운데 가장 큰 규모를 자랑하였다. '한 사람의 의사가 근무하는 병원으로는 전국에서 가장 큰 병원'(largest one-doctor hospital in all Korea)이었다.[30] 1920년 연례회의록에 의하면[31] 1,799명 입원과 25,527명의 진료 실적을 거두었는데, 이것은 세브란스병원의 입원 통계와 거의 맞먹는 수치였다.[32] 의사 패터슨의 명성과 평판은 지역적으로 그리고 전국적으로 퍼졌다. 한국인들은 말할 것도 없고 부유한 일본인들도 그를 찾아 치료를 받고 높은 진료비를 냈다.[33] 이러한 상황에서 서서평 간호선교사가 1914년 9월 군산 애킨슨 병원에 가세하였다.

2. 한국선교회의 연례회의록에 나타난 서서평의 사역(1914~1917)

1914년 연례회의록에 의하면 서서평은 군산선교부에 소속하여 연합공의회에 참석할 수 있는 15명의 1인으로 지명되었고,[34] 2년

30 William Hollister, "History of Medical Work at Kunsan Station," *The Presbyterian Survey* (October 1936), 591.

31 *Minutes of Twenty-Ninth Annual Meeting of the Southern Presbyterian Mission in Korea, Kwangju, Korea, June 18th to 29th, 1920*, 57.

32 이만열, 『한국기독교의료사』 (서울: 아카넷, 2003), 404.

33 송현강, "미국 남장로교의 전북지역 의료선교 (1896-1940)," 「한국기독교와 역사」 제35호 (2011년 9월 25일), 60.

34 *Minutes of Twenty-third Annual Meeting of the Southern Presbyterian Mission in Korea, Mokpo, Korea, August 22-September 1, 1914*, 7.

차 구두시험에 합격하였다.[35] 당시 군산선교부는 1912년 한국에 도착하여 목포에서 활동하는 라두리(Lillie Ora Lathrop) 간호사를 군산으로 이명 요청을 하였지만 한국선교회가 이를 거절하였다.[36] 그 대신에 서서평이 군산에 부임하였는데, 업무는 언어공부, 병원 사역, 지역 여성에 대한 복음 전도 사역과 주일학교 사역이었다.[37] 1915년 연례회의록은 서서평을 군산선교부에 소속시켰고, 병원 사역과 지역 복음 전도사역과 언어공부를 계속하도록 했다.[38] 서서평 은 전라북도 지역 여자성경학원(Bible Institute for Women, 전주)에서 1915년 하반기에 성경을 가르쳤고,[39] 멜볼딘여학교에서 하위렴 선교사 부인[40]과 함께 주당 14시간의 실과교육을 담당하였다.[41]

특이한 것은 1915년 의료위원회는 다음과 같은 네 가지 사항을 보고하였다.[42] 먼저, 세브란스의학전문학교가 제출한 몇 개(4개 재 한장로교, 2개 재한감리교, 이외에 성공회 등) 선교부의 연합 사역을 채택 하고, 여기에 파송할 의사와 간호사에 대한 비용 지불 안을 실행위원 회가 검토하도록 제안하였다. 둘째, 페터슨(Patterson) 의사의 제안 대로 의료위원회는 군산지역 나환자 병원을 설립하기로 하고, "광

---

35 위의 회의록, 67.
36 위의 회의록, 29.
37 위의 회의록, 35.
38 *Minutes of Twenty-fourth Annual Meeting of the Southern Presbyterian Mission in Korea, Kwangju, Korea, October 29-November 11, 1915*, 36.
39 위의 회의록, 39.
40 하위렴목사부인(Mrs. Margaret Harrison)은 1915년 멜볼딘여학교의 실과 감독직과 부간호사(Associate nurse) 사역과 복음 전도사역 임무를 맡았다(위의 회의록, 36).
41 송현강, "한말-일제강점기 군산영명학교-멜볼딘여학교의 설립과 발전", 「역사학 연구」 제59집 (2015. 08.), 150.
42 *Minutes of Twenty-fourth Annual Meeting of the Southern Presbyterian Mission in Korea, Kwangju, Korea, October 29-November 11, 1915*, 23, 65-66.

주나환자병원과 같은 기준으로"(on the same basis as the Kwangju Leper Station) 건립하도록 추천하였다. 셋째, 간호부훈련학교와 관련하여 공문을 보낸 서서평 선교사에 대한 답변으로, 서울에 이러한 간호학교가 이미 설치되어 있고 또한 세브란스병원과 연계하여 연합간호부훈련학교가 계획되어 있기에 이러한 간호학교를 세울 수 없다는 것, 그러나 서서평에게 조건부로 간호 교실 교육을 허락한다는 것이다. 간호교육으로 인하여 병원 사역에 지장을 초래해서는 안 되고, 병원 밖에서 활용할 수 있는 졸업장을 수여하는 성격은 아니며, 병원 직원에 한하여 효율성을 증진시킬 목적을 갖는다는 것이었다. 넷째, 군산선교부가 구암예수병원 관련 여러 부대시설 경비를 요청한 바, 한국선교회는 일본인 남자 환자용 병실 설치비용 등 1,800엔의 지불을 허락하였다.

1916년 연례회의록에 의하면 서서평은 군산선교부 소속으로서 병원 사역과 지역 복음 전도사역 및 언어공부를 하였다. 또 1916년 6월 1일부터 1917년 5월 15일까지 패터슨 선교사의 안식년 기간에 서서평이 병원감독 사역을 맡는 것이 추가되었다.[43] 그러나 1916년 8월 23일 선교회의 연장회의(Adjourned Meeting)는 서서평은 1917년 3월 1일부터 세브란스 간호부양ㅅ성소에서 근무하는 것으로 발령했다.[44] 그러나 1917년 1월 23일 한국선교회의 조정위원회 (Ad Interim Committee)는 패터슨 선교사의 안식년 시작을 1917년 4월 1일 자로 변경하고, 패터슨이 떠나기 전에 [서서평의 자리를 채울] 간호사를 물색하기로 결정했다.[45] 또 뒤이어 1월 25일에 회집된 이

43 *Minutes of Twenty-fifth Annual Meeting of the Southern Presbyterian Mission in Korea, Chunju, Korea, June 22-29, 1916*, 16, 30-31.
44 위의 회의록, 66.

조정위원회는 서서평의 세브란스간호부양성소 부임은 1917년 연례회의가 끝난 이후로 연기하기로 결정하고, 그동안 건강 회복을 위하여 군산을 떠나 한국선교회 내 2명의 의사를 만나 건강 상담을 받고 시간, 장소 및 기간 등 치료 여행(병가)은 그 의사에게 맡기기를 권하기로 결정하였다.[46]

1917년 연례회의록은 서서평은 군산선교부 소속으로 서울에서 근무할 것과 3년 차 구술시험 합격을 기록하고 있다.[47] 선교회는 서서평에게 9월 1일부터 시작하는 세브란스병원 사역을 허락하였다. 이때 한국선교회는 세브란스병원 당국에 서서평의 업무를 처음에는 반만(to assign her half work) 할당하도록 청원하였다.[48] 세브란스간호부양성소가 일본어 혼용 교과서를 사용함으로 인하여 서서평은 일본어 개인 교습이 필요하였다. 이를 위하여 일본어 교사를 월급 12엔(¥)에 채용하고 선교회가 지급하기로 결정하였다.[49]

3. 서서평의 군산 구암예수병원 사역

1) 연례회의록(1914-1917) 분석

서서평은 군산 애킨슨 병원 혹은 군산 구암예수병원에서 근무하면서 능력을 제대로 발휘하였다. 1932년부터 1934년까지 군산에

---

45 위의 회의록, 70-71.

46 위의 회의록, 74.

47 *Minutes of Twenty-sixth Annual Meeting of the Southern Presbyterian Mission in Korea, Kwangju, Korea, June 21st to 28th, 1917*, 45.

48 위의 회의록, 29.

49 위의 회의록, 45-46; 26.

서 의료선교를 실시한 홀리스터(Wiliam Hollister) 선교사에 의하면, 서서평은 "간호사로서 언어학자로서 대단한 능력"(a great ability as a nurse and a linguist)을 신실하게 발휘하였다.[50] 이러한 평가에 주목하면서 이 시기 서서평을 이해하고자 한다. 1915년 의료위원회는 페터슨이 발의한 나환자병원 설립, 서서평이 건의한 간호학교 설립과 운영 및 군선선교부가 요구한 일본인의 개인병실 설치 등을 논의하였다. (1) 군산선교부의 나환자 병원 설립은 허락되었으나 구체적 실천이 없었다. 2년 후 논의가 계속되어 1917년 순천에서 가까운 해안에 나병환자 병원을 세우자는 안이 동의되었고 '극동지역 나환자 선교회'(Mission to Lepers in the Far East)에 지원을 요청하기로 하고 교섭은 윌슨에게 요청하자는 안이 채택되었다.[51] 그러나 이에 대하여 더 진전된 상황 보고는 발견되지 않는다. (2) 군산 간호학교 설립 건의는 부결되었으나 군산병원 내 간호사들의 질적 향상을 위한 간호교육이 허락되었다. 2년 후 서서평이 세브란스간호부양성소로 전근 갈 때 제자 3명을 데리고 가서 입학시켜 훈련하였다.[52] (3) 군산 병원의 몇 가지 부대시설설치 건은 허락되었고 실행되었다. 당시 군산 거주 일본인들이 선교병원 진료를 받을 수 있도록 시설을 확충하는 일은 당연하였다.

군산병원이 제안한 몇 가지 안건들은 서서평의 지도력이 영향을 미친 것은 아닐까? 페터슨 의사는 병원 확장에 관심은 있었지만 나환자병원 건립과 치료 등에 관한 전문적 지식은 없었던 듯하다. 군

---

50 Wiliam Hollister, "History of Medical Work at Kunsan Station," 591.

51 위의 회의록, 10.

52 Elise J. Shepping, "Letter from Miss Shepping," *The Missionary Survey* (August 1918), 477; 백춘성, 『천국에서 만납시다』, 41.

산 나환자병원 건립 추진을 광주 나환자병원을 책임 맡고 있는 윌슨에게 요청하고 있는 데서 이유를 찾을 수 있다. 그렇다면 이러한 나환자병원 설치 안건은 이전에 광주 나환자병원과 관련 있던 서서평이 페터슨과 논의하면서 안건화되었을 것이다. 또 서서평이 꿈꾼 군산 병원 간호사양성 교육은 이후 세브란스 간호부양성소에서 이루어졌고 이효경을 탁월한 지도자로 길러냈을 뿐만 아니라 1923년 조선간호부회를 창립하고 오랫동안 회장을 역임하였고, 조선간호부회를 1929년에는 캐나다 몬트리올 국제간호협회 총회에서 준회원으로 가입시켰다.

서서평이 근무하던 당시 1910년대 주요 3개 병원(전주, 군산, 광주) 사역의 통계를 단순비교하면 다음과 같다.[53]

병 원	연 도	한국인 조수	입원	진료 수	수술	수입(달러, 엔)
전주 멕코원 병원	1915	8	341	4,676	156	1,004.42달러
	1916	8	313	3,998	125	1,170.22엔
	1917	10	312	4,830	540	1,122.74엔
	1918	12	437	4,751	616	1,877엔
군산 애킨슨 병원	1915	15	1,070	18,340	454	3,393.64달러
	1916	15	1,010	21,729	527	8,537.58엔
	1917	25	1,121	23,124	421	5,826.19엔
	1918	25	1,636	18,511	274	5,178엔
광주 그래함 병원	1915	9	176	3,081	83	–
	1916	18	777	8,369	400	1,078.94엔
	1917	14	557	15,807	317	985.48엔
	1918	19	555	7,349	290	1,415엔

[도표 2] 3개 병원별, 연도별, 병원 사업 실적 (1914. 7. 1.-1918. 6. 30.)

이 통계에 각 연례회의록에 기록된 약국(외래환자, dispensary) 사

---

53 남장로교한국선교회 연례회의록 1915년, 1916년, 1917년 및 1918년 등의 보고서 뒤편에 당해 연도의 전도, 교육 및 병원 사업 실적이 도표화되어 있다.

역은 넣지 않았다. 참고로, 1919년부터 1924년까지 목포 프렌치 병원은 잠정폐쇄되었고, 순천 안력산 병원은 본격적으로 1916년에 사역을 시작하였으나 1920년 이후 광주 제중원의 사역 실적을 능가하고 1920년대 후반에 이르러 다른 4개 병원의 사역실적을 월등하게 넘어섰다.

2) 서서평의 다양한 선교활동

군산 애킨슨 병원 사역 시기는 서서평에게 바쁘고 아프고 혼란스런 상황이었지만, 한편으로 귀중한 꿈을 가꾸는 시기였다. 1915년 6월 보고에 의하면, 건강 문제가 있었는데 서서평이 맹장염(충수염) 수술을 받았다는 것이다. 이는 남장로교선교사들 가운데 7번째 걸린 경우로 이 병의 원인이 한국 음식을 먹어서 그럴지 모른다는 의견이 덧붙여졌다.[54] 1915년 이러한 충수염 감염 추정 의심을 시작으로 1916년 한국선교회는 몇 차례 회의를 소집하여 서서평의 병에 대한 논의를 하였다. 이와 관련, 서서평의 세브란스간호부양성소 사역 시작 시기에 대하여 몇 차례 조정했다. 1917년 3월 1일, 4월 1일, 병에 대한 정확한 진단과 치료휴가 이후 1917년 연례회의 이후 등이다. 이렇듯이 지속된 아픔의 원인은 나중에 스프루(sprue) 병으로 확인되었다. 서서평이 3년간 일한 군산지역의 사역은 그녀의 향후 선교사역에 있어서 매우 중요한 의미를 갖는다.

첫째, 서서평은 한국어 언어공부와 한국문화 이해를 심화했다. 군산 시절에 서서평은 2년 차 구술시험과 3년 차 구술시험을 합격

---

54 *The Missionary Survey* (Oct. 1915), 752.

하였다. 이는 서서평이 한국어를 거의 완벽하게 잘 이해하고 구사할 수 있는 능력이 있음을 증명했다. 대개 선교사의 언어 이해와 숙달은 그가 현지 기독교인의 집에 들어가 살거나 이들 주민과 어울려 지낼 때 가능하다는 것이다.[55] 서서평이 언어시험을 최종단계까지 끝낸 것은 그녀가 군산의 한국 주민들과 잘 어울려 지냈음을 뜻하기도 한다.

둘째, 서서평은 선교사직 본연의 사역으로서 군산 예수병원에서 여러 부문의 병원 행정과 의료 및 간호사역을 실시하였다. 병원 간호와 간호교육 그리고 유사시를 대비하여 병원 감독 준비까지도 했을 것이다. 페터슨 의사의 안식년 기간에 병원 감독을 하기로 했으나 그의 안식년 휴가가 연기되면서 이 일을 실제로 하지는 못하였다. 여러 여성 환자들을 만나 간호를 하고 대화를 하면서 지역간호 혹은 보건간호에 대한 필요성을 깨우쳤다.

실제로 서서평은 구암예수병원에서 구역간호사역을 개인적으로 실시하면서[56] 한국의 가난한 환자들에 대하여 사회적으로 어떻게 간호적 접근을 할 것인가를 분석하고 이에 따른 네 가지 사회구제사역(social relief work)을 기술하였다.[57] (1) 퇴원자 중에서 여러 가지로 힘든 사람들에게 집, 옷, 직장을 찾아 도움을 준다. (2) 가난한 노인 환자를 찾아 숙소를 찾아주거나 병원에 입원시킨다. (3) 모자보건사업으로 가정 방문, 환자 입원, 가정 보건 교육 및 간호, 육아 및 위생 교육을 실시한다. (4) 구조사역이다. 이와 관련된 5건 중

---

55 엘리자베스 언더우드/변창욱 옮김,『언더우드 후손이 쓴 한국의 선교역사 1884-1934』(서울: 도서출판 케노시스, 2013), 129-136.

56 이꽃메,『한국근대간호사』(서울: 한울 아카데미, 2002), 101.

57 Elise J. Shepping, "District Nursing II," *Korea Mission Field* Vol. XVI No. 9 (Sept. 1920), 205-207.

에서 서서평은 하나만 진술하고 있는데 폭행으로 다리가 골절된 소녀를 구했다는 것이다. 서서평에게 있어서 이러한 병원간호는 사회적으로 지역간호로 발전되고 이러한 사회구제사역적 간호는 여성에 대한 복음 전도와 여성교육과 연계되었다.

셋째, 서서평은 한국어 말문이 터진 이후 전도위원회 사역 즉 복음 전도에 관심이 많았다. 1년 차 언어시험 합격 이후 주어진 첫 임무는 광주제중원 병원 사역 이외에 여성을 대상으로 복음 전도사역을 보조하는 것이었다. 1914년 선교회 연례회의록에는 서서평이 군산 병원사역 외에 지역의 여성복음화 사역과 주일학교 사역을 하는 것이었다. 이러한 사역은 군산 거주기간인 3년에 걸쳐 군산지역의 여성들을 만나 대화하고 전도를 하는 행위로 나타났다.

넷째, 서서평은 전북지역에서 여성교육사역을 실시하였다. 전도위원회는 전라북도 여성성경학원의 1915년 교육에 서서평 선교사도 참여하게 했다. 전주에서 11월 첫 수요일에 시작된 여성성경학원에서 성경과 보건 및 위생 교육을 실시하였다. 또 서서평은 교육위원회 산하의 군산 멜볼딘여학교에서 하위럼 선교사의 부인과 함께 주당 14시간 산업 활동을 지도했다.

1917년 3월 20일부터 서서평은 이기풍 목사 부부와 2명의 여자 선교사들 즉 서로득 선교사 부인(Mrs. Lois H. Swinehart)과 기안나 간호선교사(Anna Lou Greer)와 함께 제주도를 방문하여 부인사경회를 인도하였다. 오전에는 부인사경회로 모이고 오후에는 집집마다 다니면서 복음을 전하였다.[58] 이때 서서평은 부인사경회 인도 이외에 특별히 여성 진료와 위생 교육 등을 실시했다.[59]

---

58 「기독신보」(1917년 6월 6일 자).

3) 서서평의 선교사역에 나타난 선교학적 특징

3년 동안 군산에서 근무한 서서평의 활동과 사역은 이후 생애 전체 사역에서 중요한 계기들을 마련한 것이었다. 이를 특징화하면 다음과 같다.

첫째, 서서평은 개인적 병원간호사역과 사회적 구역간호사역을 강조했다. 필자는 이를 통전적(integral) 간호사역으로 부른다.[60] 서서평의 간호사역은 전인적 혹은 총체적(holistic) 간호를 지향하였다. 이는 인간을 영혼과 몸으로 분리하는 이원론적 인간 이해가 아니라 몸과 영혼을 분리할 수 없는 총체적인 존재로서 인간을 이해한다. 더 나아가 서서평은 이러한 총체적 인간을 사회적(social) 관계에서 이해했다. 즉 영혼과 몸은 총체적으로 인간 개체를 구성하는데 이 개체적 인간은 사회적 관계에서 다른 인간들과 더불어 존재한다. 이렇듯이 사회적 관계를 맺는 개체인간을 통전적 인간이라고 규정하고 싶다. 이러한 통전적 인간을 간호하는 사역을 통전적 간호사역으로 말할 수 있다.

둘째, 사역적으로 볼 때 서서평은 병원 사역과 복음 전도 사역 및 교육 사역을 병행하였다. 군산 구암예수병원 사역, 군산과 전주 지역 여성을 위한 복음 전도 사역, 지역 여성을 위한 선교부 성경반에서 성경을 가르쳤고 멜볼딘여학교에서 산업 활동을 지도하였다. 이러한 교육은 가난한 여성들을 실질적으로 도와 자립하도록 돕는

---

59 김인주, "제주 선교와 서서평의 역할," 서서평연구회, 『행함 있는 믿음으로 본 – 여성주의 관점에서 본 서서평 선교사』 (전주: 학예사, 2017), 253-256.
60 다음의 논문을 참조하라: 임희모, "서서평의 사회선교: 통전적 영혼 구원 선교", 『서서평, 예수를 살다』 (서울: 도서출판 케노시스, 2017:개정증보판), 163-196.

교육을 지향했다. 이러한 복음 전도와 학교 교육과 병원치료 사역을 전통적으로 삼각형 선교전략으로 불렀다. 그러나 이러한 선교전략은 영육 이원론을 바탕으로 영혼 우위 구원론을 강조하고 교육과 병원 사역은 부차적인 것으로 이해하였다. 그러나 서서평은 인간을 전인적, 총체적 인간으로 이해하면서 위에서 언급한 바와 같이 통전적 영혼 구원 선교를 수행하였다. 오늘날 전문인 선교는 통전적 영혼 구원 선교를 수행하는데, 교회사역과 병원 사역과 학교 사역을 우열의 관점에서 따지는 것이 아니라 통전적 총체적 관점에서 수행할 필요가 있다.

셋째, 서서평은 한국 언어와 문화에 대한 이해를 심화시켜 성육신적 선교를 수행하였다. 독일계 미국인 간호선교사로서 서서평은 한국에 도착한 1912년 3월부터 남장로교한국선교회의 규정에 따라 1년 차 언어공부에 집중하였다. 광주와 군산과 전주의 한국인 사이에서 한국인과 더불어 살면서 한국어와 문화와 삶을 익히고, 이들의 문화와 정신과 가치를 존중하여 2년 차 언어와 3년 차 언어 시험에 합격하여 한국인으로 살았다. 독일계 미국 국적의 여성이 한국의 보통 여성 혹은 한국의 불우한 여성 속에서 한국인 서서평으로 살았다.

넷째, 여성으로서 서서평은 가부장적 한국문화 속에서 여성의 정체성을 찾는 자존과 자립과 자활을 강조하였는데, 이를 실용적이고 영적인 지도력을 키우는 교육을 통하여 여성의 상황을 개선하고 변혁하려 하였다. 전라북도 달거리 여성성경반이 전주에서 1915년 11월에 열렸을 때, 강사로서 성경을 가르쳤다. 또 멜볼딘 여학교에서 산업 활동 교육을 실시하였다. 한국 여성에 대한 이러한 교육적 경험을 통하여 서서평은 1920년 자기 집에서 몇 몇 소녀들을 모아 성경을 가르치고 여성지도력을 키우려 하였다. '실질적이고 영적인 리더십' 양성을 서서평은 여성 교육의 중심에 놓았다.[61]

IV. 서서평의 세브란스간호부양성소 사역
(1917. 9. ~ 1919. 12.)

1. 연례회의록에 나타난 서서평의 사역

1918년 연례회의록에 의하면 군산선교부 소속으로 서울에서 근무하는 서서평은 순천에서 열린 연례회의에 불출석하였다.[62] 다음과 같은 업무가 주어졌다: 6월 1일부터 8월 31일까지 휴가이고, 9월 1일부터는 세브란스병원에서 사역을 하고 일본어를 공부한다.[63] 선교회가 실행위원회에 (안식년 등의 이유로) 현장 복귀할 사람들의 명단에 서서평의 이름도 추가하여 넣기로 동의·가결하고, 군산선교부로 복귀할 것을 요청하도록 했다.[64] 서서평의 연봉이 700달러로 올랐다.[65]

---

61 Maie Borden Knox, "An Interview," *The Korea Mission Field* (Oct. 1926), 215-217.

62 *Minutes of the Called Meetings of the Mission at Kwangju Aug. 25, 1917 at Chunju Nov. 5, 1917 and of the Annual Meeting of the Mission at Soonchun June 20-28, 1918; Kwangju, 1918,* 13.

63 위의 회의록, 26.

64 현장복귀에 대한 동의와 가결은 위의 회의록, 21; 군산 현장 복귀에 대해서는 위의 회의록, 28.

65 위의 회의록, 34.

1919년 6월 19일부터 26일까지 전주에서 열린 한국선교회 연례
회의에 군산선교부 소속인 서서평은 서울로부터 참석하였다.[66] 서
서평의 소속은 곧 군산선교부에서 광주선교부로 변경이 동의, 가결
되었고[67] 업무는 세브란스병원 사역과 일본어를 공부하는 것이었
다.[68] 서서평의 일본어 공부 선생에게 광주선교부 언어위원회가 96
엔을 지불한다.[69] 여성위원회(6월 26일) 회의가 서서평의 마침 기도
로 끝났다.[70] 또 1919년 12월 3일 조정위원회는 서서평의 업무를
"광주지역, 순회사역"(Kwangju, Itinerating)으로 정했다.[71] 서서평
은 1919년 말에 세브란스간호부양성소의 근무를 떠났지만 광주제
중원으로 복귀하지 않았다.[72] 한편 1920년 2월 25일부터 3월 5일
까지 순천지역 여성성경반을 가르쳤고, 3월 9일 이후 제주에서 열
린 제주지역 여자성경공부반에서 가르쳤다.[73]

---

66 *Minutes of the Twenty-Eighth Annual Meeting of the Southern Presbyterian Mission in Korea, Chunju, Korea, June 19th to 26th, 1919*, 7.
67 위의 회의록, 10.
68 위의 회의록, 39.
69 위의 회의록, 44.
70 위의 회의록, 64.
71 위의 회의록, 63. 서서평은 1919년 12월로 서울 사역을 접고 1920년 1월부터 광주에
서 사역한 것이다. 그리고 서서평의 연봉 중 3개월분인 175불이 광주선교부 연봉계정
(Class A Budget)에서 지급되었다(위의 회의록, 46). 이는 서서평이 1920년 1-3월
은 광주선교부 소속으로 사역을 했다는 직접적 증거가 된다. 이전 세브란스병원 근무
시 연봉은 일반계정(General Budget)에서 지급되었다.
72 1910년대 광주제중원에서 사역한 간호사선교사들을 살펴보면, 1916년 광주선교부
에 부임한 Esther Boswell Matthews는 1920년 목포선교부로, 1920년 광주선교부
에 배치된 Georgiana Florine Hewson은 1926년 목포선교부로 그리고 1931년에는
순천선교부로 전근되었다.
73 위의 회의록, 42.

2. 서서평의 세브란스간호부양성소 사역

1916년부터 세브란스간호부양성소는 다른 선교회의 간호사들[74]이 부임하여 연합으로 운영되었다. 남장로교를 대표하여 서서평이 1917년에 부임하여 간호부교육과 양성소운영에 이사와 교원(staff)으로 참여하였다.[75] 간호교육을 위해 일본어를 배우고 교과서를 집필하고 번역을 했는데, 서서평은 홍석후와 함께 총독부 검인정 교과서인『실용간호학』(맥스웰, 포프 공저)을 번역하였다.[76] 서서평이 군산예수병원에서 데려간 이효경은 세브란스 간호부양성소를 1919년에 졸업하여 군산과 북간도에서 활동하기도 하였다.[77] 세브란스 시절의 사역에 대해서는 서서평이 체스터 박사에게 쓴 편지에서 확인이 된다. 내용 중 일부를 옮기면 다음과 같다.

저의 이곳 세브란스 사역은 즐겁습니다. 저는 간호부양성소를 운영하고 주당 14시간 강의를 하고 아침 7시 30분부터 오후 1시까지 병원을 열어둡니다. 몸이 약하여 업무의 반만 맡았지만, 보통 오후 9시까지 병원의 세탁물과 바느질과 침대보를 책임집니다. 최근 90명의 환자가 입원하였고 평균 150명의 외래환자를 받습니다. 오긍선 선생님은 가장 많은 수의 외래환자를 받아 가장 많은 영수증을 처리하

---

74 1917년은 호주장로교의 G. Napier, 캐나다장로교의 E. Hughes, 남감리회의 Campbell과 서서평 등이고, 1919년에는 서서평, 슐즈, 켐벨, J. W. Hirst가 운영하였다. (이만열,『한국기독교의료사』, 367-368).

75 연세대학교 간호대학,『연세대학교 간호대학 100년사』(서울: 연세대학교 간호대학, 2008), 424.

76 이만열,『한국기독교의료사』, 365-370.

77 위의 책, 957-958.

고 있습니다.… 저는 오후에는 일본어를 공부하고 어떤 날에는 3시
간을 가르치기로 되어 있는데, 가르치기 위하여 아직도 많은 준비를
해야 하기 때문에 일본어를 공부할 기회는 그렇게 많지는 않습니다.
지금 저는 무척 서둘러야 합니다. 총독부가 말하는 바, 2년 내에 모
든 교육은 일본어로 진행해야 하기 때문입니다. 지금 어떤 책이나
교과서도 순수 한글 인쇄는 허락되지 않고, 반드시 일본어와 한글이
혼용되어야 합니다.[78]

1917년 9월부터 1919년 말까지 서서평은 남장로교한국선교회
의 대표로 세브란스간호부양성소로 파견받아 다른 교파 선교회의
간호사들과 연합하여 활동하였다. 특히 서서평은 간호부 훈련과 강
의를 맡았고, 일본어 공부, 병원의 일상 업무 수행, 강의 준비 및 간
호 교과서 번역을 하였다. 이 시기 서서평은 스프루 병으로 몸이 무
척 약하여 한국선교회와 간호부양성소로부터 특별배려를 받기도
했다. 1920년 초부터 광주선교부 지역에서 순회전도를 맡았는데
1920년 3월 9일부터 제주도 산남지방인 모슬포에서 성경공부반을
인도하였다.[79]

3. 세브란스간호부양성소 시기 서서평의 사역의 특징과 영향

첫째, 1915년 초부터 스프루라는 질병으로 생긴 만성적 소화불
량으로 인하여 몸이 무척 쇠약한 서서평은 세브란스 시절에도 이를

---

78 Elise J. Shepping, "Letter from Miss Shepping," *The Missionary Survey* (August,
   1918), 477.
79 김인주, "제주 선교와 서서평의 역할", 256.

감내하면서 간호부 교육을 실시했다. 이 기간에 서서평은 무척 행복함을 느끼고 하나님의 사랑을 깨달았다.[80] 이러한 현상을 신학적으로 해석할 때, 서서평은 십자가를 지신 그리스도의 대속적 고통을 깨닫고 조선 여성들의 고난에 동참하며 이들에게 복음을 전한 것으로 이해된다. 이렇듯이 고통을 겪는 서서평은 향후 그의 여성 사역에서 고난받는 여성의 한 사람으로 이해되어 마치 고난을 겪는 예수의 모습 즉 성육신한 예수의 모습으로 이해되었다. 이러한 서서평을 가리켜 동아일보는 '재생한 예수'라고 하였다.[81]

둘째, 다른 교파 선교회 파송의 간호사들과 연합하여 간호사 훈련과 세브란스간호부양성소를 운영하였다. 이러한 연합 정신은 서서평이 1923년 조선간호부회를 창립하고 1933년까지 10년간 회장직을 수행하게 하는 기본적 힘이 되었을 것이다.

셋째, 세브란스간호부양성소를 실질적으로 운영하고 학생들을 훈련한 경험은 1920년부터 실시한 여성교육 특히 1922년부터 여자성경학교(1926년 이일성경학교로 개명) 창립과 교육에 도움을 주었을 것이다. 서서평은 여성들에 대한 실질적이고 영적인 훈련을 강조하였다.

넷째, 일본어 공부는 일제 총독부 체제에서 공적인 일을 할 때 아주 긴요한 지식이고 활동 도구였다. 서서평이 광주로 복귀한 이

---

80 "[그동안] 저는 기쁨도 많았고 고통도 많았습니다. 그러나 '주님을 기다리는 사람들아, 힘을 내어라. 용기를 내어라'(시편 31:24)는 1917년 묵상 말씀은 저를 낙담케 하기보다 오히려 용기를 주었다고 기쁘게 말할 수 있습니다. 사람의 눈에는 희망이 조금도 보이지 않을 때 그 말씀은 대단한 의미를 주었습니다. 일생을 통틀어 작년은 가장 큰 고통의 해였지만, 여전히 저의 인생의 최고의 해였습니다." (Elise J. Shepping, "Letter from Miss Shepping 1918," 477.)

81 "慈善 敎育事業에 一生받힌 貧民의 慈母 徐舒平孃 長逝, 生前에는 再生한 耶蘇의 稱號 모범할 勤勉力行의 一生," 「동아일보」(1934년 6월 28일자).

후 여러 공적 직책을 수행하게 되는데 여기에 일본어는 유용했다. 또 서서평은 일본인 학교의 학생들에게 영어와 성경을 가르치고 일본인 교회에서 성경을 가르치며 복음을 전하였다.

다섯째, 서서평의 세브란스간호부양성소 이직과 광주로의 복귀에 대한 날짜는 좀 더 검토해야 한다. 1919년 3·1 만세 운동과 서서평의 관련설로 인한 것이다.[82] 한국선교회의 규정(안식년 후의 복귀

---

[82] 서서평이 세브란스 사역을 끝내고 광주로 복귀한 것이 3·1운동 관련 신변 문제인가, 혹은 총독부의 강압적 요청으로 휴직을 했는가? 그러나 한국선교회의 1919년 연례회 의록과 서서평의 선교 보고 및 기고문 등에서 서서평의 3·1 운동 관련 사항이나 이를 유추할만한 기록은 찾을 수 없다. 또 서서평이 세브란스 시절에 3·1 운동 관련 민족인사들을 지원했는가, 더 나아가 얼마나 관여했는가라는 문제도 더 많은 자료를 확보하고 분석해야 할 것이다. 여기에서 세 가지 가능성을 논의할 수 있다. 첫째, 1919년 서울에서 3.1만세운동에 참여하다가 붙잡힌 최흥종 목사가 서대문 구치소에 있을 때 서서평이 평소 잘 알고 지낸 그에게 영어 성경과 신학 서적을 들여보내는 등 구치소의 최흥종을 방문하고 도운 사실, 이로 인하여 당국자들에게 밉게 보였다는 것, 이로 인하여 서서평의 신변이 자유롭지 못하여 광주로 내려왔다는 설(백춘성, 『천국에서 만납시다』, 29), 또한 총독부의 요청으로 서울을 잠시 떠나 광주로 왔다는 설(양창삼, 『조선을 섬긴 행복』, 341)이 있다. 둘째, 서서평이 군산 시절(1914. 9.~1917. 8.)에 만났을 것으로 추정되는 김병수 학생(1919년 3·5 군산 만세 거사를 위하여 2월 26일 박연세 선생에게 독립선언문을 전달한, 세브란스의전의 마지막 졸업 학기에 있던 학생인데 구암교회 교인으로 1916년 영명학교 특별과를 졸업했음)이 세브란스 약제실의 이갑성을 따라 독립운동을 주도하다가 붙잡혀 서대문감옥에 있을 때, 그를 방문하고 지원했을까? 사실 1919년 3·5 군산 거사는 구암교회 교인들, 구암예수병원 직원들, 영명학교와 멜볼딘여학교의 교사와 학생들이 대거 참여하여 발생하였다. 이들 중 상당수는 서서평과 지근거리에서 얼굴을 대하여 살았던 사람들이다. 셋째, 3.1운동으로 다친 민족운동가들을 간호한 세브란스병원 간호학생들이 반일민족의식을 가진 상황에서 서서평이 이들과 동조하여 애국 운동가들에게 도움을 주었을 개연성도 있다(참고: 신규환·박윤재, 『제중원 세브란스 이야기』 [서울: 역사공간 2015], 203-207, 211-213). 위의 세 가지 설은 3·1 만세 운동 현장을 중심으로 이야기하는 것인데, 이 이야기들의 주역들이 서서평과 어떤 식으로든 관련이 있다. 그러나 3·1 운동과 관련하여 이들과 서서평의 만남에 대한 기록을 찾을 수 없다. 사실 당시 서서평이 3·1 운동의 주역들을 직접 만나고 서울구치소에 있는 이들을 만났다면 서서평은 경찰들의 감시하에 있었을 것이다. 이러한 상황에서 서서평은 1919년 6월 19-26일 전주에서 열린 한국선교회 연례회의에 출석했는데, 한국선교회는 서서평의 업무(1920년 6월 한국선교회 연례회의 때까지)를 세브란스병원 사역으로 확정했다. 한편 자료(연세대학교 간호대학, 『연세대학교 간호대학 100년사』, 428)에 의하면, 서서평은 세브란

등)에 의하면, 서서평은 세브란스병원 업무를 끝내고 군산선교부로 복귀가 이루어져야 했는데, 광주선교부가 앞장서 한국선교회의 동의, 가결을 거쳐 그를 광주로 복귀시켰다. 한편 광주선교부에는 1916년부터 간호선교사 매튜스(Esther Matthews)가 근무하고 있었기 때문에 1919년 12월 3일 한국선교회 조정위원회는 서서평에게 광주지역 순회복음 전도를 맡겼다.[83]

V. 결론: 서서평의 초기 사역 분석

1) 전문인 간호선교사로서 서서평 선교사는 한국어와 한국문화에 대하여 탁월한 이해를 하였다. 서서평은 한국어를 듣고 말하고 쓰는 일에 뛰어난 능력을 가졌다. 이러한 언어능력은 서서평에게 한국문화를 세밀하게 이해하고 자신을 적응하게 하였다. 서서평은

스간호부양성소에서 1917-1919년에 근무하였다. 당시 학년은 4월 1일부터 다음 해 3월 31일까지였다. 이러한 의미에서 서서평의 세브란스 근무 기간은 1917년 9월부터 1920년 3월 31일이 된다. 그러나 1919년 12월 3일 남장로교 한국선교회 조정위원회는 서서평의 사역을 광주지역 순회전도로 변경했다. 한편 당시 광주제중원에는 간호선교사 Matthews가 1916년부터 근무하였다. 이러한 여러 정황을 감안하면 서서평은 1920년 1월에 광주지역 순회전도 사역을 시작했다고 합리적으로 추론할 수 있다.

83 1920년 연례회의록에 의하면, 서서평의 업무는 광주선교부에 속하여 윌슨의 부재 시에 병원을 책임지며 광주 동부지역의 반을 맡아 순회전도를 하는 일이었다(*Minutes of the Twenty-ninth Annual Meeting of the Southern Presbyterian Mission in Korea, Kwangju, Korea, June 18th to 29th, 1920*, 43). 서서평에게 한 달 동안 순회전도여행이 허락되었고(위의 회의록, 40), 315엔의 예산이 서서평의 비서를 위하여 책정되었다(위의 회의록, 18, 52). 1921-1922의 연봉은 900달러로 올랐고 1922년에 안식년이 계획되었다(위의 회의록, 49, 39). (그러나 1922년 안식년 휴가를 가지 못하였고, 1929년에야 휴가를 갈 수 있었다.) 1921년 1월 31일 임시위원회는 1920년 가을에 앓은 병으로 인해 서서평이 1921년 봄기간은 광주 현장에서만 지내도록 결정하였다(위의 회의록, 58).

일본어와 한자를 공부하여 동아시아의 한국문화를 폭넓게 이해하였다. 이러한 언어문화에 능통한 서서평은 두 가지 면에서 다른 선교사들과 차이를 만들었다. 첫째 생활상 만나는 한국인과 특히 한국 여성들과 불우한 여성들에게 친밀함과 애정을 가지고 대하였다. 이러한 서서평은 후에 '지나칠 정도의 한국인'으로 이해되었다. 둘째, 한국어와 한국문화는 복음전달의 훌륭한 수단으로 역할을 하였다. 서서평은 전주, 군산, 제주도에서 여자성경공부반의 성경을 가르치고 멜볼딘 여학교에서 산업 활동을 가르쳤다. 세브란스간호부양성소에서 강의를 하고 교과서를 번역하였다.

2) 전문인 간호선교사 서서평은 보편적 사람들에게 복음 선교를 수행하였다. 훈련된 간호사 서서평은 광주 제중원, 군산 구암예수병원, 서울 세브란스간호부양성소에서 전문 능력을 드러내면서 환자를 간호하고 간호사를 양성하고 가르치는 선교사였다. 특정직업을 통하여 그리스도의 사랑을 드러내는 선교사로서, 환자로서 사람대접을 받아야 하는 그 환자에게 예수님의 선교사로서 예수님을 보여주려 하였다. 이러한 환자는, 사람대접을 받는 환자가 되어 그 처음부터 치료받고 회복되는 그 끝까지 하나님의 보호를 받는 존재가 되는데, 서서평은 이렇게 사람을 책임적으로 치료하였다. 환자는 경제적으로 여유가 있거나 없거나 간에 관심 있게 보호받아야 하는 사람이다. 이러한 관점을 지닌 서서평은 개인적 간호와 사회적 구역간호를 통전적으로 이해하였다.

전문인 간호선교사 서서평은 나환자와 걸인, 불우한 여성, 가난하고 억압받는 여성들을 만나면 즉각적 반응을 보였다. 특히 여성의 삶의 질 향상과 여성지도력 훈련은 서서평에게 중요한 관심사였다. 그녀에게 고통 받는 여성은 단순히 물질적 구호의 대상이 아니라 보편적 인간으로서 복음을 듣고 구원을 받아야 할 대상이었다. 이러한 관점에서 후에 서서평은 여성지도자양성학교인 이일학교를 세우고 여자학생들에게 '실질적이고 영적인'(practical and spiritual) 훈련을 시켰고, 복음을 통해 자립과 자존의 삶을 살도록 돕고 훈련하였다.

3) 간호선교사 서서평은 복음 선교에 큰 관심을 가졌다. 예수 그리스도를 배우고 가르치는 성경반(사경회) 교육을 강조했다. 서서평에게 복음 전도는 늘 중심 관심사였다. 1년 차 언어공부를 끝내자 서서평에게 주된 사역인 병원 간호사역이 주어졌다. 또 서서평은 지역 여성에 대한 복음 전도 사역을 보조하는 업무를 맡았다. 서서평에게는 복음을 전하는 사역이 주된 사역만큼이나 중요한 것이었다. 1915년 서서평은 전주에서 여성성경반을 지도하여 전도부인을 양성하였다. 제주도에서 1917년과 1920년, 2번에 걸쳐 성경공부와 부흥사경회를 인도하였다. 오후에는 축호 전도를 하면서 환자치료와 위생 교육을 실시하였다. 예수 그리스도 복음의 중심은 언제나 가난한 자와 죄인들에게 향하여 열려있다. 불우한 여성 및 사회적 약자계층이 예수 그리스도의 복음을 먼저 들어야 하고, 사회적으로 구호와 구제를 받아야 하고 이들을 위한 사회변혁이 일어나야 한다. 서서평은 1914년 광주 여자 산업학교의 억압받는 연이와 동생을 돕고 무조건으로 지원하였다.

4) 서서평은 인간에 대한 통전적 이해를 바탕으로 통전적 선교를 실시했다. 서서평은 병원 사역과 복음 전도사역과 교육 사역을 실시하였다. 또 서서평은 병원 간호에서 구역간호를 개인적으로 실천하여 환자에 대한 온전한 치료와 보호와 안전을 강조하였다. 이것은 서서평의 통전적 인간 이해에 바탕을 두고 있다. 서서평에게 인간이란 영혼과 몸을 지닌 전인적이고 총체적 존재이고, 더 나아가 사회적 관계 속에서 통전적 존재로 나타난다. 이러한 통전적 관계는 서로 분리되거나 조각으로 나누어지지 않고 온전한 실체로 존재한다. 복음서에 나타난바, 예수께서 하나님 나라를 설파하고 증언하고 실천하는 행위는 통전적 인간 이해를 바탕으로 이루어진다. 서서평은 이러한 하나님 나라 선교로서 통전적 선교를 추구하였다.

3 장
서서평 선교사의 통전적 영혼 구원 선교

I. 서론

서서평은 독일계 미국인으로서 미국 남장로교회의 한국 선교사로 1912년 2월에 파송을 받았다. 동년 3월 19일에 한국에 도착한 서서평 선교사는 간호사로서 초기에는 광주, 군산, 서울에서 그리고 1925년 중반 이후 통전적 선교사로서 전국 차원에서 활동하다가 1934년 6월 26일 지병과 영양실조로 소천하였다. 서서평의 임종 시 남겨진 유품은 다 헐은 담요 반장, 동전 7개, 밀가루 2홉, 유언으로 남긴 실험용 시신 그리고 침상 위 벽에 걸린 'Not Success but Service'(성공이 아니라 섬김입니다)라는 삶의 좌우명 등이다. 서서평의 이러한 선교적 삶을 생전에는 그를 만난 적이 없던 백춘성 장로가 그와 관련된 자료와 일화와 소문을 모으고 그의 지인들을 만나 인터뷰를 하여 사후 46년이 지난 1980년에『천국에서 만납시다』라는 책[1]을 출간했다. 이 책은 서서평을 여걸, 초인간, 신화적 존재, 작은 예수 등으로 서술하여 영웅사관적 입장을 드러내고 있다.

그동안 논의된 대부분의 서서평 연구들은 백춘성이 서술한 영웅적 서서평을 바탕으로 진행되었다. 필자 역시 부분적으로 이러한 이해를 바탕으로 서서평의 선교를 분석하고 연구한 바 있다.[2] 이러한 연구는 순교자나 영웅이 갖는 개인적 출생과 성장과 자질 그리고 시대가 요구하는 특별한 소명, 이에 따른 행동과 죽음 등 영웅적 특별성을 부각시킴으로써 영웅적 삶을 보통 일반인의 삶의 방식으로부터 차별화시킨다. 이러한 차별화는 서서평을 일반 기독교인들로부터 분리하여 그의 삶을 따라 살지 못하게 할 우려가 있다. 특히 그리스도인이라면 누구나 하나님으로부터 부름을 받은 선교사 혹은 선교적 청지기로서 신앙적 실천을 해야 하는데, 이렇듯이 서서평을 영웅화할 때, 오늘날 기독교인들이 이러한 영웅적 서서평의 신앙을 따라 살기를 버겁고 힘겹게 느낄 수 있다.

필자는 서서평을 일반 기독교 선교사로 이해하고 그의 선교 사역을 분석하고 이를 오늘날의 관점에서 일반적 기독교 선교로 이해하고자 한다. 그러나 서서평의 선교 활동은 당시 주류 선교사들이 행한 선교 사역과는 다른 성격을 가졌다. 당시 선교의 주된 흐름이 개인적 영혼 구원에 치중하여 교회가 해야 하는 사회적 책임을 소홀히 하였다. 이로 인하여 당시 주류적 선교 경향은 복음서의 예수 그리스도가 행한 하나님 나라의 선교에서 한참 거리가 생기게 되었다. 이러한 경향이 오늘날 한국교회에 깊숙이 뿌리를 내려 한국교

---

1 백춘성, 『천국에서 만납시다』 (서울: 대한간호협회 출판부, 1996: 증보판).
2 임희모, 『서서평, 예수를 살다』 (서울: 도서출판 케노시스, 2015: 초판).

회가 비사회적 교회가 되었고 더 이상 한국 사회가 한국교회를 신뢰하지 않게 된 이유 중 하나가 되었다. 이러한 상황에서 서서평은 영혼 구원 선교에 사회적 선교를 더하여 성경의 예수님이 강조한 복음 선교를 행하였다. 서서평의 이러한 하나님 나라 선교는 영혼 구원과 사회적 책임을 총합하는 선교로서 오늘날 선교 개념으로 통전 선교(holistic mission 혹은 integral mission)라고 말할 수 있다.

그런데 왜 구태여 이러한 통전 선교를 통전적 영혼 구원 선교라고 부르는가?3 이것은 한국교회의 특수 상황에서 필자가 붙인 개념이다. 간단히 말하면 한국교회의 선교가 영혼 구원에 너무나 치중하여 그 한계 혹은 결함을 심하게 노출하고 있는 상황에서 이를 보완하자는 뜻이 들어있다. 여기에는 영혼 구원 선교를 지속하자는 것, 그러나 이제껏 행한 서구 기독교적 이원론적 영혼 구원 선교를 구약성경 히브리적 전통의 네페쉬(נֶפֶשׁ) 영혼 구원 선교로 대체하자는 것이다. 이 히브리적 영혼 구원 선교는 오늘날 논의되는 총체적, 통전적 선교에 다름 아니다. 그러나 이러한 히브리적 사유를 기본으로 하는 영혼 구원 선교가 이원론적 영혼 구원 선교와 외형적으로 구별이 되지 않기 때문에 이 영혼 구원에 '통전적'이라는 말을 붙여 영혼 구원에 사회적 책임성을 덧붙이는 효과를 내려 한다. 그러므로 통전적 영혼 구원 선교란 한국교회적 상황에서 이름 붙여진 것일 뿐 원래의 기독교 선교 그 자체인 것이다. 역사적으로 변형되고 왜곡되어 진행된 영혼 구원 선교, 총체적 선교, 통전적 선교 등이 원래의 기독교 선교로 회복되는 과정에서 잠시 붙여진 이름일 뿐이다.

이러한 의도를 갖는 이 글은 첫째로 서서평 선교사가 선교하는

---

3 영혼 구원에 대해서는 이 글의 각주 13과 IV장 "1. 예수님의 통전적 영혼 구원 선교" 참조.

시공간으로서 조선의 상황을 서술한다. 당시 일본 제국주의가 조선을 식민지화하여 조선(한국) 민중들은 말할 수 없는 고통 속에서 비참한 삶을 살았다. 정치적으로 억압당하고, 경제적으로 수탈당하고, 사회문화적으로 차별과 소외당하고, 종교적으로 좌절과 어둠 속에서 지냈다. 이러한 상황에서 새로운 희망을 가지고 개신교 선교사들이 입국하였다. 그러나 이들은 조선 민중에게 희망을 주고 어둠을 밝힐 빛으로 작용했는지 의문이다. 미국 선교사들의 일그러진 선교 개념 즉 '오로지 영혼 구원만'이라는 개념에 대한 최중진 목사의 비판은 그 자신에게 비극을 초래했다. 이에 대하여 본 글은 간략하게 서술한다. 둘째로 서서평 개인의 성장사를 통해 통전적 영혼 구원 선교의 배경을 설명한다. 여기에서는 독일에서의 출생과 성장사, 미국 뉴욕의 다문화 상황에서의 정체성 혼란 그리고 개종 후 정체성을 확립하는 신학교 입학과 교육 및 훈련 등을 분석한다. 셋째로 서서평이 조선에서 행한 통전적 영혼 구원 사역을 논의한다. 언어 습득과 문화 적응을 통하여 한국 민중과 불우한 여성들과 그의 일치하는 삶과 통전적 영혼 구원 사역을 기술한다. 넷째로 그의 통전적 영혼 구원 선교가 어떻게 한국교회 내에서 구체화될 수 있는가를 검토한다. 여기에서는 예수 그리스도의 하나님 나라 통전 선교, 대한예수교장로회(통합, PCK)의 삼위일체적 통전 선교를 소개하고 오늘날 통전적 영혼 구원 선교의 다양한 현장 적용 가능성을 설명한다. 이 글이 강조하는 통전적 영혼 구원 선교는 순전히 한국교회 상황에서 주조된 개념이다. 이는 아직 세밀하게 분석되고 정교하게 다듬어지지 않은 상태에 있지만, 이에 대한 논평과 논의가 활발하게 진행되기를 기대한다.

II. 오로지 영혼 구원 선교만?

1. 선교현장으로서 조선의 상황

서서평 선교사가 주로 활동한 1912-1934년의 선교 현장인 호남 즉 전라북도와 전라남도의 정치적, 사회경제적, 종교문화적 상황을 간략히 살필 필요가 있다. 정치적으로 1905년 일본은 을사늑약을 통해 조선(대한제국)에 대한 보호국이라는 이름으로 약탈을 하고 1910년부터 조선총독부를 두고 제도적으로 식민지 조선을 수탈하였다. 이미 일본은 통감부를 세워 노골적으로 조선을 강점하기 시작하여 농촌 사회인 조선의 토지조사사업(1910-1918)을 벌이고 수탈구조를 만들었다. 조사사업이 끝난 1918년 당시 인구의 80%가 농민이었는데 이 중 3%가 지주였다. 이들은 전체 토지의 50%를 차지하였고 소작농은 전체 농가의 77%였다.[4] 이들은 수확량의 50-60%에 해당하는 소작료를 지불하고 덧붙여 수리조합비와 지세도 내야 했다.

1926년 농촌빈민과 궁농(窮農)에 대한 통계를 보면 다음과 같다.[5] 비율적으로 가장 높은 지역은 전라북도인데 지주를 제외한 전체 농민호의 11.2%가 궁농이었다. 전라남도의 궁농은 8.4%로 3위에 이르고 전체평균은 6.2%로서 전국의 실제 호수는 162,219호였다. 궁농이란 당장 먹을 것이 없어서 초근목피 즉 소나무껍질, 머름, 칡뿌리 등 30여 종을 먹으며 살아가는 사람들이다. 특히 전북 농촌

---

4 무등역사연구회,『광주·전남의 역사』(파주시: 태학사, 2001), 234.
5 강만길,『일제시대 빈민생활사』(서울: 창작과 비평사, 1987), 69-70.

사회는 수탈당하고 황폐화되었다. 1927년 김제 죽산면의 상황을 보면 관내 농지 2,400정보 중 80%가 일본인의 소유이고 농가 1,000호 중 자작농은 단 4 농가뿐이었다. 이러한 가난의 상황에서 농민들은 생활난으로 자살하거나 굶어 죽거나 높은 소작료와 빚에 몰려 도시 빈민으로 전락하였다.6

1927-1931년의 전국 걸인 수를 보면,7 1927년 전국 46,299명 전북 7,062명 전남 3,723명, 1928년 전국 51,980명 전북 8,377명 전남 3,810명, 1929년 전국 58,089명 전북 9,761명 전남 4,062명, 1930년 전국 58,204명 전북 9,463명 전남 4,719명 그리고 1931년 전국 54,029명 전북 9,016명 전남 4,406명 등이다. 이들 통계는 상시 걸인 수로서 주거가 있지만 걸식하는 자들이다. 춘궁기에 급증하는 잠정적 걸인은 이보다 몇 배가 많은 것으로 추정되었다. 이들은 차츰 영양부족과 기아와 병 때문에 길에서 죽게 되는데, 이러한 아사자 수가 매년 증가하였다. 1926년에는 아사자가 2,434명인데 1935년에는 3,553명으로 증가하였다.8

한편 사회문화적 차원에서도 1910-1930년대 조선은 유교적 보수주의와 가부장제가 온존되면서 남존여비의 상황과 계급 간의 격차가 큰 사회였다. 하층민들은 억압과 차별과 수탈을 당해야 하는 상황에서 조선 민중과 여성들은 이중 삼중의 고통을 겪고 천대, 억압, 차별을 일상적으로 당해야 했다. 종교적 관점에서 보면 조선인은 거의 모두가 애니미즘의 영적 존재의 영향을 받고 살았다. 모든

---

6 국립전주박물관, 『옛사진 속의 전북 1894-1945』 (전주: 전주국립박물관, 1998), 122-125.
7 강만길, 위의 책, 111-113.
8 위의 책, 114.

곳에 영적인 존재가 있어서 이들이 사람들을 억압하고 위협하고 겁을 주고 해코지를 한다고 믿었다. 이러한 영들을 다스리고 통제하고 화해시키는 샤머니즘의 무당과 불교 승려들의 혹세무민으로 민중들이 오도되고 때로는 착취도 당하였다.

2. 1926년 『조선의 아이 사랑이』[9]에 나타난 조선의 호남지역 선교 현장

조선 사회의 이러한 사회문화적 경제적 종교적 상황을 선교사의 문학적 눈을 통하여 종합적으로 들여다볼 수 있다. 광주에서 서서평 선교사와 더불어 사역을 한 서로득 선교사 부인(Lois Hawks Swinehart, 재임기간 1911-1937)이 선교 문학 장르에 해당하는 3권의 책을[10] 썼는데 그중의 하나가 '사랑이'에 대한 이야기다. 사회문화적, 경제적 이유로 돈에 팔려가는 어느 여자 아이 이야기를 자연스럽게 종교문화와 엮어서 서술하였다. 서로득 선교사 부인이 1926년 저술한 『조선의 아이 사랑이』라는 이야기는 '사랑이'라는 6살 난

---

9 로이스 H. 스와인하트 지음/송창섭 옮김, 『조선의 아이 사랑이: 선교사 부인이 구한 조선의 아이들』(서울: 살림, 2010); Lois Hawks Swinehart, *Sarangie: A Child of Chosen - A Tale of Korea* (New York: Fleming H. Revell Company, 1926).

10 Lois Hawks Swinehart, *Jane in the Orient* (New York: Fleming H. Revell Company, 1924), *Korea Calls - A Story of the Eastern Mission Field* (New York: Fleming H. Revell Company, 1929). 여기에 더하여 1937년 서서평 선교사에 대한 간략한 전기도 썼다. Lois Hawks Swinehart, "Elise Johanna Shepping - A Missionary Deborah," Hallie Paxon Winsborough Compiled, Sarah Lee Vinton Timmons Edited, *Glorious Living: Informal Sketches of Seven Women Missionaries of the Presbyterian Church, U.S.* (Atlanta, Ga: Committee on Woman's Work Presbyterian Church, U.S., 1937), 145-184: 임수지, "선교사 드보라, 서서평: 영광의 삶을 살다", 임희모, 『서서평, 예수를 살다』(서울: 도서출판 케노시스, 2017: 개정증보판), 197-240.

조선 여자아이가 돈에 팔려 기생집으로 가야 하는 상황에서 서 부인이 우연히 알고 자기의 손목시계를 건네고 우여곡절 끝에 빼내어 같이 살게 되고 선교학교에 입학시켜 공부시킨다는 내용이다.

우선 조선의 사회사가 이 문학에서 언급되어 있다. 이 이야기의 시작이 '사랑이'의 가족사를 소개하는 것으로부터 진행된다. '사랑이'는 아버지를 알지 못한다. '사랑이'의 어머니가 '사랑이'를 낳자 딸이라는 것을 알고 아버지는 집을 나가서 돌아오지 않는다. 결국 그 어머니는 여러 이유로 인하여 창부로, 무희로 떠돌다가 마지막에는 무당으로 전락하여, 딸인 '사랑이'를 돈 욕심에 빠져 기생집으로 팔아넘기려 한다. 여기에 선교사 서 부인이 자기희생적으로 개입한다. 이 이야기에는 '사랑이', 거지 막둥이, 지게꾼 김 씨, 불교 수도승, 문둥이들, 권세가인 양반 등이 등장하는데, 이들의 관계에서 영적, 종교 문화적, 사회적, 경제적 문제들이 뒤섞여 언급되고, 기독교 복음과 선교사들의 사역이 묘사되어 있다. 평소 서서평의 지근거리에서 서로득 선교사 부인은 서서평을 돕고 협력하면서 지원하였다.

당시 독신 여성 선교사를 높여 부인으로 불렀다. 서로득 선교사 부인이 주인공으로 삼은 서 부인은 서서평 선교사가 분명하다. 주인공 서 부인은 '사랑이'를 구하는 데 있어서 영혼만을 구하려는 것이 아니었다. 서 부인은 아이가 술집으로 팔려가서 어떻게 사회의 밑바닥으로 전락할지 알지 못하는 상황에서 사랑이를 노예의 신분에서 무조건 구해내고 해방시켜 영혼이 하나님을 알고 육체가 건강하여 구원을 받고 교육을 받아 인간적으로 품위 있는 삶을 살게 하려는 것이었다. 후술하겠지만 서서평 선교사가 행한 이러한 선교가 사회선교이고 통전 선교이고 통전적 영혼 구원 선교라고 말할 수 있다.

3. 초기 미국장로교 한국선교회의 선교 정책과 한국 최초의 목사 제명

1) 미국장로교 한국선교회의 선교정책

조선에 입국한 미국장로교 선교사들이 중국 선교사인 네비우스 (John Nevius) 박사와 1900년 2주 동안 선교 대화와 논의를 하였다. 이들의 만남과 대화가 시간이 지나면서 네비우스 선교정책으로 확정되어 한국 장로교회의 공식적 선교정책이 되었다. 네비우스의 영향으로 1891년 북장로교 선교회 규범과 세칙이 정해졌고,[11] 1893년 1월 26일에 북장로교 선교사들과 남장로교 선교사들이 모여 '장로교 정치형태를 유지하는 선교회의 공의회'(Council of Missions holding the Presbyterian Form of Government)를 만들고 몇 가지 내용을 합의하였다. 이 공의회의 규범과 세칙에 따라 장로교 선교사들은 한국선교회와 한국인의 교회 즉 한국교회를 치리하고 행정을 해야 했다.

여기에서 특히 두 가지 사항을 논의하고자 한다. 하나는 미국장로교 선교사들이 영혼 구원을 강하게 추진했다는 것이다. 네비우스 선교정책이 개인 중심적 전도를 강조하는 바탕에서 1895년 10월 북장로교선교회 연례회의는 8개 항의 선교정책을 '신조'(Credo)로

---

11 Charles Allen Clark, *The Korean Church and the Nevius Methods* (Chicago: Fleming H. Revell Company, 1928), 75-82; 곽안련 지음/박용규·김춘섭 옮김, 『한국교회와 네비우스 선교정책』(서울: 대한기독교서회, 1994), 100-109.

확정하여 채택하였다. "8. It[The Mission] believes that all branches of the work should have the one aim, the winning and building up of souls in Christ, ..."12(본 선교회는 선교 사역의 모든 부문은 단 한 가지 목적 즉 그리스도 안에서 영혼을 얻고 세우는 목적을 가져야 한다고 믿는다). 즉 선교사와 한국교회는 교육 사업과 의료 선교를 하더라도 영혼 구원에 집중해야 함을 강조했다.13 미국 선교사들의 영혼 구원 중심의 선교관은 개인주의적 접근을 시도하는바 복음이 지닌 통전성을 담지 못한다. 이러한 조항과 실천은 1893년 1월 체결된 한국장로회공의회의 결정에 따라 남장로교 한국선교회와 호남지역의 교회에도 적용되었다.14

다른 하나는 한국교회 지도자 교육의 수준에 관한 문제였다. 토착민의 자립과 자전과 자치를 강조한 네비우스 선교 정책과 관련된

---

12 Daniel L. Gifford, "Annual Meeting of the Presbyterian Mission, North," *The Korea Repository II* (Nov. 1895), 441-444 특히 444.

13 이러한 영혼 구원 선교는 서구의 경건주의 시대와 근대 타문화권 해외선교에서 강조되었다. 여기에서 1717년 개신교 최초의 선교보고서를 살펴볼 필요가 있다. 인도에 1706년에 도착한 독일 경건주의 선교사 지겐발크(Bartholomäus Ziegenbalg)가 1717년에 인도 선교에 대한 현장보고서를 출간했다. 필자가 독일어 원문을 이해한 대로, 아래의 보고서 번역자들의 글을 수정했는데, 선교 목적은 "지금까지 어둠에 있는 세상에(Orten) 예수 그리스도의 살아 있는 진리를 전하여 '이교도들의 심장'(die Herzen der Heiden)이 하나님의 말씀에 순종하고 기독교의 가르침에 참된 실천으로 안내되어 구원 얻게 하는 것이다"(Bartholomäus Ziegenbalg, 박영환·이용호 옮김, 『덴마크 할레선교회의 역사적 보고서』 [인천: 도서출판 바울, 2012], 18, 102). 여기에서 '심장'이란 영혼(독일어 Seele, 영어 soul)을 의미한다("Herz," *DUDEN Band 8: Die sinn-und sachverwandten Wörter* [Mannheim: Duden Verlag, 1986], 329). 18세기 당시 기독교는 고대 그리스의 이원론적이고 영지주의적 철학의 영향을 받아 인간을 영(Seele)과 육(Leib)으로 구분하고 영의 불멸성을 강조하고 육(몸, 물질, 사회)을 경시하였다. 이러한 고대 그리스적 기독교가 선교에도 영향을 미쳐 17세기 경건주의자와 18세기 모리비안과 복음주의자들이 이교도들을 하나님을 인지하지 못하는 잃어버린 영혼으로 이해하고 이들에게 예수 그리스도를 전하여 이들 영혼을 얻고 세워 구원할 것을 강조했다.

14 W. D. Reynolds, "Korea," *The Missionary* (May, 1894), 194.

다. 본토민 교역자를 양성하면서 금지해야 할 여러 사항 중 하나로 한국인 교역자를 선교 초기에 미국에 유학을 보내서는 안 된다는 것, 그가 살고 일하는 한국인들의 수준보다 상당 수준의 높이로 훈련을 시켜서는 안 된다는 것이었다.[15] 한국인 지도자 교육에 대하여 이눌서(W. D. Reynolds) 선교사보다 좀 더 현장감 있고 자세하게 글을 쓴 소안론(W. L Swallen) 선교사는 해외(미국)의 자금으로 한국인을 미국 유학을 보내지 말 것을 주의사항으로 강조했다.[16]

근본적으로 미국 선교사들은 한국인과 한국문화를 얕잡아보거나 무시하는 자민족중심주의 혹은 자문화 중심주의에 사로잡혀 있었지만, 이 상태에서 한 걸음 더 나아가 한국 교역자와 한국교회를 지도하고 가르치고 치리하고 지배하려는 마음을 가지고 있었다. 사실 당시 한국교회 지도자들의 교육적 학문적 지적 수준은 높지 않았다. 또 처음부터 자치하는 교회가 되도록 강조는 했지만 미국 선교사들이 한국인을 신뢰하고 맡기고 자립하게 하여 선교사가 한국인에게 선교 현장을 넘겨주고 떠나는 결단 즉 선교사적 안락사를 실천하는 선교사는 찾기가 힘들었다. 한국선교회는 최중진 목사 등 한국인 목사를 치리하여 목사직에서 제명했다.

2) 1910년 한국최초의 목사 제명: 최중진 목사 사건

대한제국과 일제 식민지 시기에 민족주의적 사상으로 사회선교

---

15 W. D. Reynolds, "The Native Ministry," *The Korea Repository III* (May, 1896) 199-202 특히 201.

16 W. L. Swallen, "The Training of a Native Ministry II," *The Korea Repository IV* (May, 1987) 169-174 특히 174.

에 관심을 가진 최중진 목사는 고부 출신으로 세례받기 이전에 동학혁명에 참여하였고, 나중에 최의덕(Lewis Boyd Tate, 재한 기간 1892-1925) 선교사의 조사로 활동하면서 평양신학교에서 공부하여 제2기 졸업생으로 목사안수를 받았다. 그동안 선교와 관련한 이견으로 최의덕 선교사와 가끔 논쟁했던 것으로 알려졌다. 정읍 매계교회를 중심으로 목회를 하던 최중진 목사는 1910년 1월 전북대리회에 5개 항[17]의 소원을 담은 편지를 발송하였다. 여기에서는 5개 항 중 네 번째 항목 즉 "교회에 상구(常救) 위원 2인씩 두어 가난하고 어리석은 백성들을 구제하자"[18]는 건의에 한하여 분석한다.

최 목사의 이러한 건의에 대하여 전북대리회는 1) 배은(도움 받고 공부했던 일), 2) 배약, 3) 분쟁, 4) 몰지각, 5) 불복종이라는 항목을 적고, 그 지방 당회권을 행사하지 말 것을 명하였다. 이로 인하여 최중진 목사는 자유[교]회를 선언하고,[19] 전북대리회와 서로 논박을 하는 과정을 거쳤고 결국 제명당하였다. 선교사들이 주축을 이룬 전북대리회는 상구 건에 관하여 "우리 장로교회 규칙에 상관된 것이어서 본 대리회에서 허락할 권한이 없사오며"[20]라고 대답했다. 또 전북대리회는 "예수를 믿는 형제는 백성의 의무로써 도와준다면 좋은 것이나 교회에서 위원을 택하여 교회 이름으로 돕는 것은 교

---

17 최중진이 요구한 다섯 가지 사항을 간단히 말하면, 1) 원입교인에게 너무 엄격한 규율을 요구하지 말 것, 2) 부안 고창 무장 지방을 자기에게 맡겨줄 것, 3) 자기 선교 구역에 중등학교를 설치해 줄 것, 4) 교회마다 상구 위원을 두고 가난한 이들을 구제하게 할 것, 5) 거처할 집 한 채를 마련해 줄 것 등이다. 전북대리회가 다섯 가지 조건을 모두 거절함으로써 자주교회 사건이 터졌고 최중진 목사는 제명되었다(김수진,『매계교회 100년사』(정읍: 매계교회 100년사 출판위원회, 2002), 62-66).

18 "전라대리회 회의록 (1910. 1. 10.-1911. 1. 18.): 전북편,"「호남교회춘추」(1995, 봄), 27-31, 39-40, 42-43, 44-60.

19 「전북노회 회의록 제1권(제1-36회)」(전주: 대한예수교장로회 전북노회, 2000), 86, 90.

20 "전라대회 회의록(1910. 1. 10.-1911. 1. 18.): 전북편", 39.

회에 해로운 일이요.21라는 이유를 달고 최중진 목사가 건의한 5개 조항 모두를 거절하였다.

3) "교회이름으로 (가난한 자들을) 돕는 것은 교회에 해로운 일" 인가?

전북대리회는 '한국 장로교 공의회'의 규범과 세칙에 따라 최중진 목사의 요청 내용을 검토했다. 어떻게 왜 전북대리회는 모든 사항에 대하여 이렇듯이 부정적 대답을 하였을까? 이것은 네 가지 방향에서 논의할 수 있을 것이다. 먼저 교회에 상구 위원을 두자는 건의에 대한 것이다. 전라대리회나 전북대리회는 정치적, 행정적으로 한국장로교 공의회의 규정을 따라야 한다. 이 규정 사항 중 '11. 구성원에 대한 조직'을 살펴보면, 교회는 장로나 영수, 조사, 전도부인(권사, 여조사), 전도인 등을 둘 수 있다.22 그러나 최중진 목사가 교회에 두자는 상구위원은 이러한 장로교 공의회 규정의 '교회의 구성원' 조항에는 언급되어 있지 않다. 이러한 이해를 통하여 전북대리회가 교회에 상구 위원을 두자는 최중진 목사의 요구에 대하여 대리회의 권한 밖의 일이라는 대답을 하였다.

둘째, "예수를 믿는 형제는 백성의 의무로써 도와준다면 좋은 것"이라는 말은 개인으로서 기독교인이 사적으로 돕는 것은 좋다는 것이다. 이는 인도주의적 차원의 개인 대 개인 관계에서 구제와 봉사를 할 수 있다는 것으로 지극히 당연한 일이다.

---

21 위의 회의록, 45.

22 Charles Allen Clark, *The Korean Church and the Nevius Methods*, 115-117; 곽안련 지음/박용규 · 김춘섭 옮김, 『한국교회와 네비우스 선교정책』, 151-154.

셋째, "교회에서 위원을 택하여 교회 이름으로 돕는 것은 교회에 해로운 일이요"라는 대답은 당시 교회는 영혼을 구원하는 곳이라는 것과 교회가 재원을 가지고 있다면 영혼 구원을 위하여 써야 한다는 생각에서 나온 답이다. 영혼 구원에 써야 할 돈을 가난한 자의 구제에 쓰면 영혼 구원을 해야 하는 교회에 해를 끼치고 물질적으로 손해가 발생한다는 인식이 깔려 있다. 앞서 우리가 논한 조선의 상황을 감안하고 당장 눈앞에는 굶어 죽어가는 거지나 부랑인 등 궁핍 빈민들이 즐비하게 늘어져 있는데, 이에 대하여 교회는 눈을 다른 곳으로 돌려 무관심 하라는 것이다.

넷째, 미국인 선교사가 한국인 목회자를 친구나 동료로 보기보다는 하인이나 조수 정도로 본 듯하다. 돈이 있으면 네가 스스로 하면 되지 왜 선교회에 이런 요구를 하는 것인가? 이러한 생각으로 최 목사를 인간적으로 무시하고 일고의 가치도 없다는 듯이 배은, 배약, 분쟁, 몰지각, 불복을 저지른 자라는 식으로 비난했다. 이는 선교사 지배의 제도적 교회 안에서 선교사와 한국인 사이에 일어난 갈등으로 일방적으로 한국인이 불이익을 당한 사건이다.23

19세기 말과 20세기 초 미국의 사회적 경제적 상황에서 '사회복음'(Social Gospel)24 운동이 미국 기독교권에서 유행했다. 그러나 이를 비판한 북장로교선교회는 이미 기득권 세력으로서 교회가 전

---

23 이덕주·조이제 엮음, 『한국 그리스도인들의 신앙고백』 (서울: 한들, 1997), 81-85 특히 81.

24 사회복음(Social Gospel)은 라우션부시(Walter Rauschenbusch)를 중심으로 일어난 기독교사회변혁운동으로 낙관적 인간 이해와 교육에 바탕을 두고 있다. (K. S. Latourette, *Christianity in a Revolutionary Age. Vol. 3 (The 19th Century Outside Europe: The Americas, the Pacific, and Africa)* [New York: Harper & Row Publishers, 1961], 223-233.)

할 유일한(unique) 메시지는 영적인(spiritual) 것이고 다른 나머지 것들은 부수적인 것이라는 주장을 줄곧 강조했다.[25] 이러한 의미에서 사회구제나 고아원, 나병환자수용소 및 병원 운영 등은 교회의 영적 구원 활동에 해를 가할 수 있는 것으로 이해되었다.

서서평은 당시 미국장로교선교사들이 갖는 선교에 대한 이해와 크게 다르게 통전적 관점을 가졌다. 서서평은 복음 선교를 수행하는 일에 교회 규정이나 제도에 얽매어있기보다 진취적인 관점을 가지고 지역사회의 약자들을 먼저 돌보고 구제하였다. 오늘날 상식적으로 이해되는 사항들도 19세기 말 기독교 복음이 처음으로 소개되고 확산되는 상황에서는 상당히 달리 이해된 것이다. 복음, 구원, 선교 등의 의미도 축소되어 이해되었다. 이러한 상황에서 서서평이 가진 선교 개념을 이해하기 위하여 서서평의 출신 가계와 성장사를 분석하고 한국에서 행한 선교 사역과 선교 접근을 검토할 필요가 있다.

III. 간호선교사 쉐핑의 출생과 성장과 선교 준비

1. "맨발로 빗속에서 춤추는 소녀"의 홀로됨 극복(1880~1901)[26]

19세기 후반 독일의 사회적 상황은 사회봉사에 대한 제도화를 필요로 하였다. 산골 출신의 19살 처녀 안나(Anna Margaretha Schepping)가 신흥도시 비스바덴(Wiesbaden)의 주인집 정원 뒷간에서 아이를

---

25 Charles Allen Clark, 108; 곽안련, 143.
26 양창삼, 『조선을 섬긴 행복: 서서평의 사랑과 인생』 (서울: Serving the People, 2012), 338-349.

낳았지만 친부를 밝히지 못하는 상황에 놓여 있었다. 그리고 3년이 지나 아이를 고향에 두고 미국 이민 길에 올랐다. 어린 요한나 쉐핑은 가난한 할머니의 양육을 받으며 성장했고 외롭게 학교생활을 유지한다. 이러한 상황을 만든 독일의 사회경제적 조건은 어땠을까? 19세기 초반 산업화의 진행과 전통적 생산기반인 농업의 변화와 해체 과정, 가내공업과 수공업 체제의 변화, 자본주의의 형성과 무산자 계급의 출현, 사회적 문제 상황의 출현과 이로 인한 1848년 공산당선언과 그 영향은 엄청나게 컸다. 19세기 후반 독일은 본격적 산업화 진전으로 사회경제적 상황이 악화되었다. 이에 대한 대응으로 일어난 사회적 접근의 세 가지 방향,27 즉 사회주의자의 접근, 가톨릭교회 사회운동 및 개신교회의 사회운동과 디아코니아 운동이 발전하고 이에 따라 국가의 입법 활동이 진행되었다.

요안나 엘리자베드 쉐핑(Johanna Elisabeth Schepping)은 1880년 9월 26일 비스바덴에서 출생하여 곧 가톨릭교회 교적에 등록되었다. 교적부에 기록해야 하는 '아버지'란은 공란으로 남아있고, 성은 어머니의 것을 따라 Schepping(쉐핑)으로 기록되었다. 출생 후 곧 쉐핑은 비스바덴에서 서북쪽에 있는 베스터발트(Westerwald)라는 숲 지대에 위치한 발머로트(Wallmerod)라는 산골 마을의 가톨릭교회에서 10월 3일에 영세를 받고 이름은 Johanna Elisabeth Schepping으로 등록하고 이곳에서 유년시절을 보냈다.28 엘리자베드(Elisabeth)라는 중간 이름은 할머니(Elisabeth Schepping) 이름에서 딴 것이다. 그러므로 오늘날 알려진 쉐핑(Elisabeth Johanna Shepping)

---

27 귄터 브라켈만/백용기 옮김, 『사회운동과 기독교』 (서울: 다산글방, 2001).
28 김옥순, "서서평 선교사가 뛰놀던 고향을 가다", 「한일장신대 소식」, No. 28 (2014 봄), 10-11.

이라는 이름은 원래 이름 쉐핑(Johanna Elisabeth Schepping)에서 첫 이름과 중간 이름의 순서가 달라졌고, 성(Schepping)에서도 c자가 빠진 것이다. 왜 이러한 변화가 생겼고 어떤 과정을 통하여 이름이 바뀐 것인지, 이름의 복잡성을 쉽게 해명할 수 있다면 그만큼 서서 평의 가족사와 성장사와 이민사를 우리가 좀 더 명확하게 알 수 있을 것이다.

쉐핑이 세 살 되던 해에 어머니 안나는 단신으로 미국으로 이민가서 1887년 9월에 고향 출신 독일인 이민자인 슈나이더(Schneider)와 결혼하였다. 쉐핑은 할머니가 임종한 1891년까지 독일에서 살다가 어머니를 찾아 미국 뉴욕에 입국하였다. 발머로트의 인구는 2018년 말 현재 1,431명이다. 쉐핑 자신과 어머니의 이민이 포함되는 1871년(인구 544명)과 1905년(인구 484명)의 34년 사이에 인구의 11%에 해당하는 60명이나 줄었다.[29] 이는 1880년 이후 대거 이민 문호를 개방한 미국으로 이민 갔기 때문이다.

쉐핑의 할아버지(Andreas Schepping)는 몬타바우어(Montabaur) 출신이고 할머니의 결혼 전 이름은 엘리자베드 파버(Elisabeth Faber)로서 엘츠(Elz) 출신인데, 이 마을들은 30Km 정도 서로 떨어져 발머로트와 삼각형을 이룬다. 쉐핑이 다녔다는 고버(Gover) 학교는 가톨릭 교구학교라는 것 이외에 다른 어떤 정보도 알려져 있지 않다. 그러나 쉐핑은 할머니의 보살핌 가운데 초등학교 과정에 해당하는 이 학교를 다녔다.

이 유년시절을 통해 쉐핑은 전 생애에 걸쳐 영향을 미치는 사회 적응과 인지능력을 갖추었을 것이다. 정신의학자인 송경의는 이 시

---

29 en.wikipedia.org/wiki/Wallmerod (2020년 1월 4일 검색).

기 쉐핑은 반복해서 이별과 상실을 경험한 것으로 이해한다.[30] 쉐핑은 무의식적 사랑을 주던 어머니와의 이별, 그 이후 가장 친근하게 보살피던 할머니와의 사별 그리고 얼굴도 모르는 어머니를 찾아 타국으로 홀로 떠나는 불행의 연속적 삶을 살았다. 이 시기 쉐핑이 느낀 '가장 큰 행복은 맨발로 빗속에서 춤추는 것'[31]이었다. 송경의는 이를 모순적인 두 가지의 의미를 지닌 춤으로 이해한다. 맨발이란 벌거벗은 채로 보호받지 못한 상태, 빗속이란 슬픔과 눈물 그리고 외로움과 가난의 상황을 뜻하는데, 이 상황에서 아이는 춤을 추고 행복을 느낀다. 쉐핑은 본능적으로 춤을 춘다. 냉혹하고 차가운 맨발의 현실, 슬프고 외로운 빗속의 현실에 대하여 아이는 이 현실을 이기려는 불굴의 힘이 담긴 본능적인 춤을 춘다.[32] 이것은 훗날 조선에서 가난한 여성들과 함께 나눈 행복으로 나타난다.

어머니를 찾아 미국에 온 요안나 쉐핑은 자부심 많은 가톨릭계 독일인 사회에서 살면서 엘리자베드 쉐핑으로 이름을 바꿔써야 하는 영어권 문화가 지배적인 뉴욕의 공립학교(public school)에서 영어를 배우며 미국인이 되는 교육을 받았다. 1901년에는 뉴욕 성마가병원의 간호전문학교에서 간호사 자격(R.N.)을 취득하였다. 이 기간에 쉐핑은 종교적 회심과 개종을 하고 예수 그리스도와 복음 말씀과 성경에 깊숙이 빠져들었다. 이로 인하여 가톨릭교도인 어머

---

30 송경의, "정신의학자의 서서평 이해: 서로득 부인이 쓴 'Glorious Living'을 중심으로", 양창삼, 『조선을 섬긴 행복』, 422-429.

31 "The greatest happiness was to dance in the rain, barefoot." Lois Hawks Swinehart, "Elise Johanna Shepping - A Missionary Deborah," 160. 임희모, 『서서평, 예수를 살다』, 214.

32 이에 대한 정신분석학적 접근은 다음의 글을 참조: 차성환, "서서평의 누미노제 체험과 지역사회서비스의 이해: 칼 융의 무의식 이론에 기대어," 서서평연구회, 『다양한 얼굴을 지닌 서서평 선교사』 (전주: 학예사, 2016), 115-155.

니와 의절하는 아픔과 가족으로부터 분리당하는 홀로됨의 외로움을 겪으면서 반면 개신교로의 소속감을 느끼며 구원의 환희를 느꼈다. 이러한 가족적 심리적 갈등 상황을 극복하면서 쉐핑은 "엄청난 용기와… 무한한 능력 및 창조성 등을 유감없이" 드러낸다.[33] 간호사 쉐핑은 1901- 1904년 유대인 병원 요양소의 야간 당직 수간호원으로 근무하면서 경제적으로 홀로서기의 삶을 살았다. 그리고 성경을 연구하고 예수 그리스도를 더 알기 위하여 성경교사훈련학교(BTTS: Bible Teachers Training School)에 입학하였다. 여기에서 성경을 공부하면서 국내전도와 해외 선교를 배웠다.

2. BTTS의 교육 1: 성경을 공부하고 연구하다

서서평 선교사의 성경관이나 성경교육 방법 혹은 성경 지식은 이미 성경교사훈련학교(BTTS)에서 체화되고 굳어졌다고 볼 수 있다. 이러한 의미에서 1901년에 화이트(Wilbert Webster White, 1863-1944) 박사가 설립한 BTTS의 성경 중심의 교육을 살펴볼 필요가 있다. 화이트 박사는 구약성경을 연구하였다. 그는 예일대학교 박사과정의 지도교수인 하퍼(W. R. Harper) 박사의 역사비평학적 고등비평을 접했지만 그와는 다르게 그리고 전통적인 장로교 교단 신학교(Xenia Theological Seminary)의 폐쇄성과 협소성을 넘어 개방되고 초교파적 성경 연구를 지향하였다. 그는 초교파적인 시카고의 무디성경학원(Moody Bible Institute)의 부원장으로 초빙되었다. 성경 본문을 여러 상황에 견주어 여러 방식으로 모국어로 읽고 또 읽

---

33 위의 글, 148.

고 진리인 성경의 본문을 실천하는 귀납법적 성경을 연구하고 강의를 했다.

1896년에는 동생 켐벨 화이트(J. Campbell White)가 총무로 일하는 인도 캘커타의 YMCA에서 2년 동안 많은 선교사를 사귀었고 성경을 가르치고 그 중요성을 깨달았다. 그리고 영국에서 몇몇 도시를 돌면서 귀납법적 모국어(영어) 성경 읽기 강의를 했다. 이러한 모국어성경 읽기와 실천의 중요성을 확신하면서 미국으로 돌아와 화이트 박사는 1901년 뉴저지의 몬클레어(Montclair, New Jersey)에서 BTTS의 첫 학기를 시작하였고 다음 해에 뉴욕으로 이전했다. 동년 BTTS의 화이트 교장은 컬럼비아대학교 사범대학의 러셀 학장(Dean James E. Russell)과 이 대학의 도서관장 켄필드 박사(Librarian Dr. Canfield)를 만나 협력관계를 맺었다.34

화이트 교장은 「제1학기 안내서」35(Prospectus of First Session, to be Conducted in Montclair, New Jersey, January until May, 1901)를 작성하여 성경사범대학(The Bible Teachers College)의 설립 취지와 강의와 비전을 공표하였다. 설립 목적은 성경 연구를 진학하여 참된 기독교인의 삶을 살고 사역(ministry)을 하게 하려는 것이었다.36 입학자격자는 해외선교를 가기로 임명된 자와 해외선교사로서 안

---

34 화이트 박사는 컬럼비아대학교 사범대학을 모델로 성경 교사를 양성하기 위하여 The Bible Teachers College를 시작하였으나 여건 불비로 뉴욕교육위원회가 허가하지 않자 성경교사훈련학교(Bible Teachers Training School: BTTS)로 교명을 바꿨다. (Charles Richard Eberhardt, *The Bible in the Making of Ministers: The Scriptural Basis of Theological Education: The Lifework of Wilbert Webster White* (New York: Association Press, 1949), 90-91).

35 http://babel.hathitrust.org/cgi/pt?id=nncl.0035526980;view=lup;seq=7 (2020년 1월 검색). Wlibert Webster White, *Prospectus of First Session, to be Conducted in Montclair, New Jersey, January until May, 1901*.

36 위의 Prospectus, 5.

식년을 보내는 자 등도 포함되었고 특히 이들이 수업을 듣도록 강하게 추천되었다. 이들은 2-3개월의 단기과정 혹은 그 이상의 기간을 연구할 수 있었다. 이 학교에서 일정한 과정을 거친 남장로교한국선교회의 선교사는 윌슨과 인돈(William A. Linton) 선교사이다.

교육 과정은 구약, 신약, 기도, 성령, 성경에 관한 특별 10개 과정(2주간), 및 4개 특별과정(20회 강좌) 등 6개 분야로 나뉜다. 앞 5개의 분야는 주로 성경에 대한 공부와 연구이고, 마지막 분야는 4개의 특별과정으로 구성되는데 기독교인의 삶과 선교와 관련되는 내용이다.

화이트 학교의 성경교육의 주된 특징은 삶의 현장과 직접 관련되게 가르치고, 철저하게 본문을 들여다보며, 관찰하고 공부하고 연구하는 것이었다.[37] 이러한 성경연구과정이 귀납법적 연구로 알려져 있다.[38]

3. BTTS의 교육 2: 국내전도와 해외선교를 배우다

서서평 선교사의 통전적 선교 혹은 통전적 영혼 구원 선교는 유년과 소년 시절의 홀로됨과 외로움을 극복하는 과정에서 서서평이 BTTS에 입학하여 국내전도와 해외 선교를 공부하고 이를 조선 선교에 대한 비전으로 실현하는 과정에서 형성되고 만들어졌다. 이를 이해하기 위하여 BTTS의 전도와 선교 교과를 확인할 필요가 있다.

BTTS가 개교 첫 학기에 커리큘럼으로 제공한 6번째 분야의 4개

---

37 BTTS는 direct, thorough, reverent, constructive, independent, sincere, patient, assimilative, practical, comprehensive, cumulative Bible study를 강조했다.

38 김은주, "서서평(Elizabeth J. Shepping)의 교육 사역 이해와 기독교교육에 대한 함의", 서서평연구회, 『서서평 선교사의 통전적 선교의 다양성』(전주: 학예사, 2015), 125-167 특히 133-147.

과목의 특별강좌는 기독교인들의 삶과 선교에 관한 지속성을 지닌 강좌였다. 시간이 지나며 선교교육에 대한 외피는 변했을지라도 기본적 정책은 변하지 않았을 것이다. 1901년 1학기 이 분야의 과목과 강사는 다음과 같다: '성경과 기독교의 삶' 과목은 북장로교해외 선교부 총무인 스피어(Robert E. Speer)가 맡았고, '성경과 선교' 과목은 학생자원선교운동(SVM)의 교육담당 총무인 할란 비치(Harlan P. Beach) 목사가 강의를 했고, '성경과 개인 사역' 과목은 YMCA의 인도 캘커타 총무인 켐벨 화이트(J. Campbell White)가 맡았다. 그리고 '정규 주일학교 교사' 과목은 BTTS의 교수진과 강사가 가르쳤다. 이를 위하여 특별 강좌로 목회적 교육학(Pastoral Pedagogies)을 개설해 보충하고 있다. 이외에 선교관련 강의 강사로는 미국의 해외 선교위원회(ABCFM)의 전진운동의 총무인 위셔드(Luther D. Wishard)가 포함되어 있다.

이 선교 교육 분야의 특징 다섯 가지를 언급하고자 한다. 첫째, 외형상으로 볼 때 당시 대표적인 선교 기관의 해외 선교 책임자인 총무들이 강사로 포진하고 있다. 미국에서 처음으로 선교사를 파송한 ABCFM, 당대 가장 큰 선교사파송교파인 북장로교, 평신도 선교 단체인 YMCA, 가장 많은 선교사를 교육하고 파송한 선교기관인 SVM. 둘째 성경에 나타난 선교 사상을 기본으로 가르치고 선교현장을 이해시켜 이를 적용하도록 하였다. 셋째, 학생들에게 성경적 선교 사상을 오늘날 선교현장과 관련하여 보고서를 작성하고 제출하는 과제를 명기하고 있다. 넷째, 평신도 대상의 강의가 이루어진다. 강사로는 스피어, 켐벨 화이트 및 워셔드 역시 평신도이다. 다섯째, 국내전도와 해외 선교를 아우르되, 평신도 기독교인들이 실제 삶에서 살면서 복음을 전하고 선교적 삶을 살도록 가르쳤다.

1901년 BTTS의 창립으로부터 1904년 서서평이 입학한 이후 그리고 1911년 서서평이 BTTS를 졸업하고 조선 선교를 결정한 그때까지 선교현장의 변화에 대한 강의와 논의는 BTTS의 '성경과 선교' 커리큘럼을 통해 진행되었다고 추측할 수 있다. 1900년 뉴욕 에큐메니칼 선교대회와 1910년 에든버러세계선교사대회가 열려 세계 선교현장의 이슈가 논의되었다. 특히 1910년 대회는 화이트 교장의 여동생의 남편으로 에큐메니칼 운동을 이끈 존 모트(John Mott) 박사가 주관했고,[39] 그의 동생 켐벌은 BTTS의 평신도 교육 담당자로서 그리고 국제평신도청년운동의 지도자로서 1910년 대회의 분과별 주제 토론에도 참여했다.[40] 또 당시에 새롭게 논의된 복음적 사회선교로서 데니스(James Dennis)의 선교학 강의도 소개되었을 것이다. 그는 이미 프린스턴신학교에서는 선교학 강좌를 열어 강의했기 때문이다. 이러한 선교적 분위기에서 1910년 에든버러세계선교사대회의 준비위원회는 선교사 훈련학교로서 남녀공학인 BTTS를 열거하고 선교사 훈련에 대한 설문조사를 실시했다.[41]

BTTS의 성경중심적 선교 교육을 통해 서서평은 선교현장의 중요성을 알고 있었다. 미지의 나라로 알려진 조선이 예수 그리스도의 복음을 필요로 한다는 것, 이러한 조선에서 조선인들에게 복음을 전하고 교육하고 치료하고 간호할 정규간호사가 필요하다는 말

---

39 한국연합선교회, 『에든버러세계선교사대회 연구 총서 1-10권』(서울: 미션아카데미, 2010).

40 James L. Barton, *The Home Base of Missions*, 김태연·김원희 옮김, 『선교사역의 국내 본부』(서울: 한국연합선교회, 2012), 310-313.

41 W. Douglas Mackensie, *The Preparation of Missionaries*, 이종만 옮김, 『선교사 훈련』(서울: 한국연합선교회, 2012), 239-240.

을 듣고 서서평은 서슴없이 조선 선교사로 지원하였다.

IV. 서서평의 통전적 영혼 구원 선교

1. 서서평의 한국 문화 익히기와 성육신적 선교

서서평은 한국에 입국한 이후 1년은 한국 문화 익히기와 한국어 말하기와 쓰기에 시간을 보냈다. 한국선교회는 제도적으로 신입 간호사 선교사에게 첫 1년 차에 한국어를 말하고 쓰기를 배우고 익혀 엄격하게 시험을 보이고 통과해야 선교 사역에 투입되도록 규정하고 있다.[42] 서서평은 이러한 제도적으로 요구하는 한국 문화를 익히고 한국어를 말하고 썼지만, 이러한 제도를 넘어서 진정으로 한국 문화와 한국인을 사랑하는 사람으로서 선교사가 되었다. 선교사에게 최고의 언어숙달과정은 현지인들과 더불어 사는 것이었다.

서서평은 1923년 이후 과부와 불우한 여성 38명과 더불어 살았다. 이들은 대부분 순회 전도에서 만난 사람들이었다. 1920년 초부터 실시한 순회전도 중 1달에 만난 여성 500여 명 중에서 몸이 성한 여성은 찾기가 어려웠다. 사회문화적으로 가부장제에서 사는 여성으로서 아들을 낳지 못하여 버려진 부인, 학력이 낮아 남편으로부터 쫓겨난 여성, 남편이 죽어 생활력이 떨어진 과부 혹은 대부분은 삶이 고달프고 가난한 여성들을 만났다. 서서평은 이들에게 자수나

---

[42] *Minutes of the Twenty-first Annual Meeting of the Southern Presbyterian Mission in Korea 1912*, 29.

바느질 등 일자리를 마련하여 자립하도록 도우며 더불어 살았다. 이들과 함께 살면서 서서평은 한국 문화와 언어에 능통하게 되었다. 서서평이 이렇듯이 한국 문화에 잘 적응하여 한국인처럼 말을 잘하게 된 배경에는 양딸 13명과 양아들 1명 그리고 더불어 생활하는 많은 여성이 있었다. 서서평은 독일계 미국인 선교사로서 진정한 문화적 한국인이었고 태생적 한국인과 함께 생활하는 선교사였다. 이러한 서서평을 한국인들이 진심으로 사랑했다. 이러한 과정에서 서양 여인 서서평은, 마치 말씀이 육신을 입은 예수 그리스도처럼, 문화적으로 한국인의 몸과 마음과 의지를 가진 사람으로 변하였다.

서서평 선교사는 개인으로서 한국인뿐만 아니라 총체적으로 한국인을 사랑했다. 이러한 한국인은 한국의 역사 속에서 역사적 고난을 겪으며 사는 사람들이었다. 정치적으로 일제 식민지하에서 억압을 받으며 경제적으로 수탈당하여 가난하였고 가부장제적 사회문화 속에서 여자들은 억압과 차별을 당하며 살고 있었다. 서서평은 이러한 한국인을 이해하고 사랑했다. 이들을 서서평은 존중하면서 예수 그리스도의 하나님 나라 복음을 삶으로써 전했다.

2. 사람 중심 선교: 영혼 구원 선교와 사회선교의 아우름[43]

서서평 선교사는 선교 대상으로서 한국인을 사랑한 것이 아니라

---

43 "As to soul winning which is my chief reason for being here, I do not know if I have won anyone to Christ, personally as in years past, but by the grace of God I have been able to keep many from paths of sin and ruin through direct social service"(Elise J. Shepping, "Report of Miss Elisabeth J. Shepping, R. N., Principal of Neel Bible School, Kwangju, Korea, Asia" [Received at Nashville, Tennessee, July 26, 1929]).

보편적인 인간으로서 한국인을 사랑하였다. 이 보편적인 인간은 구원을 받아야 하는 존재이다. 당시 선교사들은 현지인 즉 한국인의 영혼 구원을 위하여 복음 전도와 교회 개척을 우선시하는 선교적 접근을 했다. 이러한 선교 관점을 가진 선교사는 굶주리거나 병이 들거나 고통을 당하는 등 비참한 상황에 처한 사람들이나 한국인들에게 주의 깊은 관심을 주지 않게 되고 따라서 이들을 도울 마음도 약하게 나타난다.

서서평 역시 다른 선교사들과 마찬가지로 한국선교회의 임무 부과에 따라 영혼 구원을 위한 순회 전도를 하면서 개인적으로 사람들을 만나 복음을 전하였다. 그러나 순회 도중에 급한 상황에 몰린 한국인을 만나면 그 즉시 복음 전도를 중단하고 이들의 문제를 해결하는데 발 벗고 나섰다. 서서평은 이렇듯이 긴급구조가 필요한 상황에서 사람 중심의 문제 처리를 하는데 우선성을 두었다. 즉 복음 전도에 있어서 도움이 절실하거나 다급한 상황에 처한 사람을 우선적으로 만나고 선교적 접근을 하였다.

이렇듯이 상황 우선적 선교를 행한 서서평의 선교적 접근을 이해하려 할 경우 그녀의 인간관을 이해해야 한다. 간호사로서 서서평은 인간을 총체적, 전인적 인간으로 이해했다. 인간이란 육체와 함께 영혼을 지닌 인간으로서 이 둘은 떼어놓을 수 없는 긴밀한 관계에 있는 것이었다. 또 육체를 지닌 인간은 사회적 관계와 주위 환경과 연관을 갖는다.[44] 몸이 아픈 사람을 치료하고 간호하는 것은 그녀에겐 영혼 구원 만큼 중요한 것이었다. 서서평에게 영혼 구원

---

44 윤매옥, "간호선교사 엘리자베스 쉐핑(Elisabeth J. Shepping, R.N.)의 생애와 한일장신대학교 간호학과의 나아갈 방향", 서서평연구회, 『다양한 얼굴을 지닌 서서평 선교사』(전주: 학예사, 2016), 202.

이 우선이냐 사회구원이 우선이냐 하는 것은 중요한 것이 아니었다. 사람 중심의 사고를 하는 서서평에게 구조나 도움을 절실히 요청하는 사람이 먼저 눈에 띄었다.

3. 통전적 영혼 구원 선교: 내용과 구조와 실천

대부분의 서서평 연구자들이 논하듯이 서서평 선교사는 간호사역, 복음 전도, 교육 사역 및 사회구제와 사회변혁 사역을 행하였다. 이러한 네 가지 영역의 선교는 역사적으로 전통적 삼각모델 선교에 속한다. 여기에서는 4영역의 선교 내용에 대한 상세한 서술은 생략하겠다. 그러나 본 논문이 주장하는 통전적 영혼 구원 선교와 어떻게 다른가에 대한 설명을 하고자 한다.

일반적으로 전통적인 삼각형 선교 모델은 일종의 통전 선교로 이해되고 있다. 즉 복음 전도(선포), 교육 사역 및 의료 사역(지역사회 선교 포함)이다. 그러나 이들 가운데 가장 중요한 것은 복음 전도이다. 다른 두세 가지 영역은 복음 전도와 영혼 구원을 위한 보조적 수단 혹은 도구였다. 미국 남장로교선교의 경우 북장로교선교에 비해 복음 전도와 교육 사역과 의료 사역에 종사하는 선교사의 수가 거의 1:1:1의 비율을 가져 비교적 균형을 유지했다. 그러나 이들의 경우에도 복음 전도와 영혼 구원에 강조점이 주어졌다. 오전에는 교육이나 의료에 종사하고 오후에는 영혼 구원을 위한 복음 전도에 헌신해야 했다. 이러한 상황에서 앞 장에서 언급한 바와 같이 서서평 선교사는 영혼 구원과 복음 전도 우선에 대한 선교정책을 넘어서서 곤경에 처한 사람을 우선으로 접근하는 선교를 행했다.

서서평이 행한 이러한 통전적 영혼 구원적 선교는 당시에는 특별한 구조를 가졌다. 서서평의 사람 중심의 관점은 서서평에게 사람이 살아가는 데 필요로 하는 조건과 여건을 갖추게 하는 것이다. 이것은 사람들이 모여 살면서 필요로 하는 교회와 미션학교와 성경학교를 세우고 간호와 보건과 위생도 곁들여 교육하여 지역사회의 삶의 질을 높이는 것이었다.[45] 이것은 선교사가 관심을 가지고 실천해야 하는 선교 현장의 확대인 것이다. 이를 위하여 이일학교에 일반과를 만들고 주일학교 확대 운동을 벌이고, 조선간호부회를 만들고 더 나아가 국제간호사협회를 가입을 추진하고, 부인조력회를 조직하였다. 부인조력회는 교회 단위에서 노회나 지역 단위로, 더 나아가 전국적 단위 혹은 4개 장로교한국선교회의 연합체 구성으로 나타났다. 또 한국의 사회개혁 단체와 관련하여 기독학생회나 기독청년회 더 나아가 여성절제회와 공창폐지운동 단체와도 협력하고 네트워크를 구축하였다.

이를 위하여 물품이나 재원이 필요할 때 서서평은 자기의 사비를 들이고 재물이나 재산을 나누었다.[46] 서서평은 개인적 영혼 구원뿐만 아니라 사회의 변화를 꾀하고 사람을 구원하는 사회선교를 기독교 단체들의 협력 차원에서 실시하였다. 세 가지 방식으로 실시하였다. 우선 개인경건적 신앙의 사회적 확산이다. 서서평은 가부장제 사회에서 쉽게 일어나는 성매매 여성에 대하여 개인적 경건을 통하여 즉 자신의 물질이나 재화나 노력을 보태어 성매매 여성 빼내기와 교화 및 교육을 실시하였다. 둘째, 교회나 기독교 기관 혹

---

45 Willie B. Greene, "Bible Institutes for Korean Women," *The Presbyterian Survey* (1930, December), 733-734.
46 "서서평 양 영전에", 「동아일보」(1934년 6월 29일).

은 단체의 협력을 통하여 사회 개혁과 변화를 추진하였다. 서서평은 조선여자기독교금주동맹 활동에 참여하였다. 이일학교 학생들을 동원하여 지역사회에서 금주에 대한 계몽과 실천을 조직화하였다. 이러한 운동은 곧 절제 운동으로 발전되었는데 물산장려와 공창 폐지를 주장하며 운동으로 번져나갔다. 기독교인들과 교회가 사회를 정화하고 보다 건전한 사회발전이 이루어지도록 노력한 것이다. 셋째, 나병환자 선교는 홀로 하는 것이 아니라 최흥종 등 동료들과 더불어 그리고 나환자들과 더불어 실시하였다. 경우에 따라 나환자들의 치료와 지원을 위하여 행정기관은 물론 독지가들을 만나 경제적 행정적 협조를 구하는 등 사회적 협력과 활동을 추진하였다. 이것은 오늘날 지방자치단체 및 시민사회, NGO 등과 관련하여 실시하는 세속적 에큐메니즘 형태인데 서서평은 이미 1920-1930년대에 실행하였다.

실천적인 면에서 서서평의 이러한 사회 변혁적 선교는 개인적 영혼 구원이나 신앙을 중시하는 상황에서 진행되었다. 우선순위를 개인 영혼 구원에 둔 한국선교회의 정책을 반대하지 않았지만, 사회 구원과 변혁을 실천하는 선교구조를 만들었다. 서서평은 교회 생활을 강조하면서도 가난한 사람들을 섬기고 사회의 구조 악을 척결하는 일을 소홀히 하지 않았다. 그에게 선교는 구체적 지역사회에서 고난받고 삶에 지친 사람들을 구원하는 것이었지 교회 안에서 영혼 구원만을 배타적으로 강조한 것은 아니었다. 오늘날 우리는 서서평의 이러한 선교를 통전적 영혼 구원 선교라고 이름 붙일 수 있을 것이다.

V. 오늘날의 통전적 영혼 구원 선교와 영성

1. 예수 그리스도의 하나님 나라: 통전적 영혼 구원 선교

예수님께서 첫 공생애를 시작하시면서 처음으로 외친 소리가 "회개하라. 천국이 가까이 오고 있다!" 즉 하나님 나라가 임하고 있다는 것이었다. 예수님은 하나님의 아들로서 하나님의 선교사로 파송 받으셨다(마 3:13-4:11). 예수님의 하나님 나라 선교의 내용은 마태복음 4:23-25과 9:35-10:4 등에서 대표적으로 드러난다. 예수님은 마을이나 성읍을 방문했는데, 이곳에서 하나님 나라가 오고 있다는 말씀 선포, 그리고 회당이나 대중 앞에서 하나님 나라에 대한 교육 그리고 예수님을 향해 몰려든 수많은 각종 병자를 치료하였다. 이러한 선교를 통전 선교라고 할 수 있다.

예수님의 이러한 통전 선교는 마을이나 성읍 즉 지역사회를 사회적으로, 공동체적으로 치유하여 하나님 나라를 이루는 과정이었다. 각종 병든 자들이 예수님께로 올 때 혼자 왔겠는가? 아니다. 가족, 친구, 친척, 혹은 이들이 없으면 동네의 이웃이라도 그 병자를 데리고, 업고, 서로 떠메고 왔다. 이렇게 데리고 온 병자가 예수님을 믿고 병이 고쳐지면, 이들 병자와 함께 온 이들 동행자가 자기가 고침을 받은 것처럼 기뻐하고, 마을 전체가 기뻐하며 축제판이 벌어졌고, 마을 전체가 사회적 치유와 혹은 공동체적 치유를 받고 하나님 나라의 축제에 참여한 것이다.[47] 더 나아가 예수님은 초대를

---

47 리처드 호슬리/김준우 옮김, 『예수와 제국: 하느님 나라와 신세계 무질서』(서울: 한국기독교연구소, 2004), 186-190.

받아 마을에 들어가서 죄인들(차별받는 자들로 세리, 창녀 등 당시 구원받을 수 없는 자들)과 어울려 식사를 하거나 혹은 이들을 식사에 초대하여 하나님 나라를 구체적으로 실현하였다. 이러한 예수님은 제자들을 직접 불러 모으시고 같은 주거 공간에서 침식을 같이 하였고 공생공락하시면서 하나님 나라에 대한 교육과 훈련을 시키시고 마을과 성읍으로 이들을 파송하여 하나님 나라 선교를 구체화하였다.

히브리어 네페쉬(nepeš)라는 말[48]은 구약 히브리인과 나사렛 예수도 썼던 말인데 그 의미는 '목구멍', '목', '욕구', '영혼', '생명', '사람', '인칭 대명사 혹은 재귀 대명사로서 역할'로서 '갈망하는 인간' 혹은 '총체적 영혼'을 뜻한다. 이러한 네페쉬로서 '영혼'은 종합적이고 입체적인 사고를 하는 '총체적 인간'을 뜻한다. 이는 영적 존재인 하나님과 예수 그리스도와 성령을 이해하고 소통하는 존재로서 '인간'인 것이다. 이러한 의미에서 '인간'(네페쉬)의 '영혼'(네페쉬)을 말할 수 있다. 즉 '영혼'으로서 네페쉬는 '총체적 인간'이다. 이 영혼은 몸과 분리되거나 구별되는 이원론적 영혼이 아니라 '몸과 관련한 총체성을 지닌 영혼'이다. 이러한 나사렛 예수의 히브리적 사유 관점에서 오늘날 한국교회가 추구하는 전통적 영혼 구원 선교의 내용과 전략을 수정할 필요가 있다.

서서평이 실천한 영혼 구원 선교는, 인간이란 총체적 존재로서 개인 인간을 구원하는 선교를 '총체적 영혼 구원 선교'로 그리고 이 총체적 영혼 구원의 대상인 인간을 사회나 지역이나 세상과 관련하여 구원하는 선교를 '통전적 영혼 구원 선교'라는 용어로 본 필자는 명명한다. 이러한 의미에서 이 통전적 영혼 구원 선교는 이 세상을

---

48 한스 발터 볼프/문희석 옮김, 『구약성서의 인간학』 (왜관: 분도출판사, 1976), 28-56

구원하시는 하나님의 선교와 맞닿는다. 하나님은 이 세상을 창조하시고 구원하시는 하나님이시다. 이렇듯이 세상에서, 지역사회에서 선교하시는 하나님을 따라 선교적 참여를 해야 하는 한국교회는 도시나 농촌의 지역사회에서 그리고 타문화권에서 총체적 영혼 구원 선교와 통전적 영혼 구원 선교를 수행할 필요가 있다.

나사렛 예수 그리스도는 공생애 첫 시작부터 하나님 나라를 선포하고 회개를 촉구하였다(마 4:17). 예수가 농촌인 갈릴리의 온 성읍과 마을에서 선포하고 가르치고 치유하고 실천한 하나님 나라의 복음은 온전하고 총체적이고 통전적이다(마 9:35-38). 이러한 총체적이고 통전적인 하나님 나라 실현에 많은 제자와 선교사들과 일꾼들이 필요하였다. 이에 따라 예수는 추수할 제자들을 부르고 훈련하여 선교사들로 교육하여 추수현장으로 파송하였다. 가난과 고통과 질병이 만연한 추수현장에서 예수는 하나님 나라 복음을 입으로 선포하고, 몸과 손으로 치유하고, 회당에서 가르쳤다. 이러한 과정에서 유대인인 예수는 히브리적 사유를 통하여 인간을 종합적이고 입체적인 방식으로 이해했고[49] 이들을 구원하기 위하여 추수현장 즉 선교현장에서 통전적 하나님 나라 복음을 통전적 방식으로 실천하였다.

2. 대한예수교장로회(PCK, 통합)의 통전적 영혼 구원 선교

1) 개인적 영혼 구원을 강조한 서구 선교사들의 선교

서구 개신교나 가톨릭의 선교사들은 인도나 한국이나 아프리카

---

49 위의 책, 24-27.

나 중앙아시아 등 선교 현장에서 개인적으로 접근하여 개인의 영혼 구원을 강조하였다. 그러나 서구 이외의 거의 모든 지역 특히 개발 도상국은 과거에도 그리고 지금도 마을 공동체를 이루어 집단으로 삶을 살아왔고 살고 있다. 대개 마을 등 공동체는 위계적 질서 속에서 공동체적 삶을 산다. 여기에 선교사가 개인을 접촉하여 개인 영혼을 구원했다고 할 때 이 개인 영혼 구원을 받은 자는 마을이나 공동체에서 어울리지 못하고 홀로 외톨이가 된다. 그리고 선교사가 마을을 떠날 때 이 개인 영혼 구원받은 자는 다시 마을 공동체 속으로 들어가서 구원받기 이전의 삶으로 돌아가고 만다. 이는 비서구 지역에서 쉽게 일어나는 공통적인 현상이다. 우리는 예수님을 따라 하나님 나라 선교를 할 때 마을이나 부족이나 공동체적 집단적 지역사회 선교를 실시해야 한다. 그러나 예수님이 했듯이 말씀 선포와 하나님 나라 교육과 질병치료와 사회적 치유를 통전적 방식으로 실시할 필요가 있다.

2) 복음 전도냐, 사회적 책임이냐?

서구 선교사들은 영혼 구원을 위한 복음 전도, '예수천당 불신지옥'을 외치며 우선으로 복음인 예수님을 믿어야 한다고 외쳤다. 이는 입으로 믿는다는 고백을 강요하는 것이었다. 이러한 복음 전도 우선의 선교는 한계를 갖는다. 오늘날 특히 이슬람권, 우즈베키스탄, 투르크메니스탄 등 중앙아시아에서도 복음 전도 우선의 선교는 실시할 수 없다. 이러한 한계 상황에서 통전적 선교가 강조되고 있다. 동시에 전략적 우선성을 강조한다. 궁극적으로 복음 전도와 교회 개척을 해야 하되 상황에 따라 다른 선교 아이템을 먼저 실시하자는 주장이 있다. 또 복음 전도와 사회적 책임은 구분할 수 없는 동전의 양면과 같은 성질의 것으로 이해하기도 한다. 하나님의 사랑 안에서 성령의 능력 안에서 행하는 사회적 책임은 복음 전도를 포함한다고들 말한다.[50]

3) 대한예수교장로회(예장통합)의 통전적 선교

예장통합의 선교신학은 "제103회 개정 총회선교신학: 우리의 선교신학"[51]으로 구체화되었다. 이 선교신학의 골자인 주제어를 나열하면 다음과 같다. 삼위일체 하나님의 선교, 선교와 하나님의 말씀인 성경, 삼위일체 하나님과 통전적 선교, 선교와 복음 전도, 선교와 교회, 선교와 사회, 선교와 문화, 선교와 타 종교, 선교와 동반자 선교 등 아홉 가지다. 여기에서 언급된 주제어들은 삼위일체 하나님이 이루시는 선교를 신학적 진술 형식으로 포괄적으로 설명하고 있다.

예수님의 하나님 나라 선교는 개인적 영혼 구원과 사회적 화해와 치유가 마을이나 지역사회에서 일어나는 통전적이고 공동체적 선교다. 마을이나 지역사회는 역사적으로 형성되었고 다양한 인종의 사람들이 모여 살면서 공동의 목적을 실현하려고 한다. 그리고 여기에는 정부 기관이나 기업체와 시민단체, NGO들, 학교와 경찰서, 사회복지기관, 병원, 타 종교 시설, 기독교 교회 등이 존재하여

---

50 Micah Declaration (http://www.micahnetwork.org/integral-mission 2020년 1월 4일 검색).

51 http://new.pck.or.kr/bbs/board.php?bo_table=SM02_04_03&wr_id=84 (제 103회 개정 총회선교신학, 2020년 1월 6일 검색).

다양하게 어울려 존속하고 있다. 여기에서 중요한 것은 공동선을 이루기 위하여 서로 만나고 대화하고 나누고 협력하며 화해하고 사는 공동체적 삶이다. 기독교는 공동선을 이루기 위하여 세속적 기관과도 협력하고 타 종교 기관이나 문화변혁 단체 등과 연대하여 하나님이 통치하시는 하나님 나라 선교에 동참해왔다. 이러한 선교는 하나님이 원하시는 정의와 평화와 생명 살림을 이루고 개인적으로는 통전적 영혼 구원을 이루는 선교가 된다.

3. 오늘날 통전적 영혼 구원 선교를 위한 영성

1) 성경: 성경이 우리 삶을 지배하고 통치하게 하라

서서평은 성경적 복음적 개신교로 회심과 개종을 함으로써 어머니와 절연상태에 들어갔다. 예수 그리스도 구원의 복음을 체험하고 개신교 교회에 다님으로써 가톨릭을 신봉하는 어머니로부터 버림을 당하여 새로운 믿음의 삶으로 들어갔다. 이것은 마치 아브라함이 하나님으로부터 가족 친척 고향이 있는 갈대아 우르를 떠나라는 말을 듣고 즉각 순종하여 떠난 상황과 비슷하다(창 12장). 진정한 구원자신 하나님을 만남이 중요하다. 서서평은 이러한 떠남 이후 곧 하나님과 예수 그리스도를 알고 배우고자 뉴욕의 성경교사훈련학교에 입학하였다. 성경에 계시된 하나님의 사랑과 은총, 예수 그리스도의 자비와 구원을 알고자 한 것이다. 이러한 성경을 읽고 알고 묵상하고 깨우치는 것이 무엇보다 중요하다. 성경 중심의 삶을 살고 성경의 말씀이 우리를 지배하고 통치하는 삶을 살아야 할 것이다. 성경 말씀(본문)의 문자적 의미와 해석적 의미를 잘 가리고 적용하여 삶에서 구체적으로 실천해야 할 것이다.

2) 신학과 교회: 예수 그리스도에 대한 절대적 믿음과 순종

예수 그리스도의 교회는 하나님의 말씀인 성경 말씀을 토대로 예수 그리스도와 그 제자들이 성령의 감화하는 능력에 따라 만든 공동체이다. 이 제자공동체는 다양한 역사 속에서 생성되고 발전된 바, 수많은 신학적 언설이 다양하게 논의되었다. 이러한 논의 중에서 가장 중요한 것은 신비스럽게 이해 불가능한 삼위일체 하나님에 대한 가르침이다. 이 삼위일체 하나님의 한 위격으로 나사렛 예수 그리스도가 계시로 보여주는 성부와 성령에 대한 이해와 믿음과 실천이 중요하다. 자기 비움과 구원의 은총을 이루신 구세주 예수 그리스도를 따라 사는 순교자적 순종과 증거와 삶이 필요하다. 서서평은 이 예수 그리스도 이외에 누구 자기 자신과 세상을 구원할 수 없다고 고백하였다. 서서평은 예수 그리스도를 따라 사는 증언적 삶을 진심으로 온몸에 담고 살았다.

3) 복음: 복음적 신앙인으로 회심과 개종

서서평은 원래 할머니와 어머니 대를 거쳐 가톨릭교회에 속하여 가톨릭의 삶을 신실하게 살았다. 그러나 어느 날 서서평은 복음적 교회의 저녁 예배에 참석하여 선포되는 말씀을 듣고 회심을 하고 개종을 하였다. 이 말씀 예배에서 예수 그리스도를 만나고 성경 중심의 삶을 살기 시작하였다. 오늘날 우리는 다양한 교파를 가진 개신교에 속하여 교회 생활을 한다. 이러한 교파적 개신교회라 할지라도 그 교회가 전수해온 복음이 성경적 복음에서 어긋나고 그리스도 생명의 말씀에서 벗어나면, 이것이 바로 생명을 살리지 못하는 가짜교회가 아니겠는가? 우리는 예수 그리스도의 복음을 올바로 알고 믿고 실천하는 생명을 지닌 교회가 되어야 한다.

4) 인간과 세상 및 생태계의 구원: 하나님의 선교에 참여하는 통전적 영혼 구원

인간이란 총체적 인간이다. 성경은 흙으로 만들어진 몸이 하나님의 생기를 통해 생령이 되어 온전한 사람이 되었다고 기록한다(창 2:7). 이 사람은 몸과 영혼으로 한 사람이 되고 온전한 사람이 되어 존재한다. 이 사람은 동물들과 사람들과 친척들과 가족들과 더불어 살고 나누고 섬겨야 한다. 이러한 총체적 인간은 사회 속에서 더불어 먹고 마시고 즐거워하며 축제를 벌이며 사는 존재이다. 이 인간은 사회 안에서 통전적 영혼 구원 선교를 행해야 한다. 이 통전적 영혼 구원을 통하여 인간과 세상과 생태계가 구원을 얻는다. 삼위일체 하나님은 이 세상을 구원하기 위하여 통전적 영혼 구원 관점에서 인간과 교회와 더불어 선교를 수행하신다.

5) 종말론적 환대의 선교: 고아 과부 나그네를 섬겨라!

하나님의 은혜로 인간은 구원을 얻는다. 이것은 사람이 죽은 이후에도 변함없는 진리이다. 예수 그리스도께서 우주적 부활을 하셔서 이 세상을 통치하기 이전에 우리는 죽을 것이다. 이러한 죽음에서도 우리의 영혼은 하나님의 은혜 안에서 어떤 형태로든 존재한다. 이것을 믿으며 우리는 이 세상에서 고아와 과부와 나그네를 환대하고 돌본다. 주린 자, 목마른 자, 나그네 된 자, 헐벗은 자, 병든 자, 감옥에 갇힌 자 등의 벗이 되어 환대하고 주고 나누고 베풀고 섬기는 삶을 살아야 할 것이다(마 25장). 서서평은 자신의 청춘과 재산과 삶과 생명을 불우한 여성들과 가난한 사람들에게 나누어 주고 '천국에서 만납시다!'라는 말을 남겼다. 하나님 나라에서 서서평을 만나기 위하여 우리는 하나님의 의를 이 세상에서 실천해야 할 것이다.

6) 기독교 윤리와 생활: Not Success but Service!

오늘날 우리는 바알과 황금송아지(맘몬)를 끌어안고 우상숭배를 하며 살고 있다. 우상숭배란 오늘날 방종한 성, 성공, 권력, 탐욕이다(로잔 III, 케이프타운 문건).[52] 우리는 이러한 우상을 하나님이 주신 성공이라는 말로 포장하여 가증스럽게 하나님을 속이며 살고 있다. 이러한 자기기만 속에서 사는 우리들에게 서서평은 'Not Success but Service!'(성공이 아니라 섬김입니다!)라는 말을 남겼다. 권력이나 명예나 재물을 가시적, 물질적, 물량적 크기로 판단하여 성공으로 보는 세태에 대하여 서서평은 한 사람의 영혼 구원, 작은 자에 대한

---

52 sexuality, success, power, greed (로잔운동, 『케이프타운 서약: 하나님의 선교를 위한 복음주의 헌장』 [서울: 한국기독학생회출판부, 2014], 112-120).

배려와 존중, 가난한 자에 대한 나눔과 베풂, 타자에 대한 희생과 환대 등을 섬김으로 보았다. 이러한 섬김의 삶은 오늘날 겸손하고 진실하고 단순하게 사는 삶 속에서 드러난다.

VI. 결론

서서평 선교사의 사회적 섬김의 선교는 통전적 영혼 구원 선교이다. 개인적 복음 선교와 사회 복음적 접근 전략이 맞물려 진행되는 선교 개념이다. 이는 개인의 영혼 구원을 강조하지만 여기의 영혼이란 영육 이원론적 영혼이 아니라 인간의 몸과 영혼을 통째로 아우르는 히브리적 영혼 즉 온전한 인간을 총체적으로, 통전적으로 구원하는 선교이다.

서서평은 1912-1934년에 활동한 선교사로서 오늘날의 통전적 선교의 개념을 알고 있지 않았다. 그러나 예수 그리스도의 하나님 나라 선교 즉 성경적 복음적 선교는 알았다. 미국북장로교회의 경우 근본주의자와 현대주의자 간에 치열한 논쟁이 있었고 그 결과 교단과 신학교와 선교회가 분열되는 상황에 이르렀다. 이러한 상황에서 한국 선교사회도 근본주의적 선교와 에큐메니칼 선교로 분열되었다. 이러한 선교의 분화 과정에서 1970년대에 이르러 복음주의 로잔계열과 에큐메니칼 진영이 수렴되어 이원론적 통전 선교 개념을 만들어냈다. 이러한 진화과정에서 필자는 이러한 이원론적 개념을 비판하고 이를 극복할 수 있는 개념으로 생명의 유기체적 통전적 특징을 살려 생명봉사적 통전 선교라는 개념을 어렴풋이 만들어 활용하고 있다.53 그러므로 필자가 여기에서 사용하는 통전적 영혼 구원 선교라는 용어는 이원론적 통전 선교를 뜻하지 않는다. 서서평 선교사가 수행한 선교사역들이 이러한 생명봉사적 통전 선교와 맥을 같이하고 있다. 특히 이 글은 의도적으로 통전적 영혼 구원 선교라는 말을 강조하였다. 이는 한국교회 상황에서 전략적 의도를 가지고 있다. 한국교회에서는 누구나 영혼 구원이라는 말을 좋아하고 기꺼이 사용하고 있는데, 물론 필자의 통전적 영혼 구원의 '영혼 구원'과는 다른 의미이지만, 이 말을 사용함으로써 대화를 나누려는 것이다.

오늘날 한국교회가 성경 시대의 초기교회처럼 복음 전파의 열정에 사로잡혀 교회 성장의 불길을 지피려면 서서평이 제시한 '성공이 아니라 섬김'의 영성을 가지고 오늘날 한국교회의 선교 갱신을 이루어야 할 것이다. 이 글의 말미에 통전적 영혼 구원 선교를 위한 영성을 몇 가지로 나열하였다. 각 개념이 서로 연결되어 있는데, 어느 것부터 시작해도 결국 모두를 한번은 살펴보아야 한다. 우선 '성공이 아니라 섬김'으로부터 시작해도 무방할 것이다. 아니면 성경에 대한 깨달음으로 시작하든지. 서서평 선교사로 인하여 한국교회가 선교갱신을 이루어 하나님 앞에서 올바로 선교하는 교회가 되기를 바라마지 않는다. 하나님께 영광! 천국에서 만납시다!

---

53 임희모, 『생명봉사적 통전 선교: 동—동남아시아 중심』(서울: 도서출판 케노시스, 2011); 『한국교회 생명선교신학과 통전선교전략』(서울: 도서출판 케노시스, 2013); 『예수 그리스도의 제자도 선교』(서울: 도서출판 케노시스, 2017).

4장
환대의 선교사 서서평의 무조건적 환대

I. 서론

전 세계적으로 교통과 통신의 발달로 이주민 시대가 열려 지구 상의 수많은 민족과 인종들이 국경을 넘나들고 있다. 나그네로 혹은 낯선 자로 입국한 이들로 인해 지구화 현상이 심화되고 각 국가는 다문화와 다인종 사회로 변하고 있다. 한국에 유입된 다문화 다인종 외국인 체류자들이 2018년 7월 말 현재 2,298,949명인데,[1] 이들의 대부분은 외국인이주노동자, 국제결혼이주자, 유학생, 난민 등 낯선 자들이다. 이들은 수에 있어서 선주민인 한국인에 비하여 적은 소수자들이다. 한국 사회는 오늘날 이러한 다문화적 이주민 소수자들을 비롯하여 국내적으로 사회경제적 약자들 및 다양한 소수자들과 더불어 사는 방식을 논의하고 있다.

---

1 출입국외국인정책본부, 「출입국외국인정책 통계월보」(2018년 7월호), 3.

이러한 이주민들과 소수자들을 타자로 인식하고 타자를 대하는 방식을 논의할 때 배제(Exclusion), 차별(Discrimination), 동화(Assimilation), 관용(Tolerance), 인정(Recognition)의 개념들이 있다. 이들 개념은 소수자들도 다양성을 가지고 평화롭게 사는 공동체를 이루는 데 있어서 많은 한계를 노출하고 있다. 이러한 상황에서 레비나스(Emmanuel Levinas)와 데리다(Jacques Derrida)를 중심으로 포스트모던 철학적 환대가 논의되었다. 더 나아가 오늘날 정치철학적으로 국제정치적 차원에서도 환대가 논의되고 있다.[2]

이러한 상황에서 한국기독교권도 환대(Hospitality)를 논의할 필요가 있다. 그동안 세계 기독교와 한국기독교는 성경의 환대와 기독교 역사에서 실천된 환대에 대하여 거의 잊은 채 살아왔다.[3] 그러나 기독교의 성경은 낯선 자와 나그네, 그리고 여러 소수자에 대하여 쉴만한 공간과 밥을 나누는 환대를 강조한다. 환대는 단순하게 말하면 초대(invitation)와 방문(visitation)의 긴장 관계에서 일어나는 다양한 행위를 말한다. 일상적으로 우리는 주위사회에서 낯선 자를 만나고 또한 낯선 자로서 방문하기도 한다. 그러므로 엄격하게 초대와 방문의 틀로 환대를 규정할 수 없다. 이러한 의미에서 환

---

2 최진우 엮음, 『다양성의 시대, 환대를 말하다: 이론, 제도, 실천』 (서울: 박영사, 2018).
3 Christine D. Pohl, *Making Room: Recovering Hospitality as a Christian Tradition* (Grand Rapids[Mich]: Wm. B. Eerdmans Publishing Co., 1999), 4. 최근 대한민국 기독교권의 환대 자료 혹은 연구를 살펴보면 신약신학적 접근(John Koenig, *New Testament Hospitality*, 김기영 역, 『환대의 신학』 [서울: 한국장로교출판사, 2002]), 사회윤리적 접근(Letty M. Rusell, *Just Hospitality*, 여금현 역, 『공정한 환대』 [서울: 대한기독교서회, 2012]), 디아코니아적 접근(장승익, 『디아코니아 신학 선언』 [서울: 예영커뮤니케이션, 2018], 206-210]), 구속론적 접근(Hans Boerma, *Violence, Hospitality, and the Cross*, 윤성현 역, 『십자가, 폭력인가 환대인가』 [서울: 기독교문서선교회, 2014]), 선교신학적 접근(임희모, "타자와 환대의 선교: 레비나스 철학과 선교신학의 만남," 「한국기독교신학논총」 56 [2008], 189-211) 등이 있다.

대를 확대해석하여 낯선 자나 가난한 자를 호의로 대하거나 이들에게 자비적 삶을 사는 것도 환대의 삶으로 이해할 수 있다. 이러한 환대는 기독교인들에게 사회윤리, 디아코니아, 선교와도 다양하게 연관된다.

이러한 상황에서 이 글은 1912-1934년 일제식민지 조선에서 활동한 서서평 선교사의 환대 선교를 연구하려 한다. 그녀는 미국 남장로교 해외선교실행위원회[4]가 한국에 파송한 독일계 미국인 선교사였다. 그녀는 선교사라는 신분을 넘어 한국인의 한 사람이 되어 당시 가부장제 사회에서 차별받고 억압받는 불우한 여성들과 과부와 고아들을 환대했다. 또 길거리에 버려진 나환자와 걸인, 병든 자를 환대하여 병원으로 안내하였고, 소박맞고 매 맞는 여성들과 윤락녀로 전락할 위기의 소녀 등 사회적 약자들을 무조건으로 환대하여 집에서 돌보고 학교에서 교육하고 자립적 삶을 살게 했다.

이 글은 먼저 환대의 의미와 구조를 다룬다. 여기에는 포스트모던 철학자들의 환대 논의와 기독교권의 성경 환대 및 환대에 대한 신학적 논의를 분석한다. 이러한 환대 분석은 서서평 선교사의 환대 선교와 그 특징을 분석하는 틀을 제공한다. 이 글은 서서평의 일대기를 환대의 관점에서 분석하지는 않고, 그녀의 삶에서 구체적으로 환대의 특징을 드러낸 이야기들을 중심으로 서술할 것이다. 결론에서 서서평의 환대 선교가 오늘날 한국교회에 주는 의미와 적용 가능성을 간략히 서술할 것이다. 이 연구를 위하여 1차 자료로서

---

4 이 글에서는 미국남장로교해외선교실행위원회를 실행위원회로, 미국남장로교한국선교회를 한국선교회로, 한국선교회의 연례회의를 연례회의로, 또한 한국선교회 산하의 선교사위원회를 위원회로, 선교회 산하의 5개(전주, 군산, 목포, 광주, 순천) 선교 거점을 각 선교부로 각각 부른다.

한국선교회의 연례회의록들과 서서평의 편지와 기고문 그리고 각 선교사의 보고서와 기고문 등을 활용한다. 한글 자료로는 백춘성의 『천국에서 만납시다』[5]를 주로 활용할 것이다.

II. 환대의 의미와 구조

1. 타자와 소수자를 대하는 방식

환대는 육체적으로 편안함, 안전함, 원기회복과 관련하여 호의를 베푸는 행위이고, 정신적으로 마음을 회복시키는 장소, 공간, 피난처와 관련되고, 내용으로 관대한, 호의적, 은혜로운 등의 형용사적 내용과 관련된다.[6] 이러한 환대는 초대자와 초대받는 자 사이에 개인적, 사회적, 인종적으로 다양한 관계 속에서 일어나는데, 부정적인 동기와 결과를 다양하게 만들기도 한다.

예나 지금이나 사람들이 이동하면서 민족 집결지나 경계나 국경을 넘나들고 일시적으로 떠돌거나 혹은 정착하면서 다양한 사람들의 다문화사회가 발생한다. 그동안 혈연, 종교, 문화 등에서 친숙한 선주민 다수자 집단이 후에 이주한 이방인 소수자과 또한 같은 공간(민족, 공동체, 사회 집단)에서도 이질화된 소수자 등을 타자로 인식하여, 각 다수자 집단의 상황에 따라 배제, 차별, 동화, 관용, 인정 등을 행하였다. 그러나 이들은 각각 한계를 갖는다.[7]

---

5 백춘성, 『천국에서 만납시다』 (서울: 대한간호협회 출판부, 1996: 증보판).
6 John Koenig, 『환대의 신학』, 17-18.
7 최진우, "환대의 윤리와 평화," 최진우 엮음, 『다양성의 시대, 환대를 말하다』, 5-31 특

우선 배제와 차별과 동화는 주류집단이 타자의 정체성을 무시한다. 이에 비하여 관용은 선점의 다수자 공간에서 타자에게 자신의 고유한 정체성을 유지하며 살 수 있도록 허용한다. 그러나 힘을 가진 선점 다수자들이 시혜를 베푸는 한에서 타자는 자비를 누린다. 데리다에 의하면 "주권[주체]은 오만하게 내려다보면서 타자에게 이렇게 말하죠. 네가 살아가게 내버려 두마. 넌 참을 수 없을 정도는 아니야. 내 집에서 네 자리를 마련해두마. 그러나 이게 내 집이라는 건 잊지 마⋯. 관용은 바로 이와 같은 주권의 선한 얼굴"[8]이라는 것이다. 관용을 받는 타자는 언제나 불안한 위치에 있게 된다.

인정은 같은 공간에서 주체인 나와 다른 타자도 자기의 고유한 정체성을 가지고 존재할 권리를 갖는다. 관용은 타자의 정체성을 인내를 가지고 불편하게 허용하는 것인 반면, 인정은 타자의 정체성을 정당하게 판단하여 결정한 것이다. 이러한 의미에서 인정이 시행되는 공간에서는 나의 정체성과 타자의 정체성이 공존한다. 그러나 이러한 공존은 자연스럽게 되는 것이 아니라 다툼이나 투쟁을 통하여 획득되는 것으로 이질적·분리적 성격을 갖는다. 그러므로 이러한 공존은 서로 긴장하고 불안한 상황에서 일시적으로 평화를 만든다. 까딱 잘못하여 이 공존에 내재된 긴장과 불안이 분출하게 되면 공존은 파괴되고 타자에 대한 배척과 차별이 행해질 우려가 있다. 이럴 경우에는 동화와 관용과 마찬가지로 인정 역시, 주체가 자의적 판단에 따라 타자를 억압하고 배척할 가능성 즉 한계를 갖는다.[9]

히 12-19.

8 지오반나 보라도리, 『테러 시대의 철학: 하버마스, 데리다의 대화』, 손철성·김은주·김준성 옮김, (서울: 문학과 지성사, 2004), 232.

9 최진우, "환대의 윤리와 평화," 19. 최진우는 이 한계를 극복하는 환대를 말한다. '자아의 확장'과 '공생의 관계'의 환대를 통하여 '자아와 타자의 구별이 희석' 된다는 것이다(위

2. 포스트모던 철학적 논의: 조건적 환대와 무조건적 환대

레비나스는 타자 중심의 환대를 논의하였다.[10] 소크라테스와 플라톤 이래 타자를 동일자로 환원시킨 서구 주체 철학을 비판한 레비나스에 의하면 타자란 주체로 환원될 수 없는 타자성을 지닌다.[11] 이러한 타자를 대면하고 환영함으로써 주체가 주체성을 갖는 것이 환대이다. 이러한 환대는 첫째, 주체가 타자에 대하여 절대적 책임을 진다. 이 책임은 타자의 얼굴을 대면할 때 살인하지 말라는 명령으로 다가온다.[12] 둘째, 이 책임은 나(주체)의 의지와 상관없이 저편에서 나에게 일방적으로 주어진다. 이 책임은 주체에게 수동적으로 다가오지만[13] 주체는 이를 적극적으로 수용하는 것이다. 셋째, 이 책임은 주체가 타자를 대속(Substitution)하는 것으로 타자의 위치에 서서 책임을 지는 것이다. 이러한 대속적 책임을 지는 주체는 네(타자)가 낯선 자, 과부, 고아로 나타날 때 이들의 볼모(Hostage)로서 절대적 책임을 진다.[14] 주체가 타자에 대하여 절대 책임을 지는 레비나스의 타자 환대는 형이상학적 구조에서 논의된다.

의 논문, 20). 이러한 논리는 타자를 공동존재(Mitsein)로 이해하는 하이데거(Martin Heidegger)의 존재론 개념과 유사하다. 하이데거의 이러한 '서로 함께 있는 존재'(Miteinandersein)를, 다음 2장에서 논의하는 레비나스는 하이데거를 철저히 비판하였다. 하이데거의 이러한 존재론은 타자를 동일화하여 타자를 결국 주체에 종속시킨다 (임희모, "타자와 환대의 선교," 189-211).

10 임희모, "타자와 환대의 선교"; 임희모, 『생명봉사적 통전선교: 동—동남아시아 중심』 (서울: 도서출판 케노시스, 2011), 57-85.

11 Emmanuel Levinas, *Totality and Infinity: An Essay on Exteriority*, translated by Alphonso Lingis (Pittsburgh, Pa: Duquesne University Press, 2005), 43-52.

12 위의 책, 187-219.

13 Emmanuel Levinas, *Otherwise Than Being or Beyond Essence*, translated by Alphonso Lingis (Pittsburgh, Pa: Duquesne University Press, 2004), 15.

14 위의 책, 99-129.

데리다는 이러한 레비나스의 형이상학적 타자 환대를 현실적으로 법적, 윤리적 차원에서 접근하였다. 데리다는 환대를 조건적 환대와 무조건적 환대로 구별한다.[15] 이름이 알려진 일종의 가족으로 인정되는 낯선 자에게 베푸는 환대 즉 환대받을 권리를 가진 자에 대한 환대를 조건적 환대로 부른다. 이러한 환대는 언어, 문화, 규범과 윤리 및 법 등을 따른다는 조건을 전제한다. 그러나 이와는 달리 이름도 알지 못하고 사회적 신분도 모르는, 처음 본 절대적 타자(야만인 포함)에 대한 환대를 절대적 혹은 무조건적 환대라고 부른다. 이러한 환대는 기대되거나 초대되지 않은 낯선 방문자 즉 모든 방문자에게 개방된 환대이다. 이러한 방문자들에 대한 환대는 위험이 내포되고 위협적이어서 죽음을 무릅써야 가능하다.

이렇듯이 무조건적 환대는 법적, 윤리적 규범을 넘어서기 때문에 일상 삶에서 행하기가 불가능하다. 그러나 위험이 없고 안전이 확보된 조건적 환대가 진정한 환대가 될 수는 없다. 무조건적 환대에 대한 사유가 없이는 조건적 환대의 규준도 정할 수 없고, 낯선 타자, 초대받지 못한 이방인의 돌발적인 출현에 대한 관념도 가질 수 없다. 이러한 의미에서 두 가지 환대는 이질적이고 분리 불가하고 역설적 관계에 있다. 이러한 관계적 상황에서 데리다는 규범과 규칙을 넘어서는 도약, 절대적 도약이 필요하다는 것, 또한 무조건적 환대를 실질적으로 구체화하기 위하여 타협이 필요하다는 것, 이 타협은 특정 사건이 유일하고 독특하게 일어나듯이 타협도 그러하다는 것이다.[16]

---

15 Jacques Derrida, *Of Hospitality*, translated by Rachel Bowlby (Stanford, Ca: Stanford University Press, 2000), 23-25.
16 지오반나 보라도리, 『테러 시대의 철학: 하버마스, 데리다의 대화』, 235-236.

데리다는 여기에 '신성한 환대'(Sacred Hospitality)[17]를 덧붙인다. 첫째, 이는 신적 사건이나 경험에 대한 고백적이고 증언적 특성을 지닌다. 창세기 18장의 아브라함과 나그네의 이야기, 복음서에 기록된 마리아의 예수 잉태와 관련된 신적 경험 등에서 드러난 하나님은 동시에 손님, 주인 그리고 집(가정)으로 대체된다. 둘째, 이는 또한 레비나스의 용어들과 같은 의미의 대속 혹은 대체(Substitution)와 인질(Hostage)로 명시된다. 부족하거나 아프거나 잘못을 저지를 수 있는 타자(나그네, 방문자)에 의하여 수동적으로 그를 주체적으로 수용하여 내(주인, 초대자)가 책임을 지고 그를 위하여 내가 대신 속죄하는 것을 대속(환대)이라 한다. 이러한 환대자가 신적 경험을 할 때 신비한 혹은 신성한 환대로 나타난다. 이러한 대속적 환대에서 내(주인, 초대자)가 자발적으로 현지의 낯선 자들에게 제공하기로 자신(방문자, 손님, 나그네)을 보증할 때 나(주인과 손님, 초대자와 방문자 그리고 집 - 신앙공동체)는 나그네들의 인질이 된다.[18] 이러한 대속적 인질로 인하여 사람들이 환대를 받고 또한 인질을 환대할 때 그리스도의 진리와 신성한 환대공동체가 형성된다.

3. 성경과 환대: 기독교적 환대와 무조건적 환대

1) 성경의 중심 주제: 환대

구약과 신약 성경은 중심 주제로 환대를 다룬다. 성경의 환대 내

---

17 Jacques Derrida, *Acts of Religion*, edited by Gil Anidjar (New York: Routledge, 2002), 371-379.
18 위의 책, 374-376.

러티브는 아브라함(창 18장)의 환대를 기본으로 하고 신약에까지 영향을 미치고 있다. 성경적 환대는 변화하는 환경에 맞춰 아브라함의 환대 이야기에 몇 요소들이 덧붙여져 새롭게 해석되었다. 모든 인간은 하나님의 형상을 담지하고 있다는 것, 또한 이들은 서로 관계를 맺고 서로 의존하는 존재로서 하나님이 손님으로 초대한 나그네라는 전제하에 성경적 환대가 실천되어야 한다는 것이다.[19]

신약성경은 환대 주제를 심층적으로 논의할 자료를 제공한다. 먼저 하나님 나라를 이루려는 환대자 예수는, 하나님 나라로 초대받은 손님이 또한 초대자가 되는 환대를 실시했다. 예수는 하나님 나라(집과 방과 같은 환대적 공간 이미지)의 잔치에 사람들을 손님으로 초대하여 이들로 하나님 나라 잔치를 만들게 한다. 이러한 하나님 나라 잔치는 사람을 주인이며 손님으로 이중적 정체성을 갖게 한다.[20] 사도 바울은 그리스도가 이방인들을 초대했는데 이들은 서로 나그네로서 영접(롬 15:7)하여 환대했다. 이를 통하여 그리스도 환대의 복음이 확산되고 하나님 나라가 건설되었다. 이 하나님 나라의 집에서 우리는 모두 나그네가 되어 이방인 이웃들과 예수 그리스도 안에서 손님-주인의 관계를 만든다. 또 누가는 손님들과 주인들이 함께 어울리고 참여하는 사명으로서 환대를 서술한다. 누가는 방랑자(떠돌이전도자)와 거주자 사이에 상호 접대와 환대를 강조하여 가정교회 공동체의 활성화를 도모하였다. 주인과 손님 간에 관계가 역전되기도 하는데 여기에 회개가 요청되었다(눅 19:1-10; 행 2:37-47).

---

19 Lee R. Martin, "Old Testament Foundations for Christian Hospitality," *Verbum et Ecclesia* 35/1 (2014), Art. #752, 9. http://dx.doi.org/10.4102/ve.v35i1.752.
20 John Koenig, 『환대의 신학』, 79-84.

그러나 환대가 언제나 초대자(주인)와 초대받은 자(나그네) 사이에 좋은 관계만을 만드는 것은 아니다. 나그네는 초대자에게 치명적인 위험을 끌어드리거나 해를 가하기도 하고(창 19:1-11; 삿 19:16- 23), 이단들이 나그네로서 초대자 공간으로 들어오기도 한다(벧후 2:1-3; 요이 1:7; 요삼 1:10; 유 1:4).

2) 기독교적 환대: 긴장 속의 환대

교회의 환대는 긴장 관계에 있다.[21] 대개 초대받는 자들은 사회경제적 약자로서 가난한 자, 낯선 자, 떠돌이, 혐오자 등 여러 종류의 소수자일 경우가 많다. 초대자는 우월한 입장에서 이들을 무시하고 하찮게 여길 수 있다. 가난한 순례자, 부랑자, 난민 등은 절박한 상황에 있음에도 불구하고 초대자나 주인이 이들을 환대하는 데 주저한다. 이들의 과거 삶의 내력을 보면 대개 위험을 가할 개연성이 있거나 혹은 환대 거처를 떠나지 않고 눌러앉을 가능성도 있다. 또 이들을 호의로 환대하는 데 있어서 재원과 인력 및 장소가 필요하다. 이들을 환대하기 위하여 재정 보조, 금전적 후원과 기부가 필요한 데 실무자들에게는 언제나 이러한 재정이 부족하다. 또 환대과정에서 초대받는 자가 정신이상 행동을 보이거나 폭력을 행사하는 등 초대자에게 불안과 두려움을 줌으로써 초대자가 소극적으로 환대를 하기도 한다. 더 나아가 초대자가 유익을 얻으려는 인간적 욕심에서 환대에 참여하는 경우도 있다.[22] 이는 초대자가 경력이나

---

21 Christine D. Pohl, *Making Room*, 98-100.

22 Rosaria C. Butterfield, *The Gospel Comes with a House Key: Practicing Radically Ordinary Hospitality in Our Post-Christian World* (Wheaton, Il: Crossway, 2018),

재력을 쌓으려는 목적으로 환대를 실시하는 것으로 환대의 근본 의미를 일탈하는 경우다. 이들은 환대를 사적으로 이용하는 타락하고 부패한 초대자들이다.

이렇듯이 여러 긴장과 제약 속에서 환대를 현실적으로 시행할 때 경계를 만들게 된다. 개인적으로 사적으로 환대하든, 교회에서 혹은 제도적으로 환대하든 조건들이 충족되는 한에서 그리고 경계 안에서 낯선 자들을 환대한다. 이러한 의미에서 조건적 환대는 장소, 재원, 인력, 관계적 조건 등이 어느 정도 충족되어야 한다.

그러나 환대는 주어진 조건에서만 일어나는 것이 아니다. 그리고 그렇게 될 수도 없다. 조건을 넘어서고 경계를 넘어서 환대를 요구하는 나그네, 병든 자 및 여러 소수자가 언제나 기독교인들과 교회 주위에 넘쳐나고 있다. 조건적 환대를 실시하는 상황에서 무조건적 환대를 요구하는 나그네들이 하나님의 형상을 지니고 교회와 기독교인들에게 몰려들고 있다.

3) 무조건적 환대: 신적 초월적 환대

무조건적 환대는 누구나 행할 수 있는 것은 아니지만 행하도록 노력해야 한다. 첫째, 일반적으로 조건적 제도적 관습적 행정적 차원에서 이루어지는 환대가 관행적으로 이루어짐으로써 환대의 질적 수준이 높지 않다. 무조건적 환대가 이러한 환대를 각성시키고 활성화시켜 환대의 질적 수준을 고양시킬 수 있다. 이와 관련하여 절망적인 나그네들과 소수자들에 대한 이해도를 높여 무조건적 환

209-220.

대 논의로 발전해야 한다. 둘째, 하나님은 자신의 형상을 지닌 우리를 무조건적 사랑과 구원으로 초대하고 환대한다. 또 기독교인은 누구나 하나님의 말씀(마 25:35; 출 23:9)과 십자가에서 죽고 부활한 환대자 예수 그리스도를 따르는 신앙의 실천을 요구받고 있다. 진정한 예수 그리스도의 제자는 무조건적 환대 실천에 초대되고 있다. 셋째, 기독교인은 조건을 초월하는 종말론적 신앙을 영육 간에 실천하려는 자들이다. 무조건적 환대하는 자는 자기희생을 감내하는 고통의 환대를 거쳐 예수 그리스도의 십자가적 부활의 영광에 참여하는 약속을 믿는 삶을 산다. 이러한 무조건적 환대자는 종말론적 환대를 일상적으로 생활화하는 삶에서 드러낸다. 생활화된 환대를 사는 자가 하나님의 은혜 속에서 나그네에게 우발적으로 죽임을 당하면 그는 순교자 즉 환대적 순교자가 될 수 있다.

III. 서서평의 환대 선교

서서평 선교사의 사역을 살필 때 쉽게 구분하여 초기(1912- 1919), 중기(1920-1932) 및 말기(1933-1934)로 나눌 수 있다. 서서평 초기의 환대는 한국어와 문화를 익혀 간호사로서 병원에서 활동한 시기에 이루어졌다. 중기의 환대는 광주선교부의 순회전도자로 활동을 시작하여 학교와 교회와 여성단체에서 펼친 활동에서 행해졌다. 말기의 환대는 스프루(sprue) 병이 심화되어 걷기 힘든 시기에 그리고 병상에서 생을 지속하던 시기에 행해졌다. 이러한 시기 구분 속에서 각 시기에 드러난 특징적 환대를 분석한다.

1. 초기 활동과 환대의 선교: 전문인 간호선교사(1912~1919)

우선 서서평의 환대를 이해하기 위하여 두 가지 사항을 여기에
서 논의하려 한다. '선교사인 서서평이 환대 차원에서 선교할 수 있
는가?'라는 질문, 또 하나는 '스프루 병이 들어 마땅히 환대를 받아
야 할 존재인 서서평이 한국인들을 어떻게 환대할 수 있었는가?'라
는 질문이다.

첫째 질문은 20세기와 오늘날도 대다수 선교사가 갖는 자민족
중심주의 문제와 관련된다. 전통적으로 선교사들은 오리엔탈리즘
혹은 자민족(자문화) 중심주의에 젖어서 우월의식을 가지고 현지
문화를 열등하게 여기며 현지인들을 얕잡아보고 무시하였다. 그러
나 서서평은 이들과는 달리, 자문화중심적 우월의식을 전혀 갖지
않고 한국인의 음식을 먹고 한국인의 옷을 입고 살았다.[23] 선교학
적으로 서서평은 한국인 사이에 한국인으로 성육신하여 한국어와
한국문화를 이해하고 한국인을 존중하면서 특히 불운한 여성들을
환대하였다.[24] 이러한 서서평에 대하여 동아일보 사설은 다음과 같
이 증언한다.[25]

"[서서평]孃은 朝鮮民族과는 아모[무]런 피의 關聯이 없는 異國[독

---

23 이종록, "무명옷에 고무신 보리밥에 된장국: 서서평의 비제국주의적 정신이 갖는 시대
   적 의미에 대한 연구", 서서평연구회, 『다양한 얼굴을 지닌 서서평 선교사』(전주: 학예
   사, 2016), 85-114.
24 임희모, "서서평의 성육신적 선교", 『서서평, 예수를 살다』(서울: 도서출판 케노시스,
   2017: 개정증보판), 103-128; 임희모, "토착화 선교사 서서평(Elisabeth J. Shep-
   ping)", 서서평연구회, 「초기 광주선교와 서서평 선교사」(제12차 서서평 선교사 공동
   학술대회 자료집, 2018), 57-76, 특히 62-66.
25 "社說: 偉大한 人類愛 - 徐舒平氏 靈前에," 「東亞日報」(1934년 6월 29일).

일계 미국]의 女性으로써 끌어 오르는 人類愛의 發露를 참지 못하여
朝鮮으로 건너와서 朝鮮 女性, 中에도 特히 過渡期 朝鮮의 必然的
産物인 不運의 女性들을 爲하여 그 靑春을 받히[바치]고 그 財産을
받히[바치]고 그 熱情을 받히[바치]더니 급기야는 그 生命까지를 즐
거운 마음으로 받히엇[바쳤]다. 특히 이 [서서평]양의 事業에 있어
서는 다른 普通 宣敎師와도 달리 보다 더 强한 愛와 보다 더 훌륭한
犧牲이 있었으니 [서서평]氏는 어느 누구보다도 特히 不運에 우는
女性들을 相對로 一生을 보냇[냈]을 뿐 아니라 自己 自身이 그들의
한 사람이 되어서 보리밥 된장국에 고무신 신을 끌고 단[다]니면서
一身의 安逸을 草芥같이 알엇[았]으니 그 이야기를 듣는 者로 하여
금 오직 感泣케 한다. 百萬長者의 住宅에 지지 않을 廣大한 집에 편
히 앉어[아]서 男女下人을 두고 自動車를 몰고 단[다]니는 어떤 宣
敎師들의 귀에 [서서평]孃의 一生은 어떠한 音聲을 가지고 울리울
가[울릴까]?…"

쉐핑(Shepping)으로 불려야 하는 선교사는 자기 자신에게 붙일
한국 이름을 서서평(徐舒平)이라고 했다. 한국인들도 쉐핑을 서서평
으로 부르며 한국인의 품성과 인격을 인정하였다. 한국인으로서 서
서평은26 한국인들에게 환대를 베풀었고 한국인들은 서서평을 환대
하였다. 이러한 환대를 통하여 서서평은 한국인들에게 복음을 전하
였다.
　둘째 질문은, 통상 병을 앓는 자가 병원에서 환대를 받아야 한다.
이러한 의미에서 스프루 병을 앓는 환자로서 서서평은 환대의 대상

---

26 임희모, "토착화 선교사 서서평(Elisabeth J. Shepping)", 62-63.

이 되어야 하는데 오히려 고달픈 여성들과 고아들과 과부들을 환대했다. 서서평이 어떻게 이들에게 환대를 행했는가?

남장로교한국선교회는 1915년 6월 서서평이 맹장염(충수염)으로 의심되는 병을 앓고 있고 이는 한국 음식을 먹어서 그럴 것으로 추정한다는 보고를 실행위원회에 했는데 이것이 기사화되었다.[27] 그러나 사실 이 병은 맹장염이 아니라 스프루라는 만성 소화불량을 일으키는 불치병이었다. 이후 서서평은 사역 기간의 대부분 (1915-1934)을 스프루를 앓았고 1934년 2월 17일 병상에 누워 6월 26일 천국 입성까지 130일을 합병증으로 투병 생활을 했다.[28] 이러한 서서평의 사역과 관련하여 한국선교회는 그녀의 서울 세브란스병원간호부양성소 사역을 논의하고 수차 조정하였다. 1916년 8월 한국선교회 연장 회의는 1917년 3월 1일 자로 서서평이 세브란스에서 업무를 시작할 것을 결정했다.[29] 그러나 병세가 심하여 1917년 1월 한국선교회 임시회의는 오는 연례회의(1917년 6월 21-28일)가 끝날 때까지 서서평의 근무 발령을 연기하면서 선교회 내 2명의 의사와 서서평이 상담한 후 휴가 기간과 장소를 정하여 치료하고 군산선교부 사역에서 손을 떼도록 결정했다.[30] 1917년 한국선교회 연례회의는 동년 9월 1일 자로 그녀가 세브란스에서 근무를 시작하되 처음에는 업무의 반만 하도록 병원 당국에 요청하기로 했다.[31]

---

27 *The Missionary Survey* (Oct. 1915), 752.
28 백춘성, 『천국에서 만납시다』, 183.
29 *Minutes of Twenty-fifth Annual Meeting of the Southern Presbyterian Mission(SPM) in Korea, 1916*, 66.
30 위의 회의록, 74.
31 *Minutes of Twenty-sixth Annual Meeting of the SPM in Korea, 1917*, 29.

서서평은 그녀의 일생을 통하여 1917년은 스프루로 인하여 가장 큰 고통의 해였지만 여전히 그녀의 인생에서 최고의 해가 되었다고 실행위원회(체스터 박사)에 보고서(편지)를 썼다.[32] 서서평은 고통 속에서 기쁨을 누리고 기쁨 속에서 고통을 느끼는 깨달음 곧 구원의 경험을 했다.[33] 이를 통하여 그녀는 하나님이 우리에게 주시는 고통 속에서 기쁨을 주고 또한 기쁨 속에서 고통을 겪는 상호 교차의 환대적 삶 즉 구원을 경험하고 살게 되었다.

이러한 전 이해를 가지고 서서평 선교사가 행한 환대를 논의할 수 있다. 그녀는 초기 사역 기간에 병원에서 주로 개인적 간호사역을 실시하면서 억압받고 차별받는 소녀나 여성들을 환대하였다. 네 가지 에피소드를 여기에서 이야기하고자 한다.

첫째 이야기: 서서평은 광주 나병원에서 여성나환자들을 만나 치료하고 성경을 가르쳤다. 또 글을 읽고 쓰도록 가르침으로써 서서평은[34] 세상의 온갖 혐오를 받는 여자 나환자들을 사랑의 일꾼으로 만들어냈다. 타마자(John Van Neste Talmage) 선교사의 증언에 의하면 그녀는 여자 나환자들 사이에서 일하기를 즐겼다. 살이 썩는 냄새가 나고 소리치고 욕을 심하게 해대는 이들과 더불어 지내면서 성경을 가르쳤다. 얼굴과 손과 팔과 다리가 심하게 뒤틀리고 상하여 고름을 흘리는 나환자들 사이에서 인간의 길을 말하며 글을 읽고 쓰는 법을 가르쳤다. 이들은 그리스도가 그들과 함께한다는 믿

---

32 Elise J. Shepping, "Letter from Miss Shepping," *The Missionary Survey* (August, 1918), 477.

33 Hans Boersma, *Violence, Hospitality, and the Cross*, 윤성현 옮김, 『십자가, 폭력인가 환대인가』, 387-399.

34 타마자, 『한국 땅에서 예수의 종이 된 사람』, 마성식·채진홍·유희경 옮김 (서울: 한국 장로교출판사, 1998), 128.

음을 갖게 되면서 그들 사이의 싸움도 멈췄다. 서서평의 환대가 새로운 치유의 공간을 만들고 화해와 희망의 공동체로 거듭나게 했다.

둘째 이야기: 서로득 선교사 부인(Mrs. Lois Hawks Swinehart)은 광주에서 소녀들과 여자들에게 산업 활동을 시켰는데, 이 학생 중 불행한 연이(Yunnie)가 서서평을 찾아와 도움을 청했는데 서서평이 환대했다.[35] 기독교인인 아버지가 살아있는 동안 연이는 자수를 배우는 산업학교에 다녔다. 그런데 부친이 죽고 빚 정리를 하고 나니 연이에게 남겨진 재산은 일 푼도 없었다. 방학에 집에 간 연이는 계모가 어린 동생들을 피가 나도록 때리는 것을 목격했다. 기회를 보다가 연이는 동생들을 데리고 무작정 학교로 돌아왔다. 절망에 빠진 연이가 서서평을 찾아와 도움을 청했고, 서서평은 이들을 환대하여 온힘을 다해 돕기로 하고 지원을 했다.

셋째 이야기: 군산병원에 입원한 15살 소녀가 치료가 끝났지만 퇴원하려 하지 않고 서서평에게 도움을 청했다. 퇴원을 하면 이 소녀는 부모가 없어서 분명히 노예로 팔려갈 것을 알고 서서평이 개입하여 우여곡절 끝에 이 소녀를 무조건으로 환대하여 집으로 데려왔다. 이후 서서평은 이 소녀를 기독교인이 되도록 인도했고 4년의 학교교육을 마치게 했다. 그 후 서서평은 이 소녀를 기독교인 남성과 자기의 집에서 결혼을 시켰다.[36]

넷째 이야기: 서서평이 광주 제중원과 군산 예수병원에서 병들고 가난한 여자들을 간호하면서 환대적 관점에서 글을 썼다. 당시

---

35 Lois H. Swinehart, "Kwangju Girl's Industrial School," *Korea Mission Field* Vol. XI No.1 (January, 1915), 22.

36 Miss Elise J. Shepping, "Sanitary Work in Korea," *The Missionary Survey* (October, 1920), 641-642.

여성들이 너무 무지하여, 너무 두려워하여, 너무 가난하여 병원을 찾지 못한다는 것, 병원이 이들을 환대해야 한다는 생각으로 사회 구호와 지역간호의 필요성을 그녀가 글로 썼다.37 서서평은 여성환자들을 크게 세 가지 즉 극빈자, 하루하루 벌어먹는 가난한 자, 비용을 지불할 수 있는 계층으로 구분했다. 이들에게 네 가지 형태의 환대가 필요함을 강조했다. 1) 친구도 없고 직장도 없고 주거도 없어 다시 병에 걸릴 수 있는 퇴원자들의 고통을 경감시키는 일이다. 2) 극빈자, 병든 자, 노인들에 대한 환대적 조치로 적절한 숙소를 찾아주고, 병자를 위한 병원 숙소 활용을 강조하면서도 요보호대상자의 양산을 경계했다. 3) 모자(母子) 건강 사역으로 산모들에게 갓난아이 돌보기와 젖먹이는 법을 가르치기 위하여 매일 가정 방문을 하면서 복음을 전하였다. 4) 성매매자로 전락할 위기의 소녀들을 구하는 긴급구조 사역을 무조건으로 행하였다.

서서평의 초기 사역에서 드러난 환대 사역의 특징을 정리하면 다음과 같다. 첫째, 방문자를 개인적으로 환대하는 사역을 실시했다. 여성들을 중심으로 극빈자, 빈자, 나환자 등을 환대하여 적절하게 대처했다. 둘째, 극빈자 및 가난한 자 등 퇴원자를 위한 환대 시설의 필요성과 예방적 조치를 강조했다. 셋째, 환대를 통하여 생길지도 모를 요보호대상자의 양산을 경고하였다. 넷째, 방문자와 가난한 자와 병자들 간에 소통이 이루어져 이들이 병원을 찾고 복음 전도가 일어났다. 다섯째, 소녀들의 긴급구조는 무조건적 환대 행위를 통해 이루어졌다.

---

37 Elise J. Shepping, "District Nursing - II," *Korea Mission Field* (1920), 205-207. 이 글은 위에 언급한 "Sanitary Work in Korea"라는 글과 대동소이하다. 내용은 큰 틀에서 거의 같으나 표현에서 다소 차이가 난다.

2. 경계허물기의 환대 선교사 서서평(1920~1932)

선교 제2기에 해당하는 1920년부터 서서평은 병원 중심의 간호 활동을 벗어나 지역을 순회하며 복음 전도에 매진하였다. 광주선교 부에 속하여 광주의 동부지역을 처음으로 순회하며 여자들을 만나 대화하고 그들의 생활 형편을 살피며 복음을 전하였다. 첫 순회전도 1달 동안 서서평은 성한 사람을 거의 만날 수 없었다. 그녀는 갓 태어난 아이부터 노인들까지 또한 나환자들을 포함하여 갖가지 병에 걸린 500여 명의 환자를 치료하였다.[38]

첫째, 서서평은 한 달 예정으로 보성에서 진행할 순회전도를 준비하고 길을 떠났다. 도중에 19살 소녀의 딱한 사정을 알게 되었다. 서서평은 불신 청년에게 강제로 결혼을 시키려는 불신자 아버지로부터 소녀를 떼어내 광주학교로 데려가 결혼을 막았다. 며칠 후 그녀는 다시 보성지방 순회 전도를 시작했다.[39] 위기에 처한 사람을 우선으로 환대하여 구조했다.

둘째, 서서평은 14명의 고아와 38명의 불우한 여성들과 살았다. 서서평이 군산병원 근무 시절(1914년 9월부터 1917년 8월)에 어느 고아 소녀가 악한 짓을 시키는 가정에서 벗어나지 못하고 곤경의 삶을 살자 이 소녀를 구조하려고 많은 노력을 했다. 그러나 결국 이 소녀는 경찰서장에게 맡겨지게 되었다. 서서평은 1921년 6월 28일에 한국선교회 연례회의(전주)가 끝나자 이 소녀의 형편을 살피기 위해 군산에 들렀고 마침내 이 소녀를 서서평이 맡아 키우게 되었

---

38 Elise J. Shepping, *Letter* (Kwangju, Chosen, Asia, March 16, 1921), 1.
39 Elise J. Shepping, *Letter* (Kwangju, Korea, June 5, 1922), 1.

다.[40] 이 소녀를 구하기 위하여 서서평은 최소 4년 많게는 7년을 노력하였다.

서서평이 서로득 부인과 제주도 선교여행을 떠났다. 서서평은 어머니가 길가에 버렸다는 5살의 고아 순이를 입양하려 하였다. 이때 곁에서 지켜보던 서로득 부인이 이미 8-10명의 고아를 입양해서 돌보고 있지 않느냐, 이렇게 고아들을 돌보는 일에 봉급을 다 써버리면 생계를 어떻게 꾸리느냐, 그것도 몸이 성하지 못하여 일반 음식은 먹을 수도 없는 당신인데! 이러한 염려에 대하여 서서평은 내일 염려는 하지 않는다는 것 그리고 "우리의 한국 친구들이 우리를 먹일 것"[41] 이라고 대답했다. 서서평은 마치 이 고아에 대하여 대속적 환대를 하도록 볼모로 잡힌 사람처럼 딸로 입양하였다.

서서평은 김화남, 강계생, 오복희 등 기구한 삶을 사는 과부들을 환대하여 이일학교에 등록시켰다. 서서평이 가장 사랑했던 제자 오복희는 19살에 청상과부가 되어 재혼도 할 수 없는 상황에서 양잿물을 먹고 자살을 3번이나 시도했으나 실패했다. 이러한 절망 중에 그리스도의 복음을 믿고 공부를 하려고 서서평을 찾았다. 서서평의 환대를 받은 오복희는 이일학교를 졸업하고 광주 귀일원(신체장애자수용소)의 전도사로 활동하였다.[42] 서서평의 이일학교는 고아나 과부들에게는 피난처가 되고 안락한 쉼을 누릴 수 있는 환대적 가정 역할도 했다.

---

40 위의 선교편지.

41 Lois Hawks Swinehart, "Elise Johanna Shepping," Hallie Paxon Winsborough, compiled, and Sarah Lee Vinson Timmons, edited, *Glorious Living: Informal Sketches of Seven Women Missionaries of the Presbyterian Church, U.S.* (Atlanta, Ga: Committee on Woman's Work Presbyterian Church, U.S., 1937), 153-154.

42 백춘성, 『천국에서 만납시다』, 142-152 특히 149-151.

셋째, 환대적 동기에서 서서평은 보통학교(4년제를 3년에 이수함) 여성교육을 시작하였다. 그녀는 가부장제 사회에서 짓눌리고 억압당하여 병든 여자들을 집으로 초대하고 환대하여 여성 교육을 실시하고 여성 지도력을 양성하고 자립하도록 도왔다. 서서평은 1920년 소녀 몇 명을 집으로 초대하여 성경을 가르쳤으나 환대적 여건이 되지 못하여 중단하였다.[43] 1922년에 서서평이 다시 시작하였는데, 한국선교회가 이 학교를 인준하였고, 1925년 가난한 여성, 학령기를 초과한 여성, 남편에게 소박맞은 여성이나 과부 등이 주로 입학한 보통과(3년제로 단축)를 만들었다.[44] 이러한 환대적 교육선교는 서서평에게 자기희생을 요구하였다. 일정한 여건이 마련되지 못하면 진행하기 어려운 상황에서 서서평은 자기 봉급과 헌신적 희생을 통하여 일반 여성교육을 실시하였다.

넷째, 광주 천변에 거주하는 사람들이 불쾌한 냄새가 나는 남루한 옷을 입고 금정교회(현재 광주제일교회)의 예배에 참석했는데, 일부 교인들이 이들을 싫어하였다. 이를 눈치챈 천변의 교인들이 금정교회 출석을 꺼렸다. 평소 이들을 환대한 서서평이 이들의 예배 문제를 해결하기 위하여 자신의 사비를 들여 광주 천변에 복음당이라는 전도처를 마련하고 강순명 전도사에게 맡겨 예배를 드리게 하

---

43 서서평의 침실에서 성경공부를 시작했는데, 재정 부족 예컨대 석탄 1톤당 20달러를 지불해야 했고, 동료 선교사의 협력을 얻지 못했고, 증가하는 학생들의 숙소 부족, 시간 투자와 교사 훈련 문제 및 일반 시민들의 여성교육에 대한 인식 문제 등이 있었다 (Marie Borden Knox, "An Interview," *Korea Mission Field* [1925], 215-217).

44 1922년 6월 2일에 동료 선교사들의 도움으로 서서평은 사립학교를 본격적으로 시작했는데, 1924년 한국선교회가 이를 광주초급여자성경학교로 인가했고, 1926년에는 후원자의 이름을 붙여 이일성경학교(The Neel Bible School)로 교명을 바꾸었다. 이러한 일반교육에 대한 문제가 1928년 제기되었지만 재정이나 인력을 한국선교회에 요구하지 않는다는 조건으로 인준되었다(*Minutes of the Thirty-seventh Annual Meeting of SPM in Korea, 1928*, 27). 전남교육청은 이를 정규학교로 인정하였다.

였다. 그런데 금정교회의 일부 교인들이 이 복음당에 와서 예배를 드렸다. 이로 인하여 금정교회는 복음당이 교회를 분열시킨 것으로 오해를 하였다. 이에 서서평은 천변 사람들은 깨끗하게 빤 옷을 입고 금정교회의 주일예배에 참석할 것을 강조하고 복음당을 금정교회에 통합시켰다.[45]

다섯째, 긴급구조를 바라는 위기상황의 여성이 있을 때 서서평은 앞장서서 이들을 구조하였다. 그녀는 1924년부터 한국선교회의 공적 사역으로 사회적 섬김을 실천하였다. 우선 서서평은 2개의 편지를 썼다. 하나는 한국여성구조사업(The Women's Rescue Work in Korea)을 위하여 내년도(1925년) 재원 1천 엔을 실행위원회가 부인조력회 회장인 윈스보로(Hallie P. Winsborough) 여사에게 허락하여 모금할 수 있게 해달라는 내용, 또 하나는 윈스보로 여사에게 '공인된 비행 활동을 억제하는 협회'(Association for the Suppression of Public Licensed Vice)라는 단체의 활동 자료를 요청하였다.[46] 1927년 한국선교회는 서서평을 여성기독교절제연맹(W.C.T.U.)과 서울여자갱생원(Rescue Home)의 한국선교회의 대표로 임명했다.[47] 이러한 긴급구조시설을 통하여 서서평은 1927-1928년에 5명을 구조하고 1명은 구조 추진 중이라는 보고했다. 구조된 5명 중 2명은 갱생원에, 2명은 구세군에, 1명은 이일학교에서 공부하였다.[48] 그

---

45 백춘성, 『천국에서 만납시다』, 101-102.

46 *Minutes of the Thirty-third Annual Meeting of SPM in Korea, 1924*, 60. 한국선교회 내의 여자선교회는 서서평의 사회적 환대 사역을 지지하고 추천했다. 이들은 Association for the Suppression of Public Licensed Vice 단체에 회원으로 가입하고 도덕적, 재정적 지원을 강조했다.

47 *Minutes of the Thirty-sixth Annual Meeting of SPM in Korea, 1927*, 41.

48 Elise J. Shepping, *Annual Report of Miss Elise J. Shepping* (Kwangju, Korea, received September, 1928), 1.

때로는 낭비처럼 보였다. 이러한 서서평의 경제 관념을 다른 선교사들은 부정적으로 평가하였다.[54]

넷째, 서서평은 환대의 경계를 만들지 않고 울타리를 치지도 않았다. 그러나 경계를 뛰어넘는 환대를 실시했다. 장로교 선교는 영혼 구원을 우선적 복음 전도정책으로 실시했고 사회구제나 곤경에 처한 사람을 구조하는 일에는 소홀함을 보였다.[55] 그러나 서서평은 위급한 상황에 처해 있는 사람을 우선으로 접근하여 사회적 환대를 했다.[56]

한편, 이러한 환대는 초대자와 방문자의 역전(逆轉)과 전도(顚倒)를 만들었다. 로라복 선교사 부인이 병든 서서평을 인터뷰하고자 이일학교를 방문했다. 서서평은 작은 기숙사의 출입구 옆 작은방에서 살았는데, 로라복 선교사 부인이 모기가 들끓어 모기 방충망을 치면 좋겠다고 말했다. 이에 서서평은 학생들의 방 전체에 모기 방충망을 치고 살지 못하는 상황에서 나만 치고 구별하여 살 수는 없다고 했다.[57] 서서평은 객체인 학생들의 기준에 자신을 맞춰, 선교사로서 그리고 교장으로서 주체의 삶을 포기하며 살았다. 달리 말하면, 서서평은 학생들을 객체로 본 것이 아니라 주체로 보면서 자신은 주체가 아니라 객체로 남았다.

다섯째, 서서평은 대속적이고 볼모적 환대를 행했다. 제주도에서 5살 순이를 입양할 때 그녀는 이 아이를 책임져야 하는 볼모나

---

54 백춘성, 『천국에서 만납시다』, 123-126, 158-161.

55 임희모, "서서평의 사회선교: 통전적 영혼 구원 선교", 『서서평, 예수를 살다』, 163-196 특히 166-173.

56 Elise J. Shepping, *Report of Miss Elisabeth J. Shepping, R. N., Principal of Neel Bible School* (Kwangju, Korea, Asia, received July 26, 1929), 2.

57 Maie Borden Knox, "An Interview," 215.

되는 양 무조건으로 순이를 입양하였다. 이때 서서평의 건강상태와 경제상황은 최악의 상태에 놓여 있었다. 그러나 내일 일과 내일 먹을 것에 대하여 하나님에게 맡기는 신앙적 결단이 그녀에게 무한 책임적 환대적 입양을 하게 했다.

3. 십자가적, 종말론적 접근의 환대(1933~1934)

1933-1934년은 서서평의 생애의 마지막 기간으로 그녀는 몸이 쇠약하여 걷기도 힘들었다. 1934년 2월 17일부터는 병원에 입원하여 활동을 지속할 수 없었다. 이 시기 서서평의 환대 사역의 내용과 특징을 살피면 다음과 같다.

첫째, 제주도의 10개 교회가 선교사의 방문을 절실하게 요청했는데 서서평은 1933년 서로득 선교사 부인과 함께 10일 성경반 지도를 위해 2주간의 제주도 선교를 떠났다.[58] 몸이 약하여 걷기도 힘들고 신경성 경련이 자주 일어 고통을 견디기 어려웠다. 제주도에는 서서평의 이일학교 제자들이 전도부인으로 활동 중이었고, 이번 성경반에도 한때 이일학교에서 배운 적이 있는 학생 10명도 등록하였다. 서서평은 3학년 성경반을 방바닥의 침대에 누워 가르쳤다. 3학년 교과는 사도행전 13-28장, 예언자의 삶 이야기, 요한복음, 위생과 찬양이었다.[59]

둘째, 서서평은 1933년 8월 1일 제주부인조력회연합회의 준비 모임에 참석하였다. 이 모임은 강계생(후에 강형신으로 개명)이 주도

---

58 Lois Hawks Swinehart, "Elise Johanna Shepping," 162.
59 *Minutes of the Thirty-first Annual Meeting of SPM in Korea, 1922,* 39.

하였다. 1925년 성읍교회에서 서서평에게 성경을 배우고 1926년부터 서서평의 환대적 장학금을 받으며 이일학교에 다녔는데 가장 서서평의 열정과 헌신을 닮은 제자였다. 이를 축하하고 격려하기 위하여 서서평은 병든 몸을 이끌고 순교적으로 참석하였다. 강형신은 제주부인조력회연합회의 초대회장으로서 20년 동안 재임하면서 제주도 교회의 성장과 발전에 헌신적으로 기여하였다.[60]

셋째, 스프루로 인하여 일생 육체적 고통을 받은 서서평은 환대적 삶을 한층 고양시켰다. 서로득 선교사 부인은, 서서평이 고통을 극심하게 느끼면서도 제주도 전체를 순방하여 똑똑한 해녀들을 찾아 교육하고 훈련하여 복음화하려는 비전을 글로 썼다. "봉사하고 극복해내려는 대단한 비전이다! 대단한 용기와 순전한 영웅적 행위다! 엘리제가 순교의 길을 가려 하는구나!"[61] 서서평의 이러한 비전은 고난 받는 사도 바울의 열정과 비슷하다. "이제 나는 여러분을 위하여 고난 받는 것을 즐겁게 여기고 있으며 그[그리스도]의 몸 곧 교회를 위하여 내 육신으로 그리스도의 남은 고난을 채워 가고 있습니다"(표준새번역, 골 1:24)라는 사도 바울의 고백이 서서평의 고통의 헌신과 일맥상통한다. 서서평의 이러한 육체적 고통은 그리스도를 섬기고, 교회를 세우고 사람들을 환대하는 신앙으로 승화되었다. 그리스도의 십자가의 고난이 구원을 불러일으키듯이 서서평의 고난은 환대적 선교를 불러일으켰다.

넷째, 서서평은 종말론적 구원을 기대하여 환대적 천국을 꿈꾸

60 최순신, "강형신 전도사", 대한예수교장로회제주노회 역사위원회, 『제주교회 인물사1: 죽엉도가람수게』 (제주시: 평화출판사, 2013), 133-144.

61 Lois Hawks Swinehart, "Elise Johanna Shepping," 162-163. 임희모, 『서서평, 예수를 살다』, 217-218.

었고, 광주시민들은 환대적 장례로 서서평을 천국으로 환송했닸.
어느 날 서서평이 병상에 누워 정신이 혼미한 상태에서 천국 문 앞
에 서 있는 자신을 상상했다.

그녀가 베드로에게 말했다. "왜 즉시 문을 밀어 열지 않습니까?
내가 들어가려고 합니다." "그러나 당신의 급한 성질로 인해 생각중
입니다." "오래전에 용서받았습니다. 나의 성질에 대해 말했습니
까! 적어도 나는 주님을 결코 부인한 적이 없습니다. 들어가게 해
주세요."[62]

천국을 그리며 서서평은 "먼저 가니 하늘나라에서 다시 만납시
다"[63]라고 지인들에게 말하며 1934년 6월 26일 천국에 입성했다. 광
주시민들은 서서평의 장례를 광주 최초의 시민사회장으로 치러 천국
으로 환송했다. 여기에는 서서평이 기독교인이건 비기독교인이건 종
교적 경계를 만들지 않고 위기에 처한 사람이면 누구나 환대를 했던
조선 사람들이 많이 참여했다. 특히 서서평에게 환대받은 걸인, 나환
자들과 일반 시민들, 애국단체의 대표들이 참석했다. 서서평의 천국 이
야기는 환대란 주는 것이고 받는 것이고 또한 받고 주는 것을 말한다.

다섯째, 선교사 서서평은 무조건적 환대를 행한 한국인이었다.
그녀는 거처할 장소나 책임져야 할 재원(돈, 봉급)을 염려하지 않고
가난하고 버림받고 병들고 위기에 처한 사람이면 누구나 무조건 환
대를 했다. 서서평은 고아 순이를 비롯하여 14명의 고아를 키울 때
자기의 봉급으로 되지 않으면 한국인 친구들이 먹여 살릴 것이라는
믿음과 확신을 가졌다. 그녀는 또한 38명의 여성과 살았고, 소박맞

---

62 Lois Hawks Swinehart, ibid., 183; 백춘성, 『천국에서 만납시다』, 184.
63 백춘성, 『천국에서 만납시다』, 189.

은 여인들을 환대하여 이일학교에서 교육시켰다.

서서평의 이러한 무조건적 환대의 성경적 근거[64]는 "바울의 模本"이라는 그녀의 설교에 나타난다. 그녀는 i) 주님은 우리와 항상 함께 하신다는 믿음, ii) 시련을 겪으면서 주를 섬김, iii) 유익한 것은 무엇이든 숨기지 않고 나누어 주고, iv) 모든 것을 실력으로 보여 주면서, v) 처소를 가리지 않고 누구에게나 복음을 전하고, vi) 고난을 각오하고 임무를 수행하고, vii) 물질을 전혀 탐하지 않고, viii) 주는 것이 받는 것보다 복되다는 믿음을 강조했다. 이러한 성경적 근거와 믿음을 가지고 서서평은 무조건적 사랑을 실천했다.

IV. 오늘날 서서평의 무조건적 환대 선교의 의미와 실천

식민지적 전근대적 전통적 조선 사회에서 서서평은 1912년부터 1934년까지 선교 사역을 실행하면서 무조건적 환대를 했다. 모든 것이 합리적 의심의 대상이 된 오늘날, 환대도 역시 합리성 안에서만 유통되어야 하는가? 오늘날 포스트모던 사회에서 무조건적 환대의 선교는 어떻게 가능할까?[65]

---

64 서서평, "바울의 模本", 백춘성, 『천국에서 만납시다』, 47-52. 서서평은 1928년 5월 10일 평양에서 개최된 조선간호부회 제6회 총회에서 사도행전 20:17-35을 해설하며 설교했다.

65 레티 M. 러셀, 『공정한 환대: 서로 다른 사람들이 사는 세계에서 낯선 이들을 받아들이시는 하나님의 환영』 (서울: 대한기독교서회, 2012).

1. 무조건적 환대의 역설적 힘

서서평의 무조건적 환대는 전근대 식민주의 시기 가난한 자나 병든 자 등을 위한 구호와 구조에 대한 제도적 장치가 없었을 때 개인적으로 재물이나 노력 등 자기희생을 통해 이루어졌다. 오늘날 한국은 사회적 약자들과 다문화 이주자들에 대하여 제도와 법이 마련되어 있다. 정부나 지방자치단체들이 사회복지제도를 통해 구호나 구제를 실시하고 있다. 이러한 상황에서 한국교회는 낯선 자나 나그네를 배려하고 섬기려 한다. 한국교회는 대부분 세속주의적이고 교회 이기주의적 성향을 띠면서 가급적 적은 물질과 재원을 제공하고 크게 유익을 남기려 한다. 이러한 성격의 배려는 조건적 환대에 속하는데, 이것은 진정한 환대가 될 수 없다.

여기에서 데리다가 말한 조건적 환대와 무조건적 환대의 불가분리적 관계를 성찰하게 된다. 무조건적 환대는 조건적 환대의 규준을 정하게 하는 척도가 되며, 낯선 자나 소수자나 혹은 이주자의 상황이나 절박성을 알게 하는 기능을 한다. 이러한 의미에서 서서평의 무조건적 환대를 기준으로 정할 때 교회는 자기 헌신과 희생을 얼마까지 할 수 있는가에 대한 조건적 환대의 최대치를 정할 수 있다. 더 나아가 조건적 환대를 통해서 도저히 감당할 수 없는 초대받지 못한 자들의 절박한 사정을 껴안는 무조건적 환대를 교회에게 논의하게 한다.

오늘날 서서평의 무조건적 환대의 진정한 의미는 세속적 가치와 맘몬과 물질의 우상숭배에 빠진 한국교회에게 가난한 자들과 지극히 작은 자들을 초대하고 환대하는 하나님에 대하여 순종하게 하여 환대공동체가 되도록 도전하게 한다. 또 서서평의 이러한 무조건적 환대 선교의 의미는 한국교회에게 십자가를 지신 그리스도의 자기 희생적 고난에 참여하게 하고, 또한 낯선 자와 나그네와 소수자들에게 자기희생적 환대를 실시하여 그리스도의 몸된 교회로 회복케 하는 역할을 한다.

2. 독특한 사건과 환대적 타협

서서평의 무조건적 환대는 불우한 여성들에게 거처와 음식을 제공하고 이들을 이일학교의 교육을 받게 하여 결혼을 시켜 가정을 이루게 하였고, 또한 전도부인이 되어 사회적 신분을 획득하고 여성의 정체성을 가지고 자립 생활을 가능케 하는 다양한 모습으로 나타났다.

오늘날 무조건적 환대는, 앞서 언급한 데리다에 의하면 모든 자에게 열려 있고 이들에게 절대적 책임을 다해야 하기에 현실적으로 법적, 정치적, 윤리적 규범을 만들어 적용할 수 없고 또한 이를 일상적으로 실행하기도 불가능하다. 그러나 데리다는 오늘날 무조건적 환대가 갖는 의미와 이의 현실적 불가능성을 감안하여 이 둘 사이의 환대적 타협 가능성을 제안한다. 이러한 타협은 각 사건에서 일어나는데 이 사건은 유일하고 독특한 성격을 지닌다. 그러므로 각 사건의 유일성과 독특성을 우선 인식하고, 조건적 환대를 넘어서 무조건 환대에 이르는 환대 선교를 실시해야 할 것이다.

현실적으로 오늘날 세계적으로 제도적, 법적 차원에서 여러 이주민 특히 다양한 무슬림과 난민들에 대하여 조건적 환대와 무조건적 환대가 교차적으로 그리고 불가분리적으로 일어나고 있다. 특정 소

수 이주민 공동체에 대한 접근 혹은 이주민 각 개인에 대한 접근 혹은
이 양자 관점의 뒤섞임 등에 따라 환대적 접근이 달리 논의될 수 있
다. 이를 위하여 더욱 큰 지평으로서 일국이 아닌 초국적 세계적 차원
의 논의 지평을 열고,[66] 개인적으로 정치적 경제적 권리와 의무를 부
과하는 등[67] 조건적 환대의 무조건적 환대에로의 타협을 추진해야
한다.

3. 신성한 환대: 질적 도약 혹은 순교자적 환대

개인적으로 서서평은 병든 몸으로 고통을 짊어지고 거의 평생을
살면서 나환자들과 걸인과 가난한 자와 불우한 여성들에게 순교자
적 환대를 행하였다. 1933년 서로득 선교사 부인은 제주도에서 자
기희생을 통하여 제주 여성들에 대한 환대적 선교를 행하는 서서평
을 영웅적 순교자의 길을 걷는 선교사로 기록하였다. "What cour-
age and stark heroism! Elise is going the way of martyrdom"
(얼마나 용기 있고 순전한 영웅심인가! 서서평은 순교의 길을 걷고 있다).[68]

그녀의 이러한 순교자적 환대는 데리다의 '신성한 환대'(Sacred
Hospitality)의 논리와 상통한다. 데리다의 신성한 환대는 특별한 신

---

66 이태숙·김종원 엮음, 『서유럽 무슬림과 국가 그리고 급진이슬람주의』 (서울: 아모르
문디, 2009), 20.

67 이민자집단을 대상으로 하는 다문화주의를 실시하여 실패를 맛본 유럽 특히 네덜란드는
시민통합(civic integration) 모델을 오늘날 적용한다. 이는 이민자의 수용국에의 적응
책임을 개인에게 부과하여 수용국가에 대한 이민자 개개인의 책임적 참여를 강조한다
(이병하, "환대 개념과 이민정책: 이론적 모색", 최진우 엮음, 『다양성의 시대』,
278-279).

68 Lois Hawks Swinehart, "Elise Johanna Shepping," 162-163; 임희모, 『서서평,
예수를 살다』, 217-218.

경험에 대한 신앙고백적 성격과 타자에 대한 무조건적 대속적 환대를 강조한다. 서서평은 십자가에서 죽고 부활하신 환대자 예수 그리스도를 따르는 고백적 신앙의 실천인으로서 성령의 능력 안에서 무조건적 환대를 실시하였다. 또 그녀는 가난한 사람들과 불우한 여성들의 아픔과 억압을 자기의 책임으로 떠맡아 이들의 인질이 되어 대속적 환대를 실시했다. 자신은 병들고 영양실조로 죽어가면서도 불우한 여성들을 위하여 이들의 인질이 되어 대속적 환대를 실천함으로써 순교자적 환대를 행하였다.

초대자로서 서서평은 그녀를 찾아 방문한 가난하고 불운한 한국 여성들에게 자기 비움과 자기희생을 통하여 무조건적 환대를 베풀었다. 오늘날 이러한 초대자 서서평과 방문자 한국교회의 자리가 역전되었다. 한국교회는 선교사로서 한국을 방문한 방문자로서 서서평을 환대하고 있다. 그런데 이러한 방문자 서서평은 초대자가 되어 한국교회에게 자신의 환대선교를 한국교회의 모델로 연구하라고 한다. 그러나 오늘날 현실적으로 대다수의 한국 기독교인은 관행적으로 조건적 환대에 머물러 있다. 이러함에도, 작은 수라 할지라도 한국교회가 환대의 질적 수준을 고민하면서 질적 도약을 준비하고 노력할 때 무조건적 환대하는 순교자적 환대자가 될 수 있다.

오늘날 한국 사회의 여러 소수자는 그리스도인들에게 환대를 요구한다. 이런 와중에서 무조건적 환대에 대한 의지를 가진 환대자들은 일상적으로 이들에게 진정성 있는 환대를 행한다. 이러한 환대자들은 다양한 위험에 더욱 많이 노출되고 생명에 위협을 당할 수도 있다. 환대 사역 중 몸이 아프고 고통을 겪을 수도 있고, 우발적 사고가 일어날 수도 있고, 경우에 따라 죽음을 맞이할 수도 있다.[69] 이러한 환대 행함에서 죽음을 맞이한 환대적 순교자는 방문자들에게 자기희생을 통하여 무조건적 환대를 행한 자이고 이로써 죽음을 초월한 환대자로 나타난다. 그는 성령의 능력 안에서 고통의 십자가를 지고 대속적 죽음을 맞이한 환대자 예수 그리스도의 부활의 영광에 참여할 가능성을 갖는다.[70]

V. 결론: 다문화주의 시대의 기독교의 선교로서 인정과 환대

서서평의 이러한 환대 선교가 오늘날 소수 이주자의 권리를 인정하는 다문화주의를 향하여 나아가야 하는 미래적 한국 사회에서 어떻게 적용될 수 있을까? 남북 관계에서 일어나는 탈북자들에 대한 이해와 환대, 다문화적 다인종적 소수 이주민, 성소수자인 동성애자들, 난민들, 이 중에서도 특히 무슬림 난민들에 대한 이해와 환대 등이 논의되어야 한다. 우선 한국교회는 이들 각각의 고유한 정체성을 인정하고 독특한 상황을 이해해야 한다. 이러한 인식을 바

---

69 이러한 죽음에 대한 담론은 다음을 참조하라: 박형국,『삶과 죽음의 변증법: 그리스도와 생명의 정의(正義)』(서울: 한국장로교출판사, 2018).

70 순교자라는 칭호는 시대에 따라 개념이 달라졌다. 초대교회에서는 박해 상황에서 기독교 신앙을 지키다가 죽임을 당할 때 순교자라는 말을 붙였다. 오늘날 박해가 없는 지역 특히 세속화 사회에서 기독교의 신앙을 탁월하게 모범적으로 실천하다가 죽은 성도에게도 붙인다(심상태, "21세기 한국교회 순교영성의 진로모색", 한국순교자영성연구소,『한국순교자영성의 어제와 오늘』[파주: 한국학술정보(주), 2007], 133-191). 환대자가 일상적으로 진정성 있는 무조건적 환대를 행하고, 교회공동체가 그를 존경받는 환대자로 인정하면서 순교자로 적절하다는 평을 내릴 때 그 사람은 순교자가 될 수 있다. 참조: 최상도, "순교담론의 패러다임,"「한국기독교와 역사」40 (2014. 3. 25.), 115-145.

탕으로 하여 환대 선교에 대하여 논의해야 한다. 이들에 대한 기본적 정책은 국가나 지자체 등이 제도적으로, 행정적으로 실시하고 있다. 이에 대하여 교회는 환대 선교적 이해와 실천을 해야 할 것이다. 그리고 한국교회는 이주민이나 낯선 자 개인 차원에서 이들 각각에게 인격적으로 환대적 접근을 시도해야 한다.

또 한국교회는 먼저 신학적으로 환대에 대한 관점을 명확하게 세워야 한다. 하나님의 형상을 지닌 인간에 대한 하나님의 절대 환대적 사랑, 죄인을 구속하려는 환대자 예수 그리스도의 십자가적 고통과 환대적 구원, 생명의 영으로서 환대 선교를 실천하는 성령의 중보와 지혜에 대한 믿음을 가져야 한다. 신실한 기독교인이 행하는 일상적 환대에서 일어날 수 있는 긴장이나 갈등이나 사고는 하나님의 은총으로 치유되고 종말론적 구원으로 회복될 것이다. 이것은 몸으로 느끼는 일시적 아픔일 수 있지만 성령이 주는 영광스러운 축복이기도 하다.

서서평 선교사의 무조건적 환대 사역은 오늘날 한국교회가 일상적으로 환대 선교를 하도록 자극하고 도전을 준다. 한국교회는 진정한 환대를 생활화하여 예수 그리스도가 행한 환대를 자신의 몸에 정체성으로 지닌 환대적 교회가 되어야 할 것이다.

5 장
토착화 선교사 서서평의 사역

I. 서론

19세기 식민주의 시대의 서구 선교사들은 대부분 자문화 중심주의 혹은 자민족 중심주의를 가지고 식민지 주민들에게 접근하여 자국의 기독교 문화에서 이해하고 익힌 서구문화적 복음을 전하였다. 1884년 이후 한국에 입국한 개신교 선교사들의 대부분도 이러한 식민주의 시대의 기독교인으로 교회 생활을 하고 신학교에서 공부하였다. 자문화 중심적인 선교사들이 현지인들과 현지 문화를 자기들 식으로 이해하면서 자국의 기독교 문화적 환경에서 익숙하게 체화된 성경과 복음을 전하였다. 이러한 문화적 기독교를 통해 전해진 복음을 수용한 한국인과 한국교회는 성경에 계시된 복음과 예수 그리스도를 제대로 분별하는 데 한계를 갖게 되고, 한국인들의 비전을 실현하며 민족을 구원하려는 하나님의 선교에 참여함에 있어서도 한계를 느끼게 된다. 예를 들면 한국교회 형성 초기에 미국의 선교사들은 영혼 구원 일변도의 신앙을 강하게 이식시켰고 이를 한국교회가 수용하였다. 그러나 영혼 구원 선교는 개인주의적이며 내세 지향적인데, 이러한 경향이 커지면 교회는 비사회성을 드러낸다. 이러한 이유로 오늘날 대부분의 보수적 한국교회는 비사회성을 드러내며 한국 사회에서 사회적 책임을 소홀히 하고 있다. 결과적으로 한국교회는 21세기 변화하는 상황에서 복음의 변혁적 의미를 선교로 드러내지 못하고 있다.

성경에서 계시된 예수 그리스도의 복음이 올바르게 전달되고 수용되어야 현지인들이 현재적이고 미래지향적으로 구원의 삶을 살 수 있다. 이러한 의미에서 올바른 토착화 선교와 토착교회에 대한 논의가 필요하다. 이러한 논의는 과거 한국교회의 신앙 형성에 대한 질문을 통해 잘못과 왜곡을 시정하고 새롭게 방향을 잡아야 할 것이다. 1990년대에 들어 한국 교회사나 신학사상사 연구에 있어서 토착사관 혹은 토착교회사관이 논의되었다. 이는 이전의 선교사 중심, 민족 중심 혹은 민중 중심 등 특정한 관점의 협소성을 넘어서 이들을 포괄적으로 접근한다. 전통적 종교와 문화 상황은 물론 민족의 식민지적 고난과 억압 등 역사적 상황에서 복음의 수용과 적응을 통합적으로 분석한다.[1]

여기서 이 글이 논의하는 토착화의 의미를 간단하게 언급한다.[2] 첫째, 이 글은 특정 선교사들의 선교정책 예컨대 네비우스 선교정

---

[1] 이덕주, "한국교회사 입장에서 본 한국신학사상사 서술문제,"「한국기독교와 역사」제12호 (2000년 3월); 이덕주, 『한국 토착교회 형성사 연구』(서울: 한국기독교역사연구소, 2000), 17-25.

[2] 김광식, 『토착화와 해석학』(서울: 대한기독교출판사, 1987); 서정민, "한국교회 '토착화'와 '토착화신학'에 대한 역사적 이해,"「한국기독교와 역사」제18호 (2003년 2월).

책 등을 한국 상황에 소개하여 한국인들에게 강제적으로 수용시킨 좁은 인위적 토착화를 논의하지 않는다. 둘째, 이 글은 한국인의 삶의 터전인 전통적 종교와 문화 그리고 역사적 현실과 정치적, 경제 사회적 상황 속에서 복음수용의 전체적 과정으로서의 토착화 즉 광의적 토착화를 강조한다. 이러한 토착화는[3] 한국교회가 성경의 복음뿐만 아니라 한국인의 역사적 문화적 필요에 적절한 대응을 했는가가 중요하다. 또 이러한 토착화는 잘못하면 현지 문화의 부정적 요소에 점령되어 문화적 포로가 될 수 있다.

이러한 의미에서 월스(Andrew F. Walls)는 순례자 원리를 토착화 원리와 함께 논의한다.[4] 그의 토착화 원리(The Indigenizing Principle)는 복음이 현지 문화나 상황과 만나 상호 수용하고 적응하여 현지 토착교회를 편안한 고향(A Place to Feel at Home)으로 느끼게 하는 역할을 한다. 반면 순례자 원리(The Pilgrim Principle)는 어떤 한 곳에 정착하지 않고 그리스도에 순종하여 이전의 것과 다른 곳을 향하여 교회가 길을 떠나는 순례, 예컨대 하나님 나라를 새롭게 이루도록 문화적, 사회경제적 변혁을 실천하면서 진보하게 한다. 이 두 원리는 서로 긴장하면서 상호보완적으로 토착교회가 변화하면서 하나님 나라를 향하여 나가게 한다. 이 글은 이러한 토착화 개념에 따라 형성된 토착교회를 바람직한 성경적 토착교회로 이해한다.

---

3 Charles H. Kraft, *Appropriate Christianity* (Pasadena, Ca: WilliamCareyLibrary, 2005), 3-14.

4 Andrew F. Walls, *The Missionary Movement in Christian History: Studies in the Transmission of Faith* (Maryknoll: Orbis Books, 1996), 3-15 특히 7-9. 여기에서 논의하는 토착화는 선교학자들이 흔히 토착화와 상황화로 구분하는 토착화 개념과는 다르다. 다음의 글을 참고하라: 김영동, 『교회를 살리는 선교학』(서울: 장로회신학대학교출판부, 2003), 346-350.

이 두 원리의 긴장 속에서 작동하는 토착교회는 그리스도의 복음의
내용인 하나님 나라 선교를 지향하는데, 이는 복음서에서 예수 그
리스도가 강조한 복음(말씀) 선포와 사회적 문화적 봉사를 아우르
는 통전적 선교를 통해 접근한다.

이 글은 서서평 선교사가 행한 토착화 선교를 연구한다.5 서서평
은 한국의 역사적 상황에서 한국인을 구원하는 예수 그리스도의 복
음을 이해하고 전달하여 토착적 한국교회 형성에 기여하였다. 이를
연구하기 위하여 이 글은 우선 청소년기까지 가톨릭교도였던 쉐핑
의 복음적 개신교로의 개종과 복음수용을 분석한다. 또 선교현장으
로서 한국 상황에 대한 서서평의 이해와 적응과 체화를 분석한다.
그녀는 문화적으로 그리고 사회경제적으로 한국인의 1인이 되어
살았다. 이러한 서서평이 한국인들 특히 불우한 여성들과 사회적
약자들을 위하여 사회적 문화적 선교를 했고 한국교회의 지도자들
에게 사회적 구제와 섬김에 대하여 영향을 주었다. 끝으로 한국에
토착화 선교사로 알려진 선교사들을 서서평과 대비하여 간단히 소
개하고, 진정한 토착교회가 되기 위한 한국교회의 현재적 선교갱신
과제를 제안하려고 한다. 분석 자료로는 1차 자료로서 서서평에 관

---

5 2009년부터 시작된 서서평에 관한 학문적 연구가 다양하게 진행되고 있다. 임희모, "선
교사 서서평과 한일장신대학교의 선교적 영성", 한일장신대학교정년퇴임기념논문집
발간위원회,『본향을 떠나 약속의 땅으로』(파주: 한국학술정보, 2009), 251-273; 최
영근, "미국 남장로교 여선교사 엘리자베스 쉐핑(Elizabeth J. Shepping)의 통전적 선
교 연구",「한국기독교신학논총」82 (2012. 7.), 231-261; 임희모, "전문인선교사 서
서평(Elisabeth J. Shepping)의 통전적 선교 전략과 영성",「신학논단」74 (2013.
12.), 183-212; 임희모, "선교적 그리스도인으로서 서서평(Elisabeth J. Shepping)
선교사의 선교사역",「선교신학」38 (2015. 2.), 265-297; 임희모, "서서평(Elisabeth
J. Shepping, R.N.) 선교사의 성육신적 선교",「선교와 신학」36 (2015 여름),
173-204. 이외에 단행본으로 임희모,『서서평, 예수를 살다』(서울: 케노시스, 2017:
개정증보판) 등이 있다.

한 연례회의록 및 선교사들의 선교편지(보고서) 및 기고문들을 분석한다. 그리고 한국자료로는 1차 자료적 성격을 지닌 백춘성의 『천국에서 만납시다』[6]를 주로 사용한다.

II. 일제식민지 한국 상황(1882~1939)과 서서평 선교사의 한국문화 수용

1. 일제 식민지 한국 상황

서구 국가에 의한 '식민지적 상황'(Colonial situation)[7]은 총체적이고 체제적 성격을 네 가지 측면에서 갖는다. 첫째, 인종적으로 그리고 문화적으로 우월하다고 주장하는 소수 외국세력이 다수 원주민을 지배한다. 둘째, 기술적으로 진보되고, 경제적으로 강하고, 변화속도가 빠른 기독교 문명이, 그렇지 않은 문명과 관계를 맺는다. 셋째, 정죄당하는 다수사회가 소수사회의 도구로 전락하면서 두 사회는 적대관계를 만든다, 넷째, 소수사회가 다수 원주민을 지배하려는 군대를 조직하고 정형화된 행동유형을 고안하는 등 지배 메커니즘을 창출한다. 여기에서 식민주의자들은 세 가지 힘 즉 경제적 힘, 행정적 힘 및 선교사적 힘을 활용하였다.[8]

일본 식민주의는 위의 서구식민주의의 둘째 항에서 차이가 난

---

6 백춘성, 『천국에서 만납시다』 (서울: 대한간호협회출판부, 1996. 개정증보판).

7 Georges Balandier, *The Sociology of Black Africa - Social Dynamics in Central Africa* (London: Andre Deutsch Limited, 1970), 21-56.

8 임희모, 『아프리카 독립교회와 토착화 선교: 킴방구 교회의 예배와 신앙생활 집중 연구』 (파주: 한국학술정보(주), 2007), 14-17.

다. 일본의 것은 기독교 문명은 아니었다. 그러나 기독교 문명 특히 화란의 문명과 기술을 1630년, 1720년, 1854년을 거쳐 지속적으로 수용하면서 일본은 1868년 명치유신을 통해 그리고 1894년 이후 본격적인 식민제국주의로 진입하였다. 위의 넷째 항과 관련하여 일본은 한국을 비자주적이고 열등한 나라라는 등 민족적/문화적 폄훼의 지배 장치를 고안하고 강요했다. 이러한 상황에서 한국의 미국 선교사들은 본국 정부의 입장을 따라 식민지 합병에 찬성하였고 일부는 충성서약도 했다.9 한편 일본은 일본조합교회를 만들어 조선 식민화를 위한 선교사를 조선에 파송했으나 실패하였다.

이러한 식민지 상황에서 한국은 일제에게 억압과 착취와 차별을 심하게 당하였다. 특히 경제적으로 농경 중심의 호남지역이 심하게 수탈당했는데 지주제의 모순으로 인하여 소작쟁의가 자주 일어났다.10 전통적으로 가부장적 사회문화 속의 여성들은 일제 식민지의 억압이 가중되어 더욱 고단하고 힘든 삶을 살았다. 한편 가톨릭과 개신교의 유입 등으로 전통적 종교문화 질서가 재구성되는 상황에서 새 세상을 갈구하는 민중종교운동이 특히 호남에서 일어났다.11 종교학적으로 구세주(메시아)를 대망하여 새 하늘과 새 땅(천년왕국, millennium)을 세우려는 유토피아 사상이 동학을 중심으로 사회변혁 운동으로 나타났다. 뒤이어 강일순의 증산교 운동, 단군을 모시

9 민경배, 『일제하의 한국기독교 민족-신앙운동사』 (서울: 대한기독교서회, 1991), 50; 신사참배와 민족교육 관계는 다음 자료를 참조하라. 안종철, 『미국선교사와 한미관계 1931-1948』 (서울: 한국기독교역사연구소, 2010).

10 강만길, 『일제시대 빈민생활사 연구』 (서울: 창작과 비평사, 1987); 무등역사연구회, 『광주-전남의 역사』 (파주: 태학사, 2001), 234-241.

11 황선명, 『민중종교운동사』 (서울: 종로서적, 1980); 황선명, "후천개벽과 혁세사상: 조선 말기 민중종교운동을 중심으로", 황선명 외 5인, 『한국근대 민중종교사상』 (서울: 학민사, 1983), 7-34.

는 대종교 운동, 소태산 박중진의 원불교 운동 등이 발흥하였다. 이러한 호남의 민중종교운동의 바탕에는 불교의 미륵사상이 제 역할을 했다.

2. 선교사들의 자민족 중심주의적 선교정책

미국 장로교 선교사들의 한국인에 대한 자문화 중심주의는 강한 편이었다.[12] 그들에게 한국은 가장 미개하고 폐쇄된 나라였다. 중국은 역사적으로 19세기 말까지 한국에 문화를 전수하고 정치적으로 영향을 끼친 나라였다. 그리고 일본은 태평양을 건너 한국에 오거나 건너가는 미국 선교사들이 체류하는 장소로서 한국과 대조되는 문명국가였다.

이러한 상황에서 미국의 장로교 선교사들은 엄격한 잣대를 들이대며 한국인을 기독교인화하고 문명화시키려 하였다. 특히 1880년대의 미국 맥코믹신학교 출신들의 보수적 신앙을 따라 대다수 선교사는 한국인들에게 그들의 기독교를 주입하였다.[13]

한편 미국 북장로교와 남장로교 선교사들은 네비우스 선교정책을 채택하여 한국교회의 자립, 자치, 자전 특히 경제적 자립을 강조하였다. 이들은 영혼 구원을 대단히 강조한[14] 반면 한국인들의 현

---

12 호레이스 N. 알렌 지음/윤후남 옮김, 『알렌의 조선 체류기』(서울: 예연커뮤니케이션, 1996); 류대영, 『개화기 조선과 미국 선교사: 제국주의 침략, 개화자강, 그리고 미국 선교사』(서울: 한국기독교역사연구소, 2004).

13 이재근, "매코믹신학교 출신 선교사와 한국복음주의 장로교회의 형성 1888-1939", 「한국기독교와 역사」 제35호 (2011년 9월), 5-46.

14 북장로교 선교회가 1895년 연례회의에서 8개 항의 선교정책을 확정했는데 8항에는 "모든 선교활동은 그리스도 안에서 영혼을 구원하고 세우는 단 하나의 목적을 갖는다. All branches of the work should have the one aim, the winning and building

실적 고난에 대해서는 소홀하였다. 개인주의적, 내세 지향적 신앙을 바탕으로 실시된 이러한 영혼 구원 중심의 복음 전도는 개별 교회의 경제적 자립에 부분적 성공을 이루었지만, 교회의 사회적 섬김과 나눔을 소홀하게 하는 결과를 초래했다.

이러한 선교정책은 선교사들과 민족주의적 한국교회지도자 간에 긴장 혹은 갈등을 유발했다. 1910년을 거쳐 1920년대에 전국적으로 10여 개 이상 발생한 교회 갈등 상황이 보고되었다.15 남장로교 선교지역인 전북지역에서 1910년 선교자금의 운용, 학교설립과 유지 정책, 선교 구역 분할 등의 문제를 제기한 최중진 목사를 선교사들은 배은, 배약, 분쟁, 몰지각, 불복이라는 말로 비난하며 면직했다. 이에 최 목사는 대한예수교자유교회를 선언했다.16

3. 문화적 정체성의 혼란을 경험한 쉐핑 선교사의 한국 입국

쉐핑은 1912년 3월 19일에 한국에 입국하였다. 미국남장로교해외선교실행위원회가 정식으로 그녀를 동년 2월에 선교사로 파송하였다. 독일계 미국인으로서 쉐핑은 한국 선교사로 파송 받기 전에 수많은 문화적 긴장과 갈등 속에서 정체성의 혼란을 느끼며 성장하

---

up of souls in Christ"라고 규정했다(Daniel L. Gifford, "Annual Meeting of the Presbyterian Mission, North," *The Korea Repository* II [Nov. 1895], 441-444 특히 444). 이러한 북장로교 선교회의 규정은 1893년 1월 체결된 한국장로교자문협의회의 결정에 따라 남장로교 한국선교회에도 적용된다(W. D. Reynolds, "Korea," *The Missionary* [May, 1894], 194).

15 이덕주·조이제 엮음,『한국 그리스도인들이 신앙고백』(서울: 도서출판 한들, 1997), 81-118.

16 최중진 목사가 담임했던 매계교회는 오늘날 한국 최초의 자주교회가 되었다고 기술한다. (김수진,『매계교회 100년사: 한국 최초의 자주교회를 선언한 역사적 교회』[정읍: 매계교회100년사출판위원회, 2002].)

였다.

1880년 9월 26일 독일 비스바덴(Wiesbaden)에서 태어나 어머니의 고향인 산골마을 발머로트(Wallmerod)에서 가톨릭교도로 자란 소녀의 이름은 요안나 쉐핑(Johanna Elisabeth Schepping)이었다. 처녀 신분으로 아기를 낳은 어머니는 이 아이가 3살 때 미국으로 이민을 갔다. 그동안 키워준 가난한 외할머니가 죽자 고립무원의 상태에서 11살 소녀는 주소만을 들고 홀로 이민자의 길에 들어서 큰 외로움을 느꼈다. 미국에 입국한 소녀는 이름도 쉐핑(Elisabeth J. Shepping)으로 바뀌어 정체성의 혼란을 느껴야 했다. 뉴욕의 가톨릭계 이민자 사회에서 모국어인 독일어 대신에 영어를 배우며 미국식의 문화와 삶을 가르치는 공립학교에 다녔고, 간호사 자격을 취득하는 과정에서 동료를 따라 복음주의 개신교회 예배에 참석하였다. 쉐핑은 설교자의 성경적 설교를 듣고 구원을 체험하고 지속하여 이 교회를 다녔다. 이로 인하여 가톨릭교도인 어머니가 개신교인이 된 딸에게 의절을 선언하여 쉐핑은 또다시 홀로됨과 외로움의 경험을 하였다.

구원에 대한 갈망으로 성경과 구세주 예수 그리스도를 배우기 위하여 1904년 성경교사훈련학교에 들어갔다. 생계는 야간에 간호사로 일하면서 유지했고 1911년 졸업하였다. 동시에 컬럼비아대학교 사범대학에서도 공부했다.[17] 인도 콜카타에서 선교사로 활동했던 화이트 박사가 선교 현장에서 성경의 중요성을 깨닫고 설립한 이 성경교사훈련학교는 남녀공학의 선교학교였다. 이 학교는 귀납법적 성경연구를 강조했다. 성경 본문을 여러 언어로 다양하게 읽

---

17 Charles Richard Eberhardt, *The Bible in the Making of Ministers: The Scriptural Basis of Theological Education: The Lifework of Wilbert Webster White* (New York: Association Press, 1949), 91.

는 등 심층적 접근과 이해에 중점을 두었다. 이러한 학문적 분위기에서 쉐핑은 예수 그리스도 이외에 누구도 그리고 어떠한 공로로도 자기를 죄에서 구원할 수 없다는 확신하였다. "이전에는 전혀 알지 못했던 책[성경]을 신학교에서 집중적으로 공부하면서 서서평은 영적인 세계를 깊이 체험하고, 온 몸의 혈관이 포도주로 채워진 것 같은 새 생명을" 경험하였다.18

III. 한국인 서서평의 선교활동과 토착화 선교 과정

1. 간호선교사 서서평의 초기 활동(1912~1919)
: 예수의 하나님 나라 통전 선교 이해

서서평의 초기 선교는 주로 병원에서 간호사로 활동하면서 개인적으로 복음을 전하고 간호사 교육을 실시했다. 시기별 주요 사역은 1912-1913년은 광주에서 언어공부와 문화 적응, 병원 간호, 1913-1914년은 광주제중원에서 언어공부와 병원 간호와 사적인 지역간호, 복음 전도, 봉선리 나환자병원 성경공부와 간호 활동을 했다. 1914-1917년 군산예수병원에서 병원 간호, 사적인 지역간호, 간호부양성, 복음전도, 주일학교, 실과교육(멜볼딘여학교, 오늘날

---

18 Lois Hawks Swinehart, "Elise Johanna Shepping: A Missionary Deborah," Hallie Paxson Winsborough, compiled and Sarah Lee Vinson Timmons, edited, *Glorious Living: Informal Sketches of Seven Women Missionaries of the Presbyterian Church, U.S.,*(Atlanta(Ga): Committee on Woman's Work, Presbyterian Church, U.S., 1937), 161. 임희모,『서서평, 예수를 살다』(서울: 도서출판 케노시스, 2017:개정증보판), 215-216.

군산영광여고), 언어공부를 했다. 1917-1919년 서울 세브란스병원 간호부양성소에서 병원간호, 간호교과서 번역, 간호부 양성, 양성소 운영과 일본어 공부를 했다. 서서평 선교사의 초기 사역의 특징은 다음과 같다.

첫째, 선교사로서 서서평은 한국의 언어와 문화 및 일본어를 익혔다. 1913년 상반기에 간호선교사에게 의무로 지워진 1년 차 구술과 필기시험에 합격하여 병원 간호사역을 시작하였고 1914년 2년 차 시험에 합격하였다. 서서평은 생활상 만나는 한국인 특히 불우한 여성들을 애정으로 대하였다. 이들과 만남을 통하여 한국인의 문화와 예절을 익혀 "지나칠 정도의 한국인"[19]으로 회자되었다. 이러한 서서평은 전주, 군산, 제주도에서 여자성경공부반의 성경을 가르치고 군산 멜볼딘여학교에서 실과를 가르쳤다. 이러한 교육을 통하여 한국 사회와 문화의 변화를 꾀하였다.

둘째, 전문인 간호선교사 서서평은 한국인들에게 간호교육을 시키고 복음 선교했다. 훈련된 간호사 서서평은 광주 제중원, 군산 구암예수병원, 서울 세브란스간호부양성소에서 환자를 간호하고 간호부 훈련생을 가르쳤다. 서서평은 간호부 훈련생이든 환자든 그들을 사람으로 환대하고 복음이신 예수 그리스도를 증언하였다. 그녀는 환자들을 경제적 부유 여부와 관계없이 책임적으로 간호하고 개인적으로 '구역간호'(District Nursing)[20]를 실시했다.

셋째, 서서평은 성경 중심적, 예수 그리스도 중심적 삶을 살았다. 그녀는 복음 전도를 중심에 두고 지역 여성들에게 복음을 전했고,

---

19 백춘성, 『천국에서 만납시다』, 32-33.
20 Elise J. Shepping, "District Nursing-II," *The Korea Mission Field* (1920. 9.), 205-207.

예수께서 행한 것처럼 말씀(성경) 공부, 질병 치료와 지역봉사(축호전도와 의료교육)를 실시하여 통전적 선교를 실시하였다. 그녀는 성경 말씀과 예수 그리스도를 따라 하나님 나라를 세우는 일에 헌신하였다.

넷째, 서서평의 이러한 선교는 인간을 총체적으로 이해한 인간관에서 출발한다. 그녀는 개인적 병원 간호와 개인적으로 사회적 간호를 실시했다.[21] 이는 서서평이 인간을, 영혼과 몸을 지닌 전인적/총체적(holistic) 존재로 이해하고 또한 인간은 사회적 관계를 맺는 통전적(integral) 존재로 본 인간관에서 연유한다. 그녀는 복음서에 나타난 예수의 하나님 나라 선교를 실천했다.

2. 서서평의 여성지도자들 양성과 토착적 한국교회 형성(1920~1934)

이 시기 서서평의 주요 활동은 1920년부터 광주 동부지역 여성들을 위한 순회전도, 1922년부터 여자성경학교 교육, 1923년부터 조선간호부회 회장, 1920년부터 남장로교 지역에서 부인조력회 활동, 1928년부터 전국적 차원에서 여전도회 조직 활동으로 크게 나눌 수 있다.

1) 간호사선교사 서서평의 토착적 한국교회를 위한 기여

서서평은 1923년 조선간호부회를 설립하고 회장으로 활동하였다. 그녀의 사회적, 민족적 의료 활동과 영향은 동료로서 만난 변마

---

21 이꽃메, 『한국근대간호사』 (서울: 한울아카데미, 2002), 101-102.

지(Margaret F. Pritchard)를 비롯한 간호선교사들, 이효경을 비롯한 군산과 서울 간호부양성소 제자들, 간호 교과서 번역, 지역순회 전도 활동에서 만난 여성들에 대한 간호 활동, 1929년 캐나다 몬트리올 국제간호사협회(ICN) 가입 노력, 1932년 만주에 이효경 등 간호사 3인을 단기선교사로 파송하여 한인 동포에게 실시한 의료선교 사역, 조선간호부회 회장 시기의 간호정책적 활동(간호부 회지 발간과 한국어 회의록 포함) 등에서 드러난다.

　이러한 활동을 통하여 서서평은 궁극적으로 한국민족과 한국인을 위하여 보건과 위생 환경의 질을 높이려 하였다.[22] 이를 위하여 간호부의 수준을 제고할 필요성, 간호부 양성 수준의 질을 국제적 수준으로 높일 것이 요구되었다. 간호사 선교사 서서평이 토착적 한국교회를 위한 기여는 간호라는 전문영역을 통하여 다방면에 걸쳐 통전적 복음 선교를 실시한 것이다.

2) 교육선교사로서 서서평의 여성성경교육과 여성지도자 양성

　서서평은 광주 동남부 지역에서 순회 전도를 실시하면서 유교 질서의 가부장제적 한국 사회에서 여성의 지위와 권익을 높이는 일이 필요함을 절실히 깨달았다. 이를 위하여 서서평은 여성 지도력 양성 교육과 부인조력회의 조직과 훈련 및 지도력계발에 힘을 쏟았다.

　서서평은 1920년 몇 명의 소녀들을 집에서 성경을 가르치기 시작하였으나 여러 사정으로 지속하지 못하였다.[23] 1922년 6월 사적

---

22 서서평, "죠선간호부 사업상태", 백춘성, 『천국에서 만납시다』, 228-231.
23 Maie Boden Knox, "Interview," *Korea Mission Field* Vol. 22 (1926. 10.), 216.

으로 서서평은 여자선교사들의 도움을 받으며 여자성경학교를 시작했다. 1924년 이 학교를 남장로교 선교회가 전남여자초급성경학교로 인정했고, 1925년 한국선교회가 이 학교에 성경과 외에 보통학교 수준의 4년제를 3년에 마치는 일반과(과학과) 설치를 허락했고, 1926년 후원자 닐(Neel)의 도움으로 건물을 짓고 교명을 이일성경학교(Neel Bible School)로 개명했다.[24] 3년제 복음전도학교로서 보통학교(4년제를 3년에 마치는) 일반과와 성경과를 둔 이 학교는 학생들에게 영적이고 실천적인 교육을 강조하였고, 여성들의 자립을 위하여 직조와 잠사과를 설치하는 등 실과교육을 중시하였다. 1932년 4월부터 1933년 3월에 걸친 1932학년의 이일학교 학생들 활동의 예를 보면 다음과 같다.[25]

전례 없는 93명의 학생이 많이 등록했으나 몇 명이 중도 탈락했다. 1. 40명 이상의 학생들이 27개 마을에 주일학교를 개설하여 총 44,482명의 참가자들을 가르쳤다. 2. 26명의 학생들이 매주 목요일 13개 마을에서 인도한 기도모임에 총 2,550명이 참석했다. 3. [이일 학교 학생회가 가입한] 여성절제운동(W.C.T.U.)은 시장과 마을에서 설교를 하고, '[사회적 적폐 청산을 위하여] 싸움을 벌여라'(War Cry)라는 전단지와 여성절제회 신문을 팔았다. 4. 부인조력회 사역은 학기마다 7개 모임이 있었고, 15리 멀리 떨어진 몇 마을에서 4개 모임을 진행했다.

---

24 임희모, "마요셉빈(Mrs. Josephine Hounshell McCutchen) 선교사의 사역", 「장신논단」 Vol.50 No.3 (2018.09), 252.
25 Elisabeth J. Shepping, "Annual Report of Elisabeth J. Shepping - 1932, Kwangju, Korea" (Received at Nashville, Tennessee, September 15, 1933).

서서평은 생전에 일반과 4회 성경과 8회를 졸업시켰는데, 김화남, 강계생 및 오복희 등도 포함된다.[26] 이들은 과부 또는 후처로 삶을 사는 등 어렵게 살다가 서서평의 도움을 받아 이일학교에 입학하여 일반과 3년과 성경과 3년을 마치고 전도부인이 되었다. 서서평은 제주도 선교에 남다른 애착을 가지고 6번이나 왕복 선교를 실시했다.[27] 제주도 순회 전도에서 만난 해녀들이 이일학교에서 공부를 하고 제자들이 되었다. 이들은 제주도의 여러 교회에서 전도사로 나중에는 권사로 교회를 섬기고 복음 전도 사역에 헌신하였다. 또 이일학교 학생들은 여성절제회 등 국제사회단체와 연대하여 금주–금연 운동을 벌였고, 공창폐지 운동이나 성매매 여성으로 떨어질 위기의 여성들 구조에 참여하였다.

서서평의 이일학교는 여성 지도력을 양성하면서 복음 전도와 사회문화 변혁을 실시하여 하나님 나라 선교에 참여하였다. 이러한 사회적 문화적 참여를 보수적 선교사들은 복음 전도에 방해가 된다고 꺼려하였지만 서서평은 이를 적극 권장하고 참여함으로써 한국적 토착교회 형성에 기여하였다.

3) 호남지역 교회의 부인조력회와 전국여전도회연합회 조직과 활성화

1920년 남장로교 선교지역을 방문한 미국 남장로교 부인조력회

---

26 백춘성, 『천국에서 만납시다』, 142-151.
27 대한예수교장로회제주노회, 『제주 기독교 100년사』 (서울: 쿰란출판사, 2016), 166-175; 김인주, "제주선교와 서서평의 역할", 서서평연구회, 『행함 있는 믿음으로 본 – 여성주의 관점에서 본 서서평 선교사』 (전주: 학예사, 2017), 237-265.

의 설립자 겸 감독관인 윈스보로(Hallie Paxon Winsborough) 여사가 광주에 들러 서서평이 지도하는 300명의 10일 반 성경사경회 수업을 참관했다. 사경회 마지막 날 윈스보로 여사가 등단하여 부인조력회를 소개하여 한국 여인들과 선교사들에게 도전을 주었다. 가부장적 억압 문화 속의 한국 여성들이 처한 비참한 상황에서 서서평과 윈스보로는 이들에게 구원과 자유와 해방의 비전을 주는 한국부인조력회 조직 가능성에 대하여 긍정적으로 논의했다.[28]

윈스보로는 미국 부인조력회의 규정과 운영 자료 등 영문자료를 서서평에게 보내왔고 서서평은 수피아여학교 교사인 김필례의 번역 도움을 받으며 부인조력회 조직을 구체화하였다. 서서평은 부인조력회를 조직하기 위하여 교회들을 설득하고 이해시키려고 도시와 시골과 산골을 헤매고 다녔다. 마침내 1921년 금정교회(현재 광주제일교회)에서 첫 부인조력회가 조직되었고 전주와 목포로 확대되었다. 1928년 조선예수교장로회 총회에 전국여전도회연합회가 조직되고 서서평은 총무가 되어 전국의 4개 선교부의 여전도회를 조직하는 책임자로 활동하였다. 1933년 3월 8일 제주노회 부인조력회 총회(현재 제주노회여전도회연합회)에서 서서평의 제자인 강계생이 제1대 회장으로 피선되어 향후 20년간 제주 여전도회 연합사역에 헌신하였다. 강계생(해방 이후 형신으로 개명) 전도사는 제주도 성읍 출신으로 서서평과 성격적으로 가장 닮은 '검소 절약의 사랑의 실천자'로 불렸다.[29]

---

28 Lois Hawks Swinehart, "Elise Johanna Shepping," 164-170. 임희모, 『서서평, 예수를 살다』, 219-225.

29 최순신, "강현신 전도사", 대한예수교장로회 제주노회 역사위원회, 『제주교회 인물사 1』 (제주: 평화출판사, 2013), 135-144.

당시 수피아 여학교 교사였던 김필례는[30] 서서평의 영향과 미국 남장로교 부인조력회의 도움을 받아 미국 유학길에 올랐는데, 향후 여전도회 활동, YWCA운동, 여성교육과 사회변혁을 성숙하게 실천하였다. 서서평과 김필례는 여성들이 사회적 억압으로부터 벗어나 자립하여 지도력을 발휘하도록 교육과 훈련을 실시했다.[31] 이들은 한국교회가 한국의 변화하는 역사적 상황에 대응하여 성숙한 토착적 교회가 되는 데 적지 않은 기여를 했다.

서서평은 미국 문화적 기독교가 강조한 영혼 구원 강조의 복음 전도를 넘어서, 사회적 선교를 실시하였다.[32] 서서평은 여타 간호사선교사들과는 확연히 다른 다양한 사역을 실시했다. 그녀는 병원 간호라는 특정 전문인영역의 사역을 뛰어넘어 복음 전도, 성경 교육, 위생과 보건 교육, 여성 지도력 교육, 사회적 약자 구제와 사회문화적 개혁, 부인조력회(여전도회)의 전국적 조직 등을 행했다. 이러한 일련의 사역을 통해 여성들이 교회와 지역의 지도자 역할을 수행하는 능력을 갖추게 되었다. 서서평의 이러한 헌신은 한국교회가 민족을 구원하고, 사회문화적으로 억압당하는 여성들에게 희망을 제공하고, 정의로운 하나님 나라 문화를 창달하도록 돕는 토착적 한국교회로 성장하도록 일조하였다.

---

30 이기서, 『교육의 길 신앙의 길; 김필례 그 사랑과 실천』(서울: 북산책, 2012).
31 Pil Ley Choi[Kim], "The Development of Korean Women during the Past Ten Years," *The Korea Mission Field* Vol. 19 (Nov. 1923), 222-223.
32 Elisabeth J. Shepping, "Report of Miss Elisabeth J. Shepping, R. N., Principal of Neel Bible School, Kwangju, Korea, Asia" (Received July 26, 1929), 2.

3. 한국인으로 토착화된 서서평 선교사의 몇 가지 모습들

1) 상호 문화 체화를 통한 한국인 서서평

선교사는 복음을 전하기 위하여 무엇보다 먼저 현지의 언어와 문화에 익숙하고 이들 속으로 체화되어야 한다. 서서평은 한국의 언어와 문화가 지역에 따라 크게 혹은 미세하게 차이가 있다는 것을 잘 알았다. 1922년 광주선교부의 언어위원(1923년 위원장)으로 서서평은 신임선교사들의 언어 습득에 대한 안을 제시하였다. 그녀는 호남지역에서 활동할 신임선교사는 서울 지역의 한국어가 아니라 사역 현장의 한국어를 배우도록 권면하였다. 또 끊임없이 현지인을 개인적으로 접촉하라는 것과 남장로회 한국선교회의 각 선교부는 소속 언어위원의 감독하에 틀린 발음을 교정하는 보충언어반설치를 주장하였다.[33]

서서평은 영문 간호 교과서를 한글로 번역하였고, 한문을 공부하여 관주성경을 읽는 등 한자문화권의 한국 문화 이해를 심화시켰다. 그녀는 또한 일본어를 공부하여 세브란스병원에서 간호 학생들을 가르쳤고, 광주에서는 일본인들과 일본인 고등학생들에게 영어를 가르치고, 일본인 기독 학생들을 지도하고, 일본인과 한국인들이 참석하는 일본어 교회에서는 성경을 가르쳤다. 이렇듯이 뛰어난 언어능력의 소유자로 인정받은 서서평은[34] 아시아 문화 속의 토착적 한국교회 형성을 도울 최적화된 선교사였다.

---

33 *Minutes of Annual Meeting SPM, 1922,* 28; *Minutes of Annual Meeting SPM, 1923,* 35.

34 William Hollister, "History of Medical Work at Kunsan Station," *The Presbyterian Survey* (Oct. 1936), 591.

이러한 서서평은 미국을 떠나 한국에 입국한 이래 17년이 되는 1929년에야 처음으로 안식년 휴가를 갔는데, 그동안 변한 미국 사회의 물질주의적 낭비 문화를 관찰하였다. 한편 그녀는 미국 교회를 순방하면서 이일학교를 위해 물질적 도움을 요청하였으나 결과는 좋지 않았다. 이러한 상황에서 서서평은 영적으로 물질주의에 빠진 미국 사회와 문화적 기독교를 비판하면서 동양적 미덕을 되새겼다. 서서평은 그동안 자신이 행한 미국 기독교 문화적 복음과 선교사역을 반성하면서 한국행 배를 탔다. 그녀는 미국 기독교 문화를 비판적으로 응시하고 한국적 동양문화의 좋은 점을 성찰하였다.[35] 그녀는 이러한 비판과 수용을 통하여 한국 사회와 문화 속에서 한국인으로 변화되었다.

2) 한국인으로서 서서평의 공동생활과 경제생활

서서평은 생명의 위험을 무릅쓰고 한국인 사회에 섞여 적응하면서 살았다. 당시 선교사들은 현지 언어와 문화를 가장 빠르고 쉽게 익힐 수 있는 길은 현지인들 사회에서 현지인과 더불어 사는 것으로 이해했다. 그러나 현지인들 사이에서 먹고 자고 어울려 산다는 것은 생명의 위험을 감내할 용기가 필요한 일이었다.[36] 서서평이 내한 3년 차인 1915년 상반기에 맹장염[스프루]을 앓고 있는 사실이 보고되었다.[37] 이 보고는 그녀가 한국 음식을 먹어서 병에 걸렸다고

35 Elisabeth J. Shepping, "S. S. 'Empress of Canada'" (dated August 7, 1930).
36 엘리자베스 언더우드/변창욱 옮김, 『한국의 선교역사 1884-1934』 (서울: 도서출판 케노시스, 2013), 163-173.
37 *The Missionary Survey* (Oct. 1915), 752.

추측하는데, 서서평은 소천 때까지 스프루와 만성소화불량으로 고생을 했다.

서서평은 한국인들 사이에서 한국인으로 살았다. 그녀는 한국인들을 만나 복음을 전하면서 한편으로 한국인 고아 14명과 과부와 불우 여성들 38명과 더불어 살면서 공동체 생활을 했다. 이러한 삶에서 서서평은 한국인들이 즐겨 입는 무명옷에 검정 고무신을 신고 보리밥에 된장국을 먹으며 살았다.[38] 이러한 삶을 통해 예수 그리스도를 선포하고 증거하는 선교사로서 서서평은 한국인들에게 '재생한 예수'로 각인되었다.[39]

서서평의 경제적 삶은 한국인과 같은 것이었다. 다른 선교사들은 하루에 3원의 생활비를 쓰는데, 서서평은 강냉이 죽에 조선된장을 넣어 먹는 삶으로 비용은 10전을 넘지 않았다는 것이다.[40] 옷은 한 감에 50전 하는 한양사 치마를 입고도 기뻐하는 검박한 삶을 살았다. 다른 선교사들의 생활비의 1/30을 가지고 산 것이다. 임종 시 남겨진 전 재산은 동전 7개, 강냉이 가루 2홉, 담요 반 조각이었다. 사실 선교사와 현지민 사이의 경제적 삶의 격차는 여러 가지 부정적 양상을 만든다. 우선 선교사가 현지 주민들로부터 절연되고, 고립되고, 사회적 격차를 벌리고 선교사가 우월주의의 망상에 빠지고, 교인들 사이에 불신관계를 만들고 질투와 적대관계를 만든다.[41] 서서평의 경우는 이와 정반대 결과를 만들었다. 가난한 선교

---

38 이종록, "무명옷에 고무신 보리밥에 된장국: 서서평의 비제국주의적 정신이 갖는 시대적 의미에 대한 연구", 서서평연구회, 『다양한 얼굴을 지닌 서서평 선교사』 (전주: 학예사, 2016), 85-114.

39 "慈善, 教育事業에 一生받힌 貧民의 慈母 徐舒平孃 長逝, 生前에는 再生한 耶蘇의 稱號," 「동아일보」 (1934년 6월 28일).

40 백춘성, 『천국에서 만납시다』, 168; 그리고 다음 문장, 166.

사 서서평에 대하여 한국인들은 동족의식을 갖게 되었고 그녀를 한
국인으로 받아들였다.

3) 한국인으로 살았던 서서평에 대한 증언들

무엇보다 당시 동아일보가 사설을 통해 서서평이 한국인이 되었
다는 것을 강조했다. "[서서평은] 불운의 여성들을 위하여 그 청춘을
바치고 그 재산을 바치고 그 열정을 바치더니 급기야 그 생명까지
를 즐거운 마음으로 바쳤다. … 특히 불운에 우는 여성들을 상대로
일생을 보냈을 뿐 아니라 자기 자신이 그들의 한 사람이 되어서 보
리밥 된장국에 고무신 신을 끌고 다녔다"[42]는 것이다. 당시 한국민
족의 아픔을 대변한 동아일보는 서서평이 불운에 우는 한국 여인의
한 사람이 되어 그들과 같은 삶을 살았다는 것을 칭송하였다.

또 다른 증언들은 서서평의 한국 지인들이 강조했다. 백춘성 장
로가 인터뷰한 김필례 여사는 다음과 같이 말하였다 "[서]서평의 마
음은 완전히 한국인이고, 성경대로 사는 분이셨고, 한국인 고아였
던 요셉을 양아들로 삼아… 한국말 발음도 한국 사람과 분간하기
어려울 만큼 유창한 데다 웅변가이시고… [서]서평은 한국 여성해
방에 지대한 역할을 했다."[43] 또 백춘성 장로가 당시 인터뷰한 제주
도 서귀포 정동규 씨(80세)는 한국인의 생활방식과 풍습과 예절을
잘 알고 잘 지키는 서서평을 "지나칠 정도의 한국인"이라고 증언하

41 Jonathan J. Bonk, *Missions and Money: Affluence as a Western Missionary Problem*
   (Maryknoll: Orbis Books, 1991), 45-58.
42 "偉大한 人類愛, 徐舒平氏 靈前에", 「동아일보」 (1934년 6월 29일).
43 백춘성, 『천국에서 만납시다』, 166.

였다.[44]

서서평이 소천하자, "[서서평] 씨의 죽엄[죽음]을 설어[서러워]하는 재광[주]각단체대표 十[십]여명은… 서서평선생추도회를 성대히 거행하기 위하여 그 준비에 분망중이라… 준비위원: 崔興琮, 崔元淳, 金允植, 崔兩[丙]俊, 金容煥"[45] 등이 추도회를 준비했는데, 이는 결국 광주시 최초의 시민사회장이 되었다. 준비위원은 생전에 서서평과 오누이로 지낸 최홍종 목사, 애국단체 계유구락부의 조직 책임자이고 민족운동의 중심인물인 최원순, 이일학교 대표 김윤식, 전남 노회장 최병준, 그리고 동경 히비야공원 3·1운동을 모의한 동경유학생 김용환 등 5인이었는데 모두가 애국적 민족적 시민이었다. 이 사회장은 한국식으로 거행되었고 한국인들이 모든 순서를 맡았다. 다만 마지막 순서인 축도는[46] 선교사 대표로 로[노]라복(Robert Knox) 선교사가 맡았다. 한국과 한국인을 이토록 사랑한 서서평, 이 임을 그토록 사랑하고 존경하는 광주시민들의 애달픈 마음이 시민사회장으로 모아졌다.

IV. 서서평과 한국교회의 토착적 지도자들

1920년대 이후 서서평과 관련을 갖는 한국의 토착적 기독교지도자 4인을 간략하게 분석하고자 한다. 여기에서 분석적 접근은 토착교

---

44 위의 책, 32-33.

45 "故徐舒平孃 追悼會開催", 「동아일보」(1934년 7월 1일).

46 추도식과 순서 및 축도자 노라복에 대해서는 다음을 참고하라. 백춘성, 『천국에서 만납시다』, 192-196 특히 193-194.

회적 지도자가 지향해야 할 하나님 나라의 통전적 특징인 말씀선포와 사회적 실천의 관계를 어떻게 균형 있게 실천했는가에 초점을 둔다.

1. 최흥종과 사회참여적 구원

최흥종과 서서평은 오누이 관계를 맺은 동역자요 조력자로 이해되고 있다. 둘 다 1880년생으로 4개월 앞서 태어난 최흥종은 광주 최초의 세례자, 장로, 목사가 되었다. 최흥종은 금정교회(현재 광주 제일교회)를 비롯 여러 교회에서 목회자로 활동하면서 나환자와 걸인 및 노동자를 위한 사회선교, 민족독립 운동 등을 실시하였다. 사회적 섬김과 선교를 실시하여 보수적 선교사들과 갈등을 빚었다. 사후 서서평과 최흥종은 각각 광주 시민사회장 1호와 2호로 장례가 치러졌고, 또한 각각 대한민국 국민훈장 동백장과 대한민국 건국훈장 애족장도 받았다. 최흥종은 토착적 복음 신앙을 가지고, 하나님 나라를 위하여 개인적이고 사회적인 복음 선포와 사회참여적 실천을 비교적 균형감 있게 유지하여 복음적 사회실천가로 알려지고 있다.47

2. 오복희와 이세종의 한국 토착적 영적 구원

이세종(후에 이공으로 개명)의 초기 삶은 거의 알려져 있지 않다.

---

47 차종순, "호남교회사에서 복음적 사회운동에 대한 한 연구 - 五放 崔興琮 목사의 생애와 사상을 중심으로", 「한국기독교와 역사」 제11호 (1999.7), 41-92; 한규무, "오방 최흥종의 신앙노선과 선교 활동", 「한국기독교와 역사」 제48호 (2018. 3. 25.), 217-245.

출생년도(1880년), 성경입수와 복음영접 등에 있어서 견해가 다양하다. 그러나 머슴살이로 전답과 재산을 모아 부자가 된 이세종이 로라복(Robert Knox) 선교사에게 세례를 받은 이후 100마지기의 전답과 재산을 가난한 사람들에게 나누어주었다.[48] 서서평과 이공이 개인적으로 직접 만났다는 기록은 찾아지지 않는다. 그러나 화순에서 태어나고 활동한 이공과 이 지역을 순회 전도한 서서평은 서로에 대하여 듣고 알고 있었을 것이다. 서서평의 애제자 오복희(1911-1991)는 스승이 1934년 소천하자 이공을 따르는 제자가 되었다. 이세종의 기행(奇行)에 최흥종이 많은 관심을 가졌고, 강순명은 일시적으로 그에게 배웠고, 이현필은 수제자가 되었다. 오복희는 이공의 설교를 듣고 요약하여 이공의 신앙과 설교를 후대에 전했다.[49]

선교사나 다른 한국인들의 도움 없이 성경을 읽고 기독교인이 된 이공은 순수한 한국의 토착 신앙적 설교를 했다. 그는 죄된 인간의 모습에서 부부관계의 포기를 강조했고, 온전한 구원을 위한 개인적 영적 복음을 전했고, 이웃의 구제를 위하여 탁발했다. 개인적으로 제자들을 가르쳤고, 거미 등 하찮은 미물들의 생명도 존중하고 사랑했다. 이러한 이공은 개인적 내면의 신앙은 강하나 외향적 사회적 실천의 외연은 크지 않거나 약하게 나타난다.

---

48 엄두섭, 『도암의 성자 이세종: 호세아를 닮은 성자』(서울: 도서출판 은성, 1987); 신명열, 『이공李空 성자와 여인들』(광주: 도서출판 정자나무, 2015); 윤은호, "이세종의 생애와 영성사상에 관한 연구", 「신학논단」 제74집 (2013), 87-117.
49 상기 신명열의 책은 부록으로 "이공설교지(李空說敎誌)"를 담고 있다. 이 설교지는 오복희가 이공의 설교를 요약한 것이다. (오복희, "이공설교지," 신명열, 『이공李空 성자와 여인들』, 205-347.)

3. 강순명의 사회변혁과 천혜경로원의 제도적 구원

강순명은 1898년생으로 1918년 결혼하여 최흥종 목사의 맏사위가 되었다. 일본에서 중학교를 졸업한 강순명은 1923-1924년 관동대지진 참상을 보며 거듭남의 체험을 했다. 예수만을 믿으며 살겠다는 굳은 결심으로 기도와 성경 읽기에 몰두했다. 서서평 선교사의 헌신된 삶을 보며 고아, 과부, 걸인, 버림받은 노인 및 병든 자를 위한 삶을 살기로 작정했다.

1932년 서서평은 빈민촌에 복음당을 세우고 강순명에게 맡겼다. 이 빈민 전도와 선교에 이일학교와 농업실습학교 학생들이 참여하여 그를 도왔다. 그러나 복음당과 금정교회 사이에 갈등이 커져 복음당의 문을 닫았다. 1935년 강순명은 평양 장로회신학교에 입학하였다. 졸업과 목사안수 그 후 전북과 서울에서 목회와 신학교육을 실시했다. 그러나 뜻하지 않게 문제가 발생하여 목사직에서 제명당하고, '그리스도의 교회'로 옮겨 1952년 광주에서 목회와 천혜경로원 사역을 실시했다.[50] 강순명은 내면적으로 하나님 말씀에 대한 뜨거운 이해와 외향적으로 넘쳐나는 사회적 실천을 균형적으로 실천하였다.

4. 이현필의 동광원의 수도사적 영성과 귀일원의 사회 구제

이현필(1913년생)은 오복희와 함께 이세종에게 성경을 공부하였

---

50 서재룡, "서서평 선교사와 최흥종·강순명·이현필: 호남의 영성운동가들", 서서평연구회, 『행함 있는 믿음으로 본, 여성주의적 관점에서 본 서서평 선교사』, 67-74.

다. 최흥종과 강순명이 이세종의 비움과 나눔의 삶에 관심을 가지고 그를 방문하고 토론을 하였다. 이때 그들은 이현필을 만나 그의 명민함을 간파하고 광주로 불러냈다. 이현필은 1932년 하산하여 농업실습학교에 머물며 강순명의 독신전도단과 서서평의 확장 주일학교 운동에 참여하였다. 1934년 독신전도단이 활동을 순천으로 옮기는 상황이 일어났고, 신안동 재매교회(현 광주신안교회)에 전도사 자리가 났다. 이에 서서평이 이현필을 신임하여 재매교회에 추천하여 이현필은 1936년까지 3년간 그 교회를 섬겼다. 서서평의 영향을 받은 이현필은[51] 동광원을 세워 성경을 가르치고 제자훈련과 고아들을 돕고 빈민구제를 실시했고, 성매매 여성 구출을 시도했다. 예수를 닮은 서서평을 따라 그는 고아, 빈민, 노인, 장애인 등을 구제하고 섬겼는데, 특히 사회기관이나 단체를 만들어 이들에게 접근하였다. 남원에 독신 노동 수도원으로 동광원 본원이 세워졌고, 화순 도암 분원, 벽제 계명산 분원 그리고 사회복지법인 귀일원이 광주에 세워졌다.[52]

호남 기독교의 예수 제자도의 실천적 영성을 대표하는 5인의 복음 이해와 사회적 실천은 비슷하지만 차이도 난다.[53] 성경 중심의 삶, 예수 그리스도의 십자가적 사랑에 대한 반응으로서 자기 포기와 헌신, 성경말씀 이해와 적용의 범위, 신앙의 외연적 확대와 크기,

---

51 위의 글, 75-80.
52 엄두섭,『맨발의 성자: 한국의 성프란치스코 이현필전』(서울: 도서출판 은성, 1990); 엄두섭 엮음,『순결의 길-초월의 길』(서울: 도서출판 은성, 1993); 김금남 엮음,『동광원 사람들』(광주: 도서출판 사색, 2007); 차종순,『성자 이현필의 삶을 찾아서』(광주: 대동문화재단, 2010); 귀일원60년사편찬위원회,『귀일원 60년사 - 맨발의 섬김으로 피어오르는 사랑』(광주: 사회복지법인 귀일원, 2010).
53 위의 5인의 한국토착적 영성의 비교에 대해서는 서재룡, "서서평 선교사와 최흥종-강순명-이현필: 호남의 영성운동가들", 57-88 특히 82-83을 참조하라.

사회적 실천의 접근방식과 구체화에 있어서 차이가 있다. 복음 이해에 따른 사회적 실천의 범위와 격렬성을 살필 때 이세종이 제일 약하고, 이현필, 서서평, 강순명, 최흥종의 순서로 커진다. 그러나 이들의 신앙적 실천은 하나님 나라를 세우는 토착적 한국교회 형성에 크게 영향을 주었다. 이들의 신앙실천에 대한 수용을 한국교회가 심도 있게 성찰하고 논의할 때가 되었다.

V. 서서평의 토착화 선교의 의미와 중요성

1. 100년 후 논의되는 토착화 선교사 서서평

서서평 선교사는 당시 미국 장로교 선교사들과 다른 선교관을 가졌다. 선교 초창기의 선교사들은 전천년주의적 내세 지향의 구원신학에 입각하여 선교의 으뜸 과제를 영혼 구원과 복음 전도에만 두고 사회적 실천을 소홀히 하였다. 그러나 복음의 사회성을 무시한 지 130년이 지난 오늘날 한국교회는 대사회적 신뢰를 잃어 맛 잃은 소금이 되어 땅에 버려져 짓밟히는 지경에 이르렀다. 이렇듯이 복음의 사회적 실천을 소홀히 한 교회는 하나님께서 이 세상을 통치하시며 하나님 나라를 이루시는 선교를 하신다는 사실마저도 이해하지 못하고 있다. 이러한 한국교회들의 행태를 따져보면 그동안 한국교회의 토착화 과정이 무엇인가 왜곡되어 있다는 생각을 하게 된다.

이러한 의미에서 100여 년 전에 한국에 내한하여 종교문화적으로 그리고 역사적, 정치·경제적으로 매우 열악한 식민지적 한국 상황에서 하나님 나라를 만들려고 복음 전도와 사회선교와 문화변혁을 동시에 수행한 서서평의 선교를 높게 평가할 수 있다. 서서평은 의료 간호선교사로 입국하였지만 간호라는 특정 전문영역에 머무르지 않고, 복음 전도와 교육 선교, 여성권익 증진과 여전도회 조직 활동, 사회구제와 사회변혁, 가부장적 문화 변혁을 강조하여 개인(총체적 인간)과 사회와 민족 구원을 포괄하는, 예수 그리스도의 하나님 나라 구원의 통전성을 실천하려 하였다.

서서평의 이러한 토착화 선교적 공헌과 중요성이 어떤 의미인지 가늠하기가 쉽지 않다. 여기에 비교 관점으로 들여다 보면 보다 쉽게 알 수 있다. 한국에 입국한 선교사들 가운데 토착화 선교를 시도하면서 우선 한국 언어와 문화에 익숙하고, 한국 음식을 먹고, 옷을 입고, 한국인과 같은 정도의 경제생활을 영위하며, 한국문화와 한국인을 사랑하고, 민족적 고난에 참여한 선교사들의 수는 매우 적다. 한국 초기 선교역사를 연구한 류대영은 홀(William James Hall)과 맥켄지(William J. McKenzie)를 언급한다.[54]

2. 한국 토착적 선교사 1: 닥터 홀(Dr. William James Hall)

의료선교사인 닥터 홀(1860-1894, 재한기간 1891. 12.-1894. 11.)은 캐나다 출신의 북감리교 소속으로서 평양에 선교센터를 세우고자 수회 왕복하면서 한국 음식을 먹기도 하고 한국인을 치료하였다.[55]

54 류대영,『초기 미국선교사 연구 1884-1910』(서울: 한국기독교역사연구소, 2001), 69-70.
55 Rosetta Sherwood Hall(Ed.), *The Life of Rev. William James Hall* (New York:

너무 바쁜 일정 때문에 한국말을 배울 기회도 많지 않았다. 복음 전도의 문이 열리지 않은 상황에서 닥터 홀은 한국인을 시켜 비싸게 돈을 들여 평양에 선교센터용 건물을 구입했는데 평양 감사가 이들을 지속적으로 감시하고 문제를 삼았다. 닥터 홀은 1894년 평양에서 일어난 청국군과 일본군의 전투에서 생긴 사상자들 사이에서 부상자들을 치료하다가 감염되었다. 그는 급히 서울로 이송되었으나 곧 사망하였다.

3. 한국 토착적 선교사 2: 맥켄지(William J. McKenzie)

캐나다장로교회의 독립선교사인[56] 맥켄지(1861-1895, 재한기간 1893. 12.-1895. 7.)는 최소한의 한국어 의사소통이 가능해지자 서울을 떠나 소래에 도착하여 소래교회를 담임하였다. 그는 한국인의 삶을 그대로 따라 살기 위하여 한국 음식과 의복을 입고 살았고, 한국인 교인들이 많이 증가하자 교회 신축을 시작하였다. 그러나 완성되기 얼마 전에 일사병에 걸려 고통을 이기다 못하여 권총으로 자살을 했다. 맥켄지는 일사병으로 죽으면서 걱정을 했다. 즉 한국 음식을 먹는 등 한국인을 가까이하고 살면 병들어 죽는다는 소문이 선교사들에게 퍼지면 선교사들이 한국인 사이에서 어울려 살지 않

Press of Eaton & Mains, 1897); 셔우드 홀/김동열 옮김, 『닥터 홀의 조선회상』(서울: 좋은 씨앗, 2010. 개정판 3쇄); 셔우드 홀/김원경 옮김, 『닥터 홀의 인도회상』(서울: 좋은 씨앗, 2009).

56 Elizabeth A. McCully, *A Corn of Wheat or the Life of Rev. W. J. McKenzie of Korea* (Toronto: The Westminster Co. Ltd, 1904: 2nd Edition); Young Suk Yoo, *Earlier Canadian Missionaries in Korea: A Study in History 1888-1895* (Mississauga, Ontario: The Society of Korean and Related Studies, 1987).

을 것이라는 염려였다.[57] 맥켄지의 사후 선교사들은 서양식 음식들을 특별히 주문하고 장만하여 선교여행을 다녔다.

의료선교사 닥터 홀은 한국에서 토착적 선교를 시작하는 과정에서 죽었으나 그의 가족을 통해 한국 사랑과 선교가 이어졌다. 복음선교사 맥켄지는 한국의 토착적 삶을 살았다. 그러나 이 글이 강조하는 순례자적 원리와 긴장 관계에서 이루어지는 토착화 개념을 이들의 선교적 삶에서 끌어내기에는 이들의 선교 기간이 너무 짧다. 서서평은 23년의 통전적 토착 선교 활동을 했지만 닥터 홀과 맥켄지는 채 3년이 안 된 기간의 사역을 하고 천국으로 떠났다.

VI. 결론: 토착적 한국교회를 위한 미래적 과제

이 글을 닫음에 있어서 바람직한 토착적 한국교회가 되기 위하여 다음과 같이 간략하게 원칙적 제언을 하고자 한다.

이미 토착화된 한국교회는 월스(Andrew F. Walls)가 주장하듯이 순례자적 원리에 의하여, 성경에 계시된 예수 그리스도의 하나님 나라 비전을 통해 현재의 문화적 역사적 정치·경제적 상황에서 자기 성찰과 반성을 수행하고 새로운 토착적 한국교회로 변화되어야 한다. 성령의 능력 안에서 과거 전통에 고착된 한국교회가 하나님 나라를 향하여 앞으로 나가는 순례자적 비전을 실현함으로써 종말론적으로 한국 특유의 토착교회로 갱신해 가야 한다.

오늘날 한국교회와 그리스도인들이 삶의 현장에서 한국인의 공

---

57 엘리자베스 언더우드, 『한국의 선교역사 1884-1934』, 165-173.

동체적 정체성을 유지하며 진정한 그리스도인으로 살 수 있을까? 한국지역의 토착교회인 한국교회는 1880년대부터 미국장로교선교사들이 전한 개인주의적, 사후 타계 강조적 신앙과 개인적 영혼 구원의 한계를 직시하고 이를 보완하고 미래를 향하여 넘어서야 한다. 순례자적 지평에서 한국교회는 삼위일체 하나님의 선교에 참여하여 공동체성을 확보하고 하나님 나라의 통전적 선교를 수행할 필요가 있다. 이는 한국교회가 한국의 여러 상황에서 유일한 구세주, 하나님의 아들, 예수 그리스도를 선포하고 또한 사회적 섬김의 실천을 통해 예수 그리스도의 증인으로 사는 삶을 살 때 가능해진다. 이를 위해 한국교회는 먼저 신학적 반성과 신앙적 회개를 철저히 해야 한다. 그리고 예수 그리스도의 하나님 나라 선교에 참여하여 지역사회를 섬기는 공동체적 선교를 수행하여 한국적 정체성을 지닌 토착적 한국교회로 성장해야 한다.

하나님께서 한국교회에 주신 현재·미래적 비전은 하나님 나라의 민족 복음화와 전 세계 모든 민족의 복음화이다. 이를 위하여 그리스도의 몸인 한국교회가 진정한 토착교회가 되어 그리스도의 몸의 확장으로서 전 세계 교회를 성장시켜 앞으로 있을 북한의 토착교회와 전 세계 다양한 토착교회들과 연대하여 이 지상에서 '하나의 거룩한 보편적인 사도적 교회'를 섬기는 일이다. 이는 선교의 영으로서 성령이 모든 교회를 하나 되게 하는 능력 속에서, 하나님 나라 선교로서 드러나는 정의, 평화와 생명 살림의 새 세상을 창조하는 일이고, 동시에 그리스도의 몸인 교회의 성장과 확장을 통해 다양한 토착교회들이 그리스도의 선교적 고난에 참여하여 부활한 그리스도의 영광에 참여하는 일이다. 이는 삼위일체 하나님께서 토착적 한국교회와 전 세계에 흩어져 존재하는 모든 토착교회에게 주시는 은총이며 사명이다.

6장
루터 종교개혁과 행함 있는 믿음의 실천자 서서평

I. 서론: 변화하는 상황과 제2 종교개혁

한국교회가 선교를 실시해야 할 상황인 한국 사회가 향후 어떻게 변화할지 예측이 불가능하다. 장구한 생명 역사에서 하나의 점을 차지하고 진보할 정보와 통신과 기술 융합(ICT)의 과학혁명 시대가 제4차 산업사회라는 이름으로 한국 사회로 들어섰다. 여기에서 세 가지 특징을 말하고자 한다. 첫째, 인간이 알고리즘[1]의 데이터를 처리하여 무기(inorganic) 생명시대를 시작한다. 둘째, AI(인공지능로봇)의 상용화가 진행되어 노동자 계급이 쇠퇴하고 대다수 인간이 쓸모없는 존재가 될 가능성이 있다. 셋째, 빈익빈부익부 사회에서 사회적 기본권의 복지체제인 기본소득제[2]의 논의가 진행되고

---

1 "알고리즘이란 계산을 하고 문제를 풀고 결정을 내리는데 사용할 수 있는 일군의 방법론적 단계들"이다(유발 하라리, 『호모 데우스: 미래의 역사』 (서울: 김영사, 2017), 122-128).

있다. 이러한 특징은 각각 인간의 본질과 정체성, 노동의 의미와 실업, 및 기본인권과 인간의 삶의 질에 관하여 중대한 선교적 질문을 하고 있다.

이러한 현재적이고 미래적 문제 상황에 대하여 한국교회가 하나님의 뜻을 선포하고 예수 그리스도의 복음을 증언하는 등 선교적 과제3를 수행할 수 있는가? 더 나아가 한국교회가 한국인은 물론 한국 사회와 민족 구원에 기여하고 하나님 나라의 정의와 평화를 실현하여 세계의 모든 민족 복음화에 기여할 수 있을까? 이러한 질문과 도전에 대하여 한국교회가 제대로 대응할 자세를 갖추고 있는가? 그러나 불행하게도 비관적 논의가 지배적인 듯하다.

특히 루터(Martin Luther) 종교개혁 500주년을 기리는 2017년 한국교회의 문제적 현실에 대하여 한국 사회가 개혁과 갱신을 요구하고 또한 한국교회의 일각에서는 제2의 종교개혁을 주장하고 있다. 이러한 한국교회의 개혁 요구는 크게 세 가지로 나타난다. 첫째, 한국교회 구조의 문제로서 메가 처치 현상, 사제주의, 교회 세습, 목회자 납세, 신학교 구조조정, 교단과 총회 개혁 등이다.4 둘째, 신앙

---

2 다니엘 라벤토스/이한주·이재명 옮김,『기본소득이란 무엇인가』(서울: 책담, 2016).
3 교회의 선교란 하나님의 백성 공동체인 교회가 하나님의 선교에 참여하는 행위이다. 하나님은 이 세상과 모든 피조물을 창조하고 구원한다. 이것은 하나님의 통치 행위로 구체화되고 정의, 평화 및 생명의 하나님 나라로 나타난다. 이러한 하나님 나라를 이루려는 하나님의 뜻을 깨닫고 교회가 하나님의 통치에 참여하여 하나님 나라 이룸에 동참해야 한다. 이는 구체적으로 교회가 성령의 능력 안에서 이 세상 속으로 파송되어 예수 그리스도를 복음으로 선포하고 증언하는 삶과 내용과 행위 과정이다. 그러므로 하나님께서 세상으로 파송한 교회의 삶이 성령의 능력 안에서 예수 그리스도를 선포하고 증언하는 삶으로 드러나고 이를 통하여 개인들이 예수 그리스도를 믿고 구원을 얻고 정의와 평화와 생명의 하나님 나라를 이루는 일에 참여함이 선교로 드러난다. 이러한 선교는 오늘날 한국교회가 영혼 구원만을 강조하는 특수 상황에서 전략적으로 통전적 영혼 구원 선교로 구체화된다.
4 강영안 외 20인 지음,『새로운 한국교회를 위한 20가지 핵심과제: 한국교회, 개혁의 길

과 윤리의 문제로써 권력 지향, 삶과 괴리된 신앙, 목회자의 이중성, 복음의 공공성 부족, 맘몬과 물질 지향주의 신앙 등이다.5 셋째, 신학과 교리의 문제로써 오직 믿음만으로 구원론, 신학적 빈곤, 반지성주의, 값싼 구원론 등이다. 본 글은 여기에서 특히 한국교회에 대하여 '행함 있는 믿음'의 구원과6 평신도들의 만인사제직의 실천을 중점적으로 논의하고자 한다.

이러한 관점을 갖는 이 글은 먼저 루터 종교개혁의 요점을 정리하고 그 한계를 서술하려고 한다. 다음으로 서서평 선교사의 '행함 있는 믿음' 모델을 분석한다. 이를 위하여 먼저 복음서에 게시된 나사렛 예수의 하나님 나라 선교를 통전적 영혼 구원 선교로 분석하여 서서평이 행한 선교를 분석하는 데 길잡이로 활용하고자 한다. 또 루터의 복음적 전환 과정과 서서평의 복음적 전환 과정을 비교한다. 이러한 배경을 가지고 서서평의 '행함 있는 믿음'의 실천을 검토하고 '행함 있는 믿음'에 대한 서서평 모델의 특징들을 분석하여 21세기 한국교회의 개혁을 위한 방향을 제안하고자 한다. 서서평에 대한 분석 자료로는 서서평이 미국 남장로교 해외선교실행위원회에 보고한 편지와 기고문 이외에 몇몇 선교사들의 선교 보고를 활용할 것이다.

을 묻다』(서울: 새물결플러스, 2013), 227-341.

5 배덕만 외 4인,『터닝포인트: 종교개혁 500주년, 한국교회가 돌아설 길을 묻다』(서울: 뉴스엔조이, 2017), 14-147.

6 제2종교개혁연구소 엮음, 『제2종교개혁이 필요한 한국교회』(서울: 기독교문사, 2015), 225-325.

II. 16세기 루터(1483~1546)의 종교개혁의 요점

1. 종교개혁을 부른 상황과 1517년 면죄부 논쟁

루터의 종교개혁은 시대적으로 일어날 수밖에 없는 필연성이 있었다. 10세기 이후 지속 철학적 신학적 지적 세계의 확대와 이에 따른 지리적 공간적 미지의 세계에 대한 탐구, 새로운 교회개혁 운동의 확산이 있었지만, 로마 교황의 권력 강화와 퇴행적 관성과 요지부동, 이 둘 사이에 긴장이 점증되어 왔다. 좀 더 서술하면 10세기 이후 대학들의 설립과 발전, 발도(Peter Waldo, 1140-1218)와 추종자들의 경건운동과 성경번역과 박해, 하나님에 대한 신비주의적 섬김 운동(Devotio Moderna), 교황청 대분열(로마와 아비뇽), 위클리프(Johannes Wyclif)와 추종자들에 대한 박해, 얀 후스(Jan Hus)와 추종자들 박해, 인쇄술의 발달과 성경의 첫 완판 인쇄(1456) 및 각종 책 출판, 이탈리아 르네상스 인문주의, 북유럽의 르네상스 인문주의, 포르투갈과 스페인의 각 항해와 발견 및 민족의식의 부상, 그러나 1500년대에도 여전한 가톨릭교회의 도덕적 부패, 매관매직, 면죄부 판매, 교황의 신권과 세속 정권의 갈등 등이 이어졌다.[7]

이러한 상황에서 교회개혁 요구의 팽창을 가톨릭교회는 억누르고 박해하는 등 적절히 대응하지 못하였다. 때가 무르익어 1517년 10월 31일 신성로마제국(독일)의 동북부 변방 소도시인 비텐베르크에서 면죄부 판매에 대한 비판적 논쟁을 요구하는 사건이 터졌

---

7 Tim Dowley, *Atlas of the European Reformations* (Minneapolis: Fortress Press, 2015), 20-49.

다. 그러나 로마 가톨릭교회는 루터를 '술 취한 독일인'이 주정을 부리는 것 정도로 하찮게 여기고 적당히 억누르고 달래면 그 불씨는 곧 가라앉을 것으로 생각하였다. 반면 루터는 가톨릭교회라는 천년 이상 낡은 고목 같은 교회의 근본 뿌리를 붙잡고 흔들어대기 시작하였다.

2. 루터 종교개혁의 요점들

루터는 95개 조 비판문을 작성하기 이전 1512년부터 복음을 재발견하고 은혜의 하나님과 믿음을 통한 구원, 성경의 권위, 십자가의 신학 등에 대하여 어느 정도 깊은 이해를 하고 있었다. 성장 과정에서 루터는 하나님과 예수 그리스도를 심판자로 이해하고 영적 갈등과 구원에 대한 불안이 심하였다. 이것은 1512년 비텐베르크 대학에서 루터가 성서를 가르치는 가운데 특히 로마서 1장 17절[8]을 통하여 복음을 깨달음으로써 해소되었다.

'하나님의 의'는 죄인과 사람에게 벌을 주는 의가 아니라 예수 그리스도의 구속사업을 통하여 얻어진 의로서 오직 믿음으로 깨닫고 받아들여야 하는 의인 것이다. 이러한 '하나님의 의'는 하나님께서 죄인과 사람에게 베푸는 은혜로 나타난다. 그러므로 이 하나님의 의는 은총과 신앙으로 일컬어지는 의 즉 칭의(稱義)인 것이다. 이후 루터는 전체 성경의 중심메시지를 이 복음의 관점에서 이해했다. 루터에게 일어난 성경적 복음 이해는 성령의 조명을 통한 것이었

---

8 "하나님의 의가 복음에 나타나 있으며, 믿음으로 믿음에 이르게 합니다. 이것은 성경에 기록된바 '의인은 믿음으로 살 것이다' 한 것과 같습니다"(롬 1:17. 표준새번역).

다.9 루터는 시편 강의(1513-1515), 로마서 강의(1515-1516), 갈라디아서 강의(1519) 및 히브리서 강의(1517-1518) 등을 통하여 인간의 죄된 본성, 은혜와 믿음과 칭의(以信稱義), 기독교인의 삶에 대한 통찰을 얻었다.

루터는 95개 조 논쟁을 통해 회개 강조(1-4항), 죄 사함에 대하여 가톨릭교회의 공로주의를 비판하고, 복음과 그리스도의 공로 주장(56-68항), 면죄부가 아니라 복음을 믿음으로 받아들여 용서받으며 교회는 거룩한 공동체(36-37항), 기독교인은 의인이면서 죄인임(53-55항)을 강조했다. 그리고 루터는 면죄부 판매와 면죄 신학 비판(26-40항), 면죄부 구입 대신 빈자들을 도와야 한다는 것(42-51항), 면죄부 판매의 구체적 부패(71-89항)를 기술했다.

이러한 면죄부 비판으로 교황과 교리적 신학적 논쟁을 촉발한 이후 가톨릭교회의 억압이 진행되어 1518년 테첼(J. Tetzel)이 공격하였고, 하이델베르크 논쟁을 통해 루터는 특히 40개 조 항목을 내걸고 복음과 율법, 은혜와 구원, 칭의와 성화, 십자가의 신학 등을 토론하였다. 루터는 교황의 악한 면이나 스캔들을 비판하는 것은 그 사람에게 한하지만, 잘못된 교리나 신학은 가르침을 통해 널리 퍼지고 악영향을 크게 미친다는 것을 강조했다.10 루터 이전의 교회개혁가들이 집중한 것은 교황이나 사제들의 도덕적, 윤리적 문제였지만, 루터는 교황과 사제주의를 떠받치는 근본 교리와 신학을 비판하였다.

---

9 이형기, 『종교개혁 신학사상: 루터와 칼빈을 중심하여』 (서울: 장로회신학대학출판부, 1984), 12, 25.
10 Martin Luther, "Reply to the Answer of the Leipzig Goat"(1521), *Works of Martin Luther II*.

1518년 아우그스부르크(Augsburg) 논쟁에서 카예탄(Cajetan) 추기경은 교회의 종교회의에 권위를 두었지만 루터는 오로지 성경의 권위만을 강조했다. 또 은총에 대하여 추기경은 성례전적 은총을 주장했지만 루터는 은총이란 죄인에 대한 하나님의 태도로 화해와 피의 용서를 내용으로 하는 하나님의 선의라고 주장했다. 1519년 라이프치히 논쟁은 에크(Johannes Eck)와 루터, 카를슈타트(Andreas Karlstadt), 멜란히톤(Philipp Melanchton) 등이 참여하였다. 에크는 교황의 신적 권위와 베드로의 천국 열쇠를 주장했지만 루터는 교황은 성경의 권위 밑에 있다는 것과 교회의 머리는 오로지 예수 그리스도일 뿐이라고 주장했다. 이러한 논쟁 이후 1519년 루터는「라이프치히 논쟁 해설」을 썼다. 논쟁 1항에서 루터는 그리스도를 사랑하고 또한 바울에게서 그리스도를 다시 발견한다는 것으로 바울 신학이 루터의 성경 이해의 표준이 되었다. 한편 에크가 야고보서를 인용하여 이신칭의 교리를 비판한바, 루터는 성경에서 복음의 가치와 권위를 높이는 책을 더 높게 평가했다. 또한「고해성사」,「세례」,「성찬」에 관한 글을 썼고 1520년에는「로마교황청에 대하여」와「신약성서 소론」을 썼다. 루터는 이즈음 가진 신학적 사고를 일관되게 주장하면서 특히 세례와 성찬에 있어서 가톨릭교회와 달리, 신앙을 통한 그리스도와 연합, 더 나아가 성도들 상호 간 연합을 강조하였다.

루터에게 하나님의 말씀은 예수 그리스도였다. 이 그리스도는 성육신하신 복음이시고 하나님의 아들이다. 하나님의 말씀이 성육신한 그리스도라는 말은 신학적인 표현이다. 이 그리스도가 우리의 죄를 대속하기 위하여 십자가에서 죽으신 하나님의 말씀이시고 복음이다. 루터는 이러한 복음 중심의 성경 해석과 '오직 은혜'와 '오직 믿음'을 통하여 야고보서를 바라보면서 그 권위를 높게 평가하지 않았다.[11] 이와 같은 세 가지 입장에서 루터는 요한계시록과 유다서와 히브리서도 높게 평가하지 않았다.

루터는 가톨릭 교황의 계층질서적 성직제도(사제주의)를 비판하면서 만인사제직(The Priesthood of All Believers)을 주장하였다. 「독일 귀족에게 고함」(1520. 8.), 「교회의 바벨론 포로」(1520. 10.)와 「그리스도인의 자유」(1520. 11.)라는 책에서 은혜와 믿음으로 구원을 얻은 모든 그리스도인은 하나님 앞에서 이웃을 위한 사제라고 기술하였다.[12] 루터는 교황, 주교, 사제와 수도승이 영적 계급(spiritual estate)에 속하고, 왕과 영주 및 농부 등은 세속계급(temporal estate)에 속한다는 가톨릭교회의 주장을 잘못이라고 강조하였다.[13] 모든 그리스도인은, 세례를 받음으로써 제사장이신 그리스도와 믿음 안에서 연합되어 있기에 영적 지위를 갖는다. 다시 말하면 모든 그리스도인은 그리스도의 제사장직에 믿음으로 참여한다. 그러나 모든 그리스도인은 서로 아무런 차이가 없지만 다만 직책이 다를 뿐이다. 이러한 회중주의적 관점이 1524년 뮌처(Thomas Müntzer)의 종교개혁과 1525년 농민전쟁을 거치면서 변하게 되는데, 이후 루터

---

11 Martin Luther, "Tischreden"(WAT 1.5443); "The Preface to the New Testament, 1522" (*Works of Martin Luther 6*: 443-444); "The Preface to the Epistles of St. James and St. Jude, 1522." 이형기, 『종교개혁 신학사상』, 125-128 재인용.

12 Martin Luther, "The Freedom of a Christian"; "The Babylonian Captivity"; "Address to the Christian Nobility." 이형기, 『종교개혁 신학사상』, 145-151 재인용.

13 이에 대한 성경적 근거: "그러나 너희는 택하신 족속이요 왕 같은 제사장이요 거룩한 나라요 그의 소유가 된 백성이니 이는 너희를 어두운 데서 불러내어 그의 기이한 빛에 들어가게 하신 이의 아름다운 덕을 선포하게 하려 하심이라"(벧전 2:9).

는 공적사역 직분자론(ministerium)과 국가교회의 위임을 강조했다.[14] 1525년 전과 후에 논의된 만인사제직에 대하여 그 의미들을 적절히 살리도록 적용해야 할 과제가 있다.

그리고 이 만인사제직은 구원을 전제하는 그리스도교 생활 윤리에 속한다. 그러므로 이 가르침은 교회 내에서뿐만 아니라 교회 밖의 세상 속에서도 적용되어야 한다. 우선 교회 내 활동을 보면, 서로 기도하기, 서로 위로하기, 서로의 죄 고백과 용서하기, 서로 하나님의 말씀을 고백하며 설교하고 확산하는 일 등이다.[15] 이러한 만인사제직은 그리스도인의 소명과 직업과 관련하여 세속 국가와 사회에서 삶은 물론이고 21세기 과학혁명 시대의 삶에서도 적용되어야할 필요가 있다. 자유와 소명을 지닌 그리스도인은 만인사제직 수행을 통하여 이웃과 피조물에게 예수 그리스도의 복음을 선포하고 증언하여 모든 이들이 구원을 얻게 해야 한다.

3. 루터 종교개혁에 대한 평가

오늘날 변화된 상황에서 16세기 루터가 강조한 주장들을 새롭게 이해할 필요가 있다. 여기에서는 이 글의 논리상 필요한 몇 항목에 한하여 한정적으로 평가할 것이다.

첫째, 루터는 예수 그리스도의 복음을 중심으로 하여 성경의 가치를 세 종류로 평가하였다.[16] 요한의 복음서와 요한1서, 사도 바울

---

14 우병훈, "루터의 만인 제사장직 교리의 의미와 현대적 의의", 「신학논단」 제87집 (2017), 209-235, 특히 227-230.

15 이형기, 『종교개혁 신학사상』, 141.

16 Roland H. Bainton, *Martin Luther* (Berlin: Deutsche Buch-Gemeinschaft, 1967), 296-297.

의 서신들 특히 로마서, 갈라디아서, 에베소서 그리고 베드로 전서는 그리스도를 보여주는 책으로 높이 평가를 하였다. 그다음으로 세 복음서를 언급한다. 루터는 요한복음은 그리스도의 업적보다 설교를 더 많이 담고 있고, 다른 세 복음서는 기적 등 업적을 말씀보다 더 많이 담고 있다는 것, 따라서 요한복음이 훨씬 더 우수하다는 것이다.[17] 마지막으로 행위를 강조하는 '지푸라기' 서신으로 야고보서, 히브리서, 유다서, 그리고 요한계시록을 거론했다. 하나님의 말씀이 성육신한 나사렛 예수 즉 예수 그리스도의 기적과 행동의 복음을 담은 공관복음서를 바울식의 복음을 드러낸 로마서보다 낮게 평가했다.

둘째, 믿음으로만(sola fide)의 구원론을 강조한 루터는 믿음 이해를 사도 바울의 몇 가지 서신을 중심으로 정리하였다. 루터는 유대인 배경을 지닌 나사렛 예수의 하나님 나라 복음과 믿음 이해에 관하여 복음서를 인용하지 않았다. 루터의 종교개혁은 바울의 이방 그리스도인 구원론 신학을 중심으로 베드로의 유대교적 그리스도인 구원론과 대척점에 서 있다.[18] 21세기 오늘날 한국교회 일부에서 한국적 종교개혁을 주장하는 측은 마태복음 7:21을 중심으로 행함 있는 믿음(fide cum opera)으로 구원을 강조하고 있다.[19]

셋째, 개인 신앙과 사회윤리의 괴리가 드러난다. 루터의 칭의론은 기본적으로 개인 구원에 집중한다. 이러한 구원 이해는 하나님 나라의 복음을 축소 시켜 정치적 사회적 역사적 구원에 대한 관심

---

17 Martin Luther, "The Preface to the New Testament, 1522," 이형기, 『종교개혁 신학사상』, 126에서 재인용.

18 박호용, "역자해설", W. 뢰베니히/박호용 옮김, 『마틴 루터: 그 인간과 그의 업적』(서울: 성지출판사, 2002), 590-593.

19 제2종교개혁연구소 엮음, 『제2종교개혁이 필요한 한국 교회』(서울: 기독교문사, 2015), 표지.

과 실천을 추동하지 못한다. 루터의 믿음과 성화의 관계를 설명하면, 그리스도에 대한 믿음은 성화를 자극하고 추동하여 이웃에 대한 사랑과 선행을 풍부하게 실천하게 한다는 것이다.[20] 그러나 현실적으로 루터의 생각과 달리, 칭의는 행위를 부추기지 못하여 사회적 실천 특히 사회적 취약자에 대한 윤리적 실천을 약화시켰다.[21]

III. 20세기 '행함 있는 믿음'을 실천한 서서평 선교사

여기에서 이 글은 서서평의 실천행위(선교)의 특이성을 검토하기 위하여 나사렛 예수의 하나님 나라 선포와 선교를 분석한다. 이는 전통적으로 선교사들이 강조한 영혼 구원 선교의 한계를 지적하기 위한 것이다. 그리고 마틴 루터와 서서평의 초기 신앙궤적의 유사성과 차이를 기술한다. 이러한 분석을 통하여 동시대 선교사들의 삶과는 다른 서서평의 선교적 삶을 진술하려고 한다.

1. 하나님의 선교사 나사렛 예수의 하나님 나라 선교: 통전적 영혼 구원 선교

여기에서 마태복음 9: 35-38을 간략히 분석하여 나사렛 예수의 하나님 나라 선포와 증언 및 선교 개념을 이해하고자 한다. 갈릴리

---

20 이오갑, "루터 신학과 영성의 개요: 구원론과 칭의, 십자가 신학과, 성서를 중심으로", 「신학사상」 178집 (2017, 가을), 98-101.
21 류장현, "16세기 종교개혁의 한계와 극복", 제2종교개혁연구소 엮음, 『제2종교개혁이 필요한 한국 교회』, 154.

나사렛 사람 예수는 세례자 요한에게 세례를 받고 메시아로서 그리고 하나님의 아들로 자신을 의식하며 메시아적 선교를 수행하였다. 유대교적 농촌사회인 갈릴리 지역의 여러 성읍과 마을을 돌아다니며 예수는 하나님의 선교사로서 대안공동체인 하나님 나라를 가르치며 하나님 나라의 복음을 선포하며 모든 질병과 아픔을 치료하였다. 수많은 무리가 억압당하여 지치고 기가 죽어지내는 모습에서 예수는 가슴을 파고드는 아픔을 통해 이들과 일체감을 느꼈다. 시급한 마음으로 예수는 유목지역이든 농촌 지역이든 이 무리에게 제자들을 파송하여 하나님 나라의 복음 선교를 실시하였다.

나사렛 예수의 하나님 나라 복음 선교를 분석하면 다음과 같다. 첫째, 나사렛 예수는 구약성경이 예언한 메시아로서 갈릴리의 여러 마을과 성읍에서 하나님의 선교사로 활동하였다.[22] 둘째, 예수는 유대교가 지배하는 각 마을이나 성읍에서 대안적 삶으로 하나님 나라를 제안하고 실시하였다. 하나님 나라는 하나님의 통치를 말하는 것으로 정의와 평화와 생명의 풍요가 충만한 상태를 말한다. 셋째, 하나님 나라의 구체적 내용은 하나님 나라에 대한 교육이 이루어지고 각종 병자를 치유하고 정신이 약한 자들을 온전한 인간으로 회복시키고 치유 받은 자들과 마을이나 성읍 주민들이 더불어 즐기고 협력하고 연대하여 하나님의 통치를 증언하는 삶이다. 이러한 하나님 나라 선교는 통전적 성격을 지닌다. 넷째, 하나님 나라에 초대받는 인간들은 영과 육으로 분리되어 이해되는 존재가 아니라, 영육을 통째로 지닌 전인적이고 총체적인 인간이다. 구약성경 말씀을

---

22 임희모, 『예수 그리스도의 제자도 선교: 메시아적 파송과 통전적 영혼 구원 선교』 (서울: 도서출판 케노시스, 2017), 14-35.

실천하며 유대교적 종교문화에서 살았던 예수는 인간을 히브리어 נֶפֶשׁ(네페쉬 nepeš, 독일어 Seele: 영혼) 즉 영과 육이 결합된 총체적 인간으로 이해하였다.23 이러한 총체적, 전인적 인간(נֶפֶשׁ 네페쉬)이 사회적 관계를 이루며 이웃과 더불어 살게 되는데 이러한 인간을 본 필자는 통전적 인간으로 이해한다. 예수가 실천한 하나님 나라 복음 선교는 개인의 영육을 분리하지 않는 전인적 선교였고 또한 이웃과 관계를 맺는 사회성을 지닌 통전적 선교였다. 다섯째, 전통적으로 서구 기독교는 헬라 철학적 영육 이원론의 영향으로 육을 경시하고 영혼만을 구원하는 선교를 강조하여 실천하였다. 이것은 하나님을 인지하지 못하는 이교도(heathen)는 영혼을 잃은 자로 간주하고 이들에게 예수 그리스도를 전하여 이들이 예수님을 영접하고 믿을 때 '그리스도 안에서 영혼을 얻고 세우는'(the winning and building up of souls in Christ)24 논리에서 나온 선교이론이다. 한국교회는 초기부터 이러한 이원론적 영혼 구원을 강하게 주장하여 교회가 구령사업만 해야 한다는 영혼 구원의 늪에 깊숙하게 빠져들었다. 이러한 이유로 이원론적 영혼 구원의 한계를 극복하기 위해서는 영혼 구원을 말하되 통전적 영혼 구원 즉 영과 육과 사회성을 포괄하는 통전적 영혼 구원을 언급하게 된다. 본 필자는 예수가 강조한 하나님 나라 복음 선교는 오늘날 한국교회에서는 통전적 영혼 구원 선교로 이해

---

23 נֶפֶשׁ(네페쉬 nepeš)는 구약성경에서 755회 나오고 독일어로는 대체로 Seele(영어 soul)로 번역된다. 네페쉬는 영과 육이 분리된 것이 아니라 결합되어 존재하여 '갈망하는 인간'(한스 발터 볼프, 『구약성서의 인간학』[왜관: 분도출판사, 1976], 28)으로 특징화된다. 이러한 영육의 결합체(네페쉬)는 생명력과 생동력과 생명의지를 강하게 드러낸다(Th. Pola, "Seele," *Evangelisches Lexikon für Theologie und Gemeinde* [Wuppertal: Brockhaus Verlag, 1994], 1816).

24 Daniel L. Gifford, "Annual Meeting of the Presbyterian Mission, North," *The Korea Repository II* (Nov. 1895), 444.

해야 한다고 생각한다.[25]

예수는 하나님 나라의 복음을 선포하고 증언하고 통전적 영혼 구원을 위한 선교사를 파송하였다. 예수 메시아가 파송한 제자들의 통전적 영혼 구원 선교는 인간 개인을 회개케 하고 사회를 변혁하고 주변 피조물과 생명체를 통전적으로 구원하는 생명구원 선교였다.

2. 16세기 루터의 교회 개혁의 길과 20세기 서서평의 한국 선교의 길[26]

1) 루터의 복음 교회의 길

루터는 개인적으로 하나님의 심판에 대한 두려움이 컸다. 이를 해소하기 위하여 끝없이 노력하였다. 에르푸르트 대학에서 법학을 공부하던 중에 아우구스티누스 수도원에 입학하여 신학을 공부하였다. 이때 가톨릭교회의 공로주의적 고해성사를 수없이 많이 했고 작은 실수나 하찮은 일까지도 고해성사를 했음에도 불구하고 마음에 평안과 기쁨이 없고 불안으로 가득 찼다. 마침내 로마까지 가서 고행하면서 공로주의를 실행했으나 구원에 대한 확신은 들지 않았다. 여전히 하나님과 예수 그리스도는 율법적으로 심판자로 이해되었다.

1512년 신학박사가 되어 비텐베르크대학에서 성경과 신학을 강의하면서 은혜로운 하나님을 만나고 복음을 발견하였다. 시편 강의와 로마서 강의, 특히 롬 1:17은 그에게 하나님의 은혜로 믿음을 통

---

25 임희모, 『서서평, 예수를 살다』 (서울: 도서출판 케노시스, 2017: 개정증보판), 163-196; 임희모, 『예수 그리스도의 제자도 선교: 메시아적 파송과 통전적 영혼 구원 선교』, 113-118, 152-156.
26 임희국 편, 『한국에 비쳐진 복음의 빛: 루터, 그리고 서서평』 (서울: 기독교문사, 2017).

한 칭의를 얻고 구원을 얻는다는 확신을 갖게 했다. 이러한 복음과 구원 해석은 루터에게 성경 해석의 표준이 되었다.

1517년 루터는 면죄부에 대한 논쟁을 제안했다. 이것은 오로지 학자들 간 혹은 대학 내에서 토론을 목적으로 하였고 교황 폐지론을 주장하지는 않았다. 그러나 가톨릭교회의 반응은 루터를 무시하거나 아니면 회유와 달래기를 하거나 겁박하는 상황이었다. 1518년 하이델베르크 논쟁과 아우크스부르크 논쟁이 진행되는 과정에서 루터는 자신의 복음 이해와 성경의 권위와 예수 그리스도의 중심성을 발견하면서 교부, 교황, 교회법, 전통, 역사, 공의회, 문서보다 성경, 예수 그리스도, 복음, 믿음, 구원, 십자가 신학, 고난의 신학을 강조하고 가톨릭교회의 근본 뿌리가 되는 교황제도와 성직주의를 혁파하기 시작하였다.

루터는 1521년에 파문당하여 생명의 위협을 직접 느끼며 고난의 길을 걸었다. 프리드리히(Friedrich der Weise) 공(公)의 보호 아래 성경을 독일어로 번역하고 가톨릭 측 주장을 논박하는 등 종교개혁에 박차를 가하였다. 가톨릭과 루터파 간의 긴장과 갈등이 고조되는 상황에서 1529년 슈파이어 논쟁에서 루터파가 가톨릭 측의 주장을 거부하고 저항하였다(protestieren, Protestant). 결국 1555년 아우크스부르크 제국회의가 루터파의 주장을 수용함으로써 독일의 복음주의 교회(Evangelische Kirche)가 세워졌다.

2) 서서평의 복음 선교의 길

독일계 이민자 서서평을 이해하기 위해서는 19세기 말과 20세기 초에 진행된 미국의 독일계 이민사회를 간략히 설명할 필요가 있다. 1840-1850년 사이에 독일계 이민자 1백 수십만 명이 미국에 입국하였고[27] 1870-1900년에는 100만 명 이상이 입국하였다.[28] 당시 대부분 각국 이민자들은 가톨릭이 많았는데 총 730만 명이었다.[29] 이들은 가난, 저임금, 높은 사망률, 열악한 생활환경 속에서 살았다. 독일계 이민자들은 주로 상인, 장인, 기술자로서 경제적으로 자립하고 번성하였다. 이들은 독일어 사용을 고집하였다.

이러한 상황에서 서서평이 1880년 독일에서 태어났으나 3살이 되었을 때 어머니는 미국으로 이민을 갔다. 가톨릭을 신봉하는 가난한 외할머니의 보호를 받으며 서서평은 가톨릭 교구학교에서 초등교육을 받으면서 소외와 차별을 받고 외로움과 홀로됨의 삶을 보냈다. 11살에 외할머니가 죽자 어머니를 찾아 미국에 입국하였다.

'나[서서평]는 뉴욕에 있는 공립학교를 다녔고 뉴욕의 시립병원에서 간호사 훈련을 받는 중이었어요. 어느 주일저녁 한 간호사가 와서 개신교 교회(Protestant church) 예배에 함께 가겠냐고 물어봤어요. 설교자의 말씀이 나를 감동시켰어요. 나는 다시 그 교회로 갔고, 또다시 갔어요. 그러자 나에게 확신이 생겼는데, 나나 다른 어떤 사람의 공로로는 결코 하늘나라에 들어갈 수 없다는 것이었어요. 나는

---

27 류대영, 『미국 종교사』(파주: 도서출판 청년사, 2007), 278-280.
28 서서평의 어머니 Anna의 고향은 독일 헤셴 주의 발머로드(Wallmerod)이다. 이 도시는 2015년 말 인구 1,445명인데, 1871년 544명, 1905년 484명이었다. 이 기간에 60명이나 줄었다. 서서평의 어머니 Anna와 후에 미국에서 만나 결혼한 Schneider 씨도 고향 사람인데, 이때 이민을 간 것이다. 이와 관련 서서평의 유·소녀시절 자료는 다음을 참고하라. 임희모, 『서서평, 예수를 살다』, 173-176.
29 류대영, 상게서, 283.

예수 그리스도에게 내 자신을 완전히 맡겨야만 했습니다. 그리고 은혜로 구원받아야만 합니다. 나는 그 개신교 교회와 관계를 맺었습니다.' 그녀[서서평]는 깊고 낮은 목소리로 이야기했다. 그녀는 다른 선교사[서로득 선교사 부인]로부터 머리를 돌렸다. 그녀는 바다가 밀려오면서 리듬을 만드는 파도 치는 소리를 듣고 있었다. '그날 어머니는 나와 의절했어요. 내 얼굴 바로 앞에서 우리 집 문을 닫아버렸지요.' 그녀가 갑자기 두 주먹을 불끈 쥐자 손톱들이 손바닥 안으로 파고들었다. '나는 혼자였어요. 10년 전에 엘리스 섬에 도착했던 그 작은 소녀는 이보다 더 비참할 수 없었어요. 아마도 당신은 내가 왜 집 없는 사람들 특히 어린이들을 사랑하는지 이제 알 겁니다.' 다른 일행[서로득 선교사 부인]은 손을 뻗쳐 그녀의 손을 붙잡았다.[30]

서서평은 개신교 교회 즉 '거부하고 저항하는' 교회(Protestant Church)에서 예수 그리스도를 만났다. 설교 말씀에서 들리는 예수 그리스도를 만났고 구원의 체험을 하고, 구원에 감격하면서 서서평은 그 교회에 계속 출석하였다. 이러한 사실을 알게 된 가톨릭교도인 어머니는 서서평을 내쫓았다. 서서평에게 예수 그리스도냐 어머니냐? 개신교냐 가톨릭이냐? 결단이 필요하였다. 결국 서서평은 가톨릭과 어머니를 거부하고 저항하며 성경이 보여주는 새로운 생명의 세상으로 떠나는 결심을 하였다.

---

30 Lois Hawks Swinehart, "Elise Johanna Shepping - A Missionary Deborah," Hallie Paxson Winsborough compiled and Sarah Lee Vinson Timmons (eds.), *Glorious Living*; 임수지, "선교사 드보라, 서서평: 영광의 삶을 살다", 임희모『서서평, 예수를 살다』, 215.

나[서서평]는 병원에서 훈련을 마치고 [이탈리아계] 이민자들을 위한 사회봉사를 했고, 후에 유대인 요양원으로 갔어요. 하지만 나는 성경에 대해 더 알고 싶어서 화이트 박사가 세운 성경신학교 [당시 교명은 성경교사훈련학교, Bible Teachers Training School]에 입학하였고 전에 알지 못했던 책[성경]을 진지한 관심으로 공부했습니다. 영적인 세계가 나에게 열렸고 새 생명이 포도주처럼 내 혈관에 흘렀어요. 돈에 관해 말하자면, 내가 저축한 적은 액수는 사라져가고 있었지요. 그러나 나는 내 직업으로 세상에서 언제나 스스로 돈을 벌 수 있다는 것을 알았어요. 어느 날 한 남자가 와서 한국 병원에서 일할 훈련된 간호사들이 필요하다고 말해줬어요. 그의 말 그대로 내 마음에 꽂혔지요. 내가 받은 훈련이 이런 방식으로 쓰일 수 있다는 것에 얼마나 행복 했던지요. 다른 몇 사람과 함께 나는 이 일에 지원했어요. 한국은 나를 필요로 했지요. 1912년 한국에 왔어요.[31]

서서평은 성경을 깊이 연구하기 위하여 성경교사훈련학교에 입학하였다. 그런데 이 학교는 원래 인도 콜카타 선교현장에서 선교사들에게 성경을 가르치며 성경의 중요성을 깨달은 화이트 박사가 세운 선교학교였다. 서서평은 이 학교에서 성경을 연구하며 삶과 생활에서 생명의 풍요를 새롭게 누린다. 그런데 전문직 정규직 간호사를 선교현장인 한국이 필요로 한다는 소식을 접한 서서평은 남장로교 해외선교실행위원회에 원서를 냈고 간호사 선교사로 한국에 파송 받았다.

여기에서 복음과 예수 그리스도 및 구원에 대한 서서평의 경험이 루터의 것과 겹친다. 배경과 상황은 다르다. 루터는 개인적으로

---

31 임수지, "선교사 드보라, 서서평: 영광의 삶을 살다", 215-216.

실존적 구원에 대한 불안함과 하나님과 예수 그리스도에 대한 율법주의적 이해를 했고, 서서평은 개인적으로 사회적 편견과 차별로 인한 외로움과 홀로됨을 심하게 경험하였다. 그러나 둘 다 가톨릭에서 구원을 찾지 못하고 은혜로운 하나님과 예수 그리스도에 대한 믿음으로 의로워지는 구원을 경험하였다. 루터는 가톨릭의 교황주의와 공로주의를 거부하고 저항하여 성경과 예수 그리스도와 이신칭의의 구원을 강조하는 독일의 복음주의 교회를 세웠다. 반면 서서평은 어머니의 의절로 가톨릭을 거부하고 저항하였다. 성경과 예수 그리스도와 이신칭의를 강조하는 개신교에 속하여 당시 뉴욕의 가톨릭 이민자 특히 이탈리아 이민자들의 빈곤과 차별 상황에서 이들을 구제하는 사회선교를 실시하였다. 이러한 선교 훈련 과정을 거쳐 개신교(미국 남장로교)의 선교사로 복음을 전하기 위하여 한국에 입국하였다.

3. 20세기 서서평의 선교적 신앙 실천: 한국 선교(1912~1934)[32]

1) 1912-1919년: 간호사역 중심의 통전적 선교

1912년에서 1919년 사이에 서서평은 병원에서 간호사로 활동을 하면서 복음 전도와 성경교육과 사회구제를 실시하였다. 광주선교부 소속으로 우선 한국어에 대한 1년 차 구술시험과 필기시험을 1913년 상반기에 마치고 광주 제중병원에서 병원간호사역(병원 행

---

32 여기에서는 서서평의 글 혹은 관련된 글에서 특징적인 내용이나 사건을 중심으로 기술한다.

정과33 나환자 사역과 성경교육34)과 복음전도보조사역을 실시하였다. 이러한 가운데 개인적으로 연이(Yunnie)라는 학생을 도와 긴급 구제를 실시하였다.35 1914년 8월 이후 군산 예수병원에서 병원 간호를 실시하면서 병원직원을 대상으로 간호부를 양성하고 복음을 전도하고 전주에서 여성성경반을 인도하고 성경을 가르쳤다. 1917년 9월에 서울 세브란스병원 간호부양성소에서 병원업무와 간호사 양성을 실시하였다. 그리고 제주도 선교에 참여하여 여성에 대한 진료와 복음 전도를 실시하였다.

한편 1915년 봄에 스프루(sprue) 의심 증상으로 아프기 시작하여36 일생을 스프루로 고생하였다. 이는 장 흡수를 막아 소화불량을 일으켜 영양실조를 일으키고 피곤하고 지치게 한다. 군산에서 훈련한 3명의 한국인 간호부를 세브란스 간호부양성소로 데리고 가서 훈련을 시켰다.37 세브란스병원에서는 간호부 교육, 병원업무 및 일본어를 배웠다. 그리고 서서평은 광주와 군산에서 병원 간호 이외에 지역간호 혹은 위생간호를 개인적으로 실시하여 글을 썼다.38 이는 개인 간호를 넘어 지역사회의 사회적 약자들을 대상으로

---

33 *Minutes of Twenty-second Annual Meeting Southern Presbyterian Mission in Korea*, Chunju, Korea, August 21-September 1, 1913, 34.
34 타마자(John Van Neste Talmage)/마성식·채진홍·유희경 옮김, 『한국 땅에서 예수의 종이 된 사람』 (서울: 한국장로교출판사, 1998), 30.
35 Lois H. Swinehart, "Kwangju Girl's Industrial School", *Korea Mission Field* (1915. 1.), 22.
36 The Missionary Survey (Oct. 1915), 752.
37 Elise J. Shepping, "Letter from Miss Shepping", *The Missionary Survey* (Nashville: August, 1918), 477.
38 Elise J. Shepping, "District Nursing II", *Korea Mission Field*, Vol. XVI No.9 (Sept. 1920), 205-207: "Sanitary Work in Korea," *The Missionary Survey* (Nashville: 1920, 10), 640-642.

돌봄과 섬김과 구제의 간호사역을 하였다.39 서서평은 병원 간호를 중점적으로 실시하고 복음 전도와 교육 선교를 강조하였다. 더 나아가 복음의 개인적 차원을 넘어 사회적 접근을 시도하여 통전적 선교를 실시하였다.

2) 1920-1926년: 복음전도 중심의 통전적 선교

1920년부터 광주선교부에 속하여 광주의 동부지역을 중심으로 순회전도를 실시하였다. 1920년 초 서로득 선교사 부인(Mrs. M. L. Swinehart, Lois Hawks Swinehart)과 함께 전남노회 선교지역인 제주도 모슬포 선교를 했다. 특히 서서평은 여성성경반(10일)에서 복음과 성경을 가르치고 덧붙여 여성에 대한 질병 진료와 보건 및 위생 교육을 실시하였다.40 1921년에 서서평은 타마자(John Van Neste Talmage) 선교사의 선교 구역인 광주 북동지역(담양)을 순회 전도하면서 선교현장을 살피고 복음을 전도하였다. 여기에서 서서평은 여자들이 복음을 접하고 구원과 해방, 환희와 축제적 분위기를 즐기는 것을 느꼈다. 억압당하는 가부장사회 여성들의 상황을 보며 복음전도, 질병 치유 및 교육 선교와 계몽 등 통전적 선교를 실시하였다.41 특히 순회 전도 여행 중 만난 여성들의 대부분이 전통적 종교문화와 사회구조에서 연유한 무기력에 빠진 것을 관찰하고 복음선교의 중요성을 강조하였다.42 동년 서서평은 로라복(Robert

---

39 이꽃메, 『한국근대간호사』 (서울: 한울 아카데미, 2002), 101.

40 M. L. Swinehart, "An Island in the Pacific," *Korea Mission Field* Vol.18/1 (1922, 1), 10-12.

41 Elise J. Shepping, "Letter, Kwangju, Chosen, Asia" (March 16, 1921).

42 Elise J. Shepping, "Letter, From Somewhere in Korea" (April, 1922).

Knox) 선교사의 선교구역인 광주 동남부 지역으로 화순과 보성지역 순회 전도를 실시하였다. 농촌의 여성들에게 복음 전도, 성경공부, 간호와 의료를 실시하고 긴급구조 사역으로 2명의 여성을 구조하였다.[43] 서서평은 순회전도 사역으로 지역사회의 여성들에게 복음을 전하고 성경공부 및 육체적 고통에 대한 치료를 실시하여 인간을 총체적으로 접근하고 통전적 선교를 행했다.

3) 1926-1934년: 교육과 섬김 중심의 통전적 선교

서서평은 1920년부터 여성들에게 더욱 실질적인 교육을 실시하고자 노력하였다. 1922년부터 본격적으로 여자성경학교를 세워 여성교육을 실시했는데 남장로교 한국선교회가 인가를 했고 이것이 광주 초급여성성경학교 즉 이일학교가 되었다.[44] 서서평은 조선에서의 소녀들을 위한 교육은 가난한 소녀들 중심으로 기초교육을 실시할 것을 강조했다.[45] 이러한 취지를 갖는 이일학교는 성경과 이외에 일반과를 설치하고, 학생들을 경제적으로 보조하고 돕는 부서로 '직조 및 잠사과'를 개설하였다. 그리고 1931년에는 연 9학기 제로 정규학교로 승격하였다.

서서평은 이일학교에서 영적이고 실질적인 교육을 실시하여 학생들을 지역사회에서 복음을 전도하고 교육하고 교회를 봉사하도록 훈련하였다. 1928년부터 졸업생을 냈는데, 성경과 4명, 일반과

---

43 Elise J. Shepping, "Letter, From Kwangju, Korea" (June 5, 1922).

44 Maie Borden Knox, "An Interview," *Korea Mission Field* Vol. 22(10) (Oct. 1926), 215-217.

45 Miss E. J. Shepping, "Korean High School Girls," *Korea Mission Field*, Vol. XXVI No. 3 (March 1928), 53-54.

1명을 배출했다.[46] 여기에서 이일학교의 1932년 4월부터 1933년 3월의 학년을 보면 등록 학생이 93명으로 학생들이 다음과 같이 사역하였다. i) 주일학교: 40명 이상의 학생들이 27개 마을에서 44,482명에게 가르쳤다. ii) 26명의 학생이 매주 목요일 13개 마을에서 마을기도회를 실시한 바 참가자는 2,550명이었다. iii) 기독교 여성절제회 활동: 시장과 마을에서 설교하고 '싸우라'(War Cry)와 기독교여성절제회 신문을 팔았다. iv) 학기 중에 진행되는 조력회 사역: 7개 모임, 15리 떨어진 마을에서 4개의 모임이 진행되었다.[47]

서서평은 하나님의 은혜로 예수 그리스도의 십자가의 대속적 죽음을 믿고 이 믿음으로 의롭다는 인정을 받고 죄용서와 구원을 경험하였다. 이후 서서평은 복음을 선포하고 증언하기 위하여 간호사 선교사로 한국에 입국하여 간호와 질병 치유, 복음 선포와 증언, 및 사회 구제와 봉사를 실시하여, 복음서에서 예수가 실천한 하나님 나라를 세우는 통전적 영혼 구원 선교를 '행함 있는 믿음'으로 실행하였다.

IV. 21세기 서서평의 '행함 있는 믿음'과 한국교회의 개혁

여기에서는 '행함 있는 믿음'을 한국교회의 개혁 과제를 염두에 두고 세 가지 차원 즉 '성공이 아니라 섬김', 만인사제직 실천 그리

---

46 Elise J. Shepping, "Annual Report of Miss Elise J. Shepping, Kwangju, Korea," received September, 1928,

47 Elise J. Shepping, "Annual Report of Miss Elise J. Shepping: 1932-1933, Kwangju, Korea," received September 15, 1933,

고 '통전적 영혼 구원 선교'라는 관점에서 분석한다.

1. '성공이 아니라 섬김'의 실천

"Not Success But Service"(성공이 아니라 섬김입니다)라는 경구
는 서서평 선교사의 삶을 안내했던 좌우명이다.[48] "서서평은 인자
는 섬김을 받으러 온 것이 아니라 섬기러 왔으며, 많은 사람을 위하
여 자기 목숨을 대속물로 내주러 왔다"(막 10:45)는 성경 말씀을 가
르치고 실천하며 살았다. 사람들은 서서평의 섬김의 삶을 임종 시
남겨진 몇 가지 물품을[49] 예로 들며 서서평을 평가하고 칭송한다.
그러나 사실 이 경구는 성공으로써 물질적 양적 욕망의 극대화로
표현되는 어떤 것들을 강조하는 것이 아니라 그리스도를 믿고 자신
을 내어주는 헌신의 질적 고양을 강조한 것이다. 서서평은 은혜로
운 하나님께서 예수 그리스도를 십자가에서 대속적 죽음에 이르게
하여 죄인들을 구원한 사건을 믿었다. 이러한 믿음을 통해 서서평
은 예수 그리스도가 강조하는 지극히 작은 자들에 대한 돌봄을(마
25:31-46) 깨닫고 이를 실천하였다.[50]

---

48 서서평의 장례에 참석한 류서백(John Samuel Nisbet, 1869-1949, 재한기간
1906-1939) 선교사가 서서평의 시신이 안치된 거실 벽에서 이 경구를 발견하고 지인
들에게 알렸다(양창삼, 『조선을 섬긴 행복; 서서평의 사랑과 인생』 [서울: Serving the
People, 2012], 436).

49 담요 반장, 동전 7개, 강냉이가루 2홉.

50 서서평의 사회구제와 사회실천에 대한 사회과학적, 정신분석학적 접근에 대해서는 차
성환의 다음의 글을 참조하라: 차성환, "근대적인 전문 사회사업의 선구자 서서평", 임
희모·차성환 외 3명, 『서서평 선교사의 통전적 선교의 다양성』 (전주: 도서출판 학예
사, 2015), 171-207; "서서평의 누미노제 체험과 지역사회서비스의 이해: 칼 융의 무
의식 이론에 기대어", 임희모·강아람 외 4명, 『다양한 얼굴을 지닌 서서평 선교사』 (전
주: 도서출판 학예사, 2016), 117-155.

서서평은 1932년 이일학교 졸업생 3명과 재학생 1명을 결혼시켰다. 교회에서 1명, 그리고 3명은 서서평의 집에서 결혼하였다. 이들은 모두 긴급구조를 받은 여성들인데, 한 여성은 돈으로 구조했고, 다른 한 여성은 도망친 노비였는데 경찰서에서 몇 시간 동안 대치하면서 싸우고 넘겨받은 여성이었다. 한 여성은 술집을 운영하는 백정의 딸이었다. 서서평은 이들의 "결혼을 보면서 한국에서 가장 아름답고 가장 질서 있는 결혼"이라고 기뻐하였다.[51] 서서평은 자기의 재산과 열정과 삶을 바쳐 한국여성을 구하고 교육시키고 결혼시킴으로써 섬겼다.

서서평은 병중임에도 학생기숙사에 기거했다. 인터뷰차 서서평을 방문한 로라복 선교사 부인이 모기 걱정을 하며 방에 방충망을 치라고 하자, 서서평이 대답하기를, 기숙사 전체에 방충망을 칠 수 있다면 몰라도 내 방에만 방충망을 쳐서 방충망을 치지 못한 학생들과 나를 구별하는 것을 원치 않는다고 했다. 이 말을 들은 로라복 부인은 다음과 같이 기록했다. "She[Shepping] is one of them [Koreans]."[52] 온전히 한국인이 된 서서평은 한국 여학생들을 차별하지 않고 섬겼다. 또 대개 선교사들은 자문화 중심주의에 사로잡혀 현지인들을 무시하거나 얕잡아 보았다. 그러나 서서평은 한국인과 한국문화를 존중했다. 안식년 마지막 날(1930년 8월 7일)에 쓴 편지를 보면, 그동안 서양문명의 우월성을 가지고 동양문화를 저평가한 사실이 가장 큰 잘못이라고 고백하고 반성한다고 했다.[53] 아마도

---

51 Elise J. Shepping, "Annual Report of E. J. Shepping, 1932," dated June 21, 1932.

52 Maie Borden Knox, "An Interview," 215.

53 Elisabeth J. Shepping, "S. S. 'Empress of Canada'" (August 7, 1930).

서서평의 이 반성은 한국인을 좀 더 잘 섬길 것을 다짐하는 결단인 듯하다.

서서평은 1928년 조선간호부회 총회에서 '사도 바울의 모본(模本)'(본문: 사도행전 20:17-35)이라는 제목으로 설교를 했다. 서서평은 '주는 것이 받는 것보다 복되다'(35절)를 강조하면서, 참고 본문으로 마태복음 10:8절을 들며 "병든 자를 고치며 죽은 자를 살리며 문둥이를 깨끗하게 하며 귀신을 쫓아내되 너희가 거저 받았으니 거저 주어라"라고 했다. 이는 작은 자들을 거저 섬기라는 것이다.[54] 섬김의 신앙은 양적인 것이 아니라 질적인 것이다. 질적 섬김은 크기, 넓이와 높이를 따지지 않는다. 가시적이지 않다.

서서평이 살던 당시나 21세기 지금이나 예수 그리스도를 구주로 믿고 구원의 삶을 산다는 기독교인의 대부분이 권력과 명예와 재물 등 물질주의적 양의 크기를 따져 성공을 강조하는 세태 속에서 살고 있다. 인간인지라 기독교인 역시 갖게 되는 욕망, 이 욕망의 크기에 따라, 때로 초대형의 교회를 세우기도 하지만, 이러한 교회 키우기 욕망은 성적 스캔들, 재정의 사유화, 교회의 세습화, 세속적 권력 지향, 작은 교회의 동료 무시 등으로 나타난다. 이러한 세태에 대하여 서서평은 예수 그리스도에 대한 진정한 믿음과 순종으로서 질적 섬김을 높이고, 이를 통해 물질주의적 욕망을 줄이고, 지극히 작은 자들에 대한 섬김을 강조하였다.

---

54 서서평, "사도 바울의 모본," 백춘성, 『천국에서 만납시다』, 51.

2. 만인사제직: 간호사 출신의 평신도 선교사

오늘날 한국교회의 개혁 과제 중 하나가 사제주의 즉 성직주의
에 대한 올바른 이해이다. 만인사제직에 대하여 성경은 다음과 같
이 말한다. "그러나 여러분은 택함을 받은 민족이요, 왕의 제사장들
이요, 거룩한 국민이요, 하나님의 소유가 된 백성입니다. 그것은 여
러분을 어둠에서 불러내어, 그의 놀라운 빛 가운데로 인도하신 분
의 업적을, 여러분이 선포하게 하려는 것입니다"(벧전 2:9, 새표준번
역). 우리를 구원하신 하나님의 아들 예수 그리스도를 만방에 알리
고 선포하고 증언하도록 하나님께서 우리를 택하여 제사장으로 삼
았다는 것이다. 우리는 이러한 사명을 위하여 하나님께서 사제직을
맡긴 하나님의 백성이라는 것이다.

1524-1525년 농민전쟁 발발 이전 루터의 만인사제직은 교황사
제주의를 비판하고 혁파하려는 논리였다면 1524-1525년 이후의
것은 무분별한 설교 금지와 설교자의 자격과 임명 조건 등을 강조
했다. 오늘날 변화하는 21세기 한국교회 상황에서[55] 루터의 만인
사제직의 의미를 참고하여 새롭게 만인사제직을[56] 논의하고 실행
할 필요가 있다. 모든 그리스도인은 왕 같은 제사장이기 때문에 홀
로 하나님 앞에서 기도하고 봉사하고 섬기고 선교할 수 있을 뿐만
아니라 서로를 위하여 그리고 비기독교인을 위하여 섬기고 봉사하
고 선교할 수 있다. 그리고 모든 직분자와 비직분자는 특히 의사결
정에 있어서 하나님 앞에서 동등하다. 그러나 모든 신자는 말씀과

---

55 백종국, 『바벨론에 사로잡힌 교회』 (서울: 뉴스앤조이, 2003), 49-159.
56 다음을 참고하라: 우병훈, 상게서, 227-230.

기도와 섬김과 선교에 늘 힘써야 한다. 사제직은 특권임과 동시에 의무이기 때문이다. 이러한 만인사제직을 수행하기 위하여 공적인 직분을 수행해야 하는 직분자는 신중하게 세워야 하고, 절차적으로 정당하고 민주적으로 진행해야 한다. 그리고 임명 이후 모든 직분자를 점검하는 시스템을 갖출 필요가 있다.57

평신도 간호선교사로 한국에 입국하여 광주 금정교회(오늘날 광주제일교회)에 평신도로 등록하여 교육하고 봉사하고 선교를 실시한 서서평의 모델을 분석하고자 한다. 우선 여기에서 서서평이 1928-1929년에 실천한 선교내용을 기록한 편지를 분석한다.58

서서평의 선교항목을 분석하면 일곱 가지 영역에서 사역을 하였다. 첫째, 이일학교 교장직을 수행하였다. 가을학기 하루 4시간 강의하고 주당 2회 예배 인도, 겨울학기는 하루 5시간 강의하고 주당 1회 예배를 인도했다. 일반과는 지난 3월 10명 졸업시켰는데, 이 중 3명이 이번 가을학기에 성경과에 입학 예정이다. 산업과는 학교 발전에 기여하는 바, 학생들이 자기들 경비의 2/3를 번다면 학생 수를 배로 늘릴 수 있을 것이다. 이들은 봉제, 양잠, 실 뽑기와 직조하기(면방, 견방, 면견혼방) 등의 일을 하였다. 둘째, 성경공부반 책임 운영으로 가을에는 1달 성경공부반, 겨울에는 10일짜리 성경공부반을 운영하였다. 셋째, 주일학교 사역, 넷째, 부인조력회 조직 사역이다. 당년에 전국연합회가 조직되면서 사무총장으로서 총회여전도회전국연합회를 조직해야 했다. 다섯째, 1923년부터 연임하

---

57 개인적인 모든 감정을 배제하면서 냉정하고 객관적이고 사무적인 관계를 유지할 수 있는 근대적인 시스템을 전제로 한다.

58 Elise J. Shepping, "Report of Miss Elisabeth J. Shepping, R. N., Principal of Neel Bible School, Kwangju, Korea, Asia." (received dated July 26, 1929).

여 조선간호부회 회장으로 봉직 중이다. 1929년 7월에 있는 캐나다 국제간호사협의회(ICN) 회원가입을 준비하면서 자료를 만들어야 했다. 여섯째, 일본공립남자학교에서 두 학기동안 주당 1시간 영어 강의, 집에서 사립학교 한 학급의 학생들에게 요한복음 강의, 한국인과 일본인이 출석하는 일본인장로교회에서 영어를 가르쳤다. 일곱째, 긴급구조 사역을 실시했다. 가난하고 불우한 여성이 많은 조선 사회에서 위기에 처한 소녀나 여성들을 구출하여 기독교 복음을 믿게 하여 무기력에서 일어나 자립적 삶을 살도록 하였다. 서울에 있는 여성긴급구조센터에 대하여 남장로교의 대표로 서서평이 관여하였다.

1928-1929년에 서서평은 평신도로서 만인사제직을 최상으로 수행하였다. 어떻게 이러한 만인사제직을 수행할 수 있었을까?

첫째, 서서평은 준비가 되어 있었다. 다민족 다문화적 이민 사회에서 성장하였다. 실력을 갖춘 정규간호사로서 성경교사훈련학교를 졸업하였고 컬럼비아대학교 사범대학에서 교육학 관련 공부도 하였다.

둘째, 선교사역을 수행함에 있어서 가장 중요한 조건인 현지 언어 숙달과 문화에 대한 이해가 탁월하였다. 독일계 미국인이 한국인 고아 14명과 38명의 여성과 더불어 살면서 한국인을 사랑하며 한국문화를 익혔다. 일본식민지 조선에서 교육언어인 일본어를 잘할 수 있었다. 서서평의 일본어 학습은 광주선교부가 재정을 지원하였다.

셋째, 조직력이 탁월하였다. 사역의 효율을 높이기 위하여 조직적 사고를 하고 이를 실행하였다. 이일학교 설립과 학생들에게 영

적이고 실질적인 교육하여 복음 전도의 최일선에서 활동하도록 조
직했다. 조선간호부회 역시 질적으로 수준 높은 간호서비스를 할
수 있도록 조직을 갖춘 것이다. 그리고 부인조력회 즉 여전도회를
만들고 전국 조직으로 확대하여 연합조직으로 만드는 등 여성 지도
력을 개발하여 복음 전도의 역군으로 육성하였다. 이외에 수백 명
의 성경공부반 여성들을 신속히 조직하여 공부를 효율적으로 진행
하였다.

넷째, 열정과 헌신성이 남달랐다. 예수 그리스도에 대한 믿음과
열정, 하나님 말씀에 대한 순종과 열정, 가난하고 불우한 사람들에
관한 관심과 열정과 헌신, 여성교육과 지도력 개발에 대한 집념, 언
어 숙달과 문화 이해에 대한 집념으로 조선인 사이에서 거주하고
생활하는 집념과 열정, 그런데 이러한 집념과 열정이 자기의 물질
적 욕망을 채우려는 이기주의적 관심에서 나온 것이 아니었다. 자
기의 것을 거저 주고 베풀고 섬기는 헌신으로부터 나왔다. 이러한
사적, 개인적 집념과 열정이 사회적으로 약자, 가난한 자, 작은 자
에게 헌신과 섬김의 열정으로 드러난 것이다(개인적 신앙의 사회적 헌
신적 실천). 진정성이 있는 열정과 섬김과 헌신은 사람들을 감동시켰
다. 예수의 거저 주라는 가르침에 서서평은 열정적으로 순종하여
헌신하였다(마태 10:8). 이외에 중요한 섬김의 헌신 목록에서 빠진
것이 있는데, 이것은 공식적인 선교 보고 편지에는 기록되어 있지
않다. 서서평이 개인적으로 돌보고 함께 삶을 나눈 14명의 고아와
38명의 과부이다. 자신의 생활비, 고아 양육비와 과부들의 식비 및
이일학교 재정 지원 등 이로 인하여 서서평은 언제나 재정적으로
쪼들렸다. 이러한 이유로 서서평이 행하는 사회구제와 선교에 불만

을 가졌던 일부 선교사들은 서서평을 가리켜 '낭비가 심한 사람'이
라고 손가락질을 해대며 못마땅해 했다.[59]

다섯째, 선교사 동료와 한국인 동료들의 도움과 협력이 있었다.
서서평은 광주선교부의 여성선교사들의 도움으로 1922년에 이일
학교를 창립할 수 있었다. 모든 선교사가 서서평에게 동조하거나
협력한 것은 아니었지만 특히 서로득 선교사 부인, 타마자 선교사
와 부인, 로라복 선교사 부인 등이 협력적이었다. 선교보고편지에
기록된 간호사 Georgiana Hewson, 이일학교 교사로 Mrs. Bell,
Mrs. Paisley, Mrs. Levie 그리고 사회선교의 동역자인 최흥종 목
사, 부인전도회 조직의 조력자 김필례 여사 그리고 이일학교의 한
국인 교사들, 엄부인, 박씨 부인, 김군 등이 있고, 이일학교의 학생
회도 중요한 선교 파트너였다. 또 서서평은 지역교회인 금정교회
(오늘날 광주제일교회) 성도들과 함께 신앙생활을 하였다.

이러한 만인사제직을 특히 선교적 교회(Missional Church)[60]와 평
신도전문인선교와 연계하여 어떻게 교회선교에 적합시킬 것인가?
서서평의 경우 다양한 능력을 지닌 전문인선교사였지만[61] 일반 평
신도의 경우 고유한 직업 기술이나 지식을 바탕으로 교육, 복음 전
도, 간호, 봉사, 재정과 경영 등 한두 가지 영역에서 선교적 참여를
할 수 있을 것이다. 선교 재정에 대해서는 현재 종사하는 직업을 통
하여 얻는 수입인 월급(연봉 등)으로 선교사업비를 충당할 수 있을
것이다. 여기에서 중요한 것은 이러한 선교사역을 통하여 자신의 물
질적 욕망이나 성공 집착 등을 충족하려는 이기주의적 동기가 없어

---

59 백춘성, 『한국에서 만납시다』, 125.
60 한국일, 『선교적 교회의 이론과 실제』 (서울: 장로회신학대학교출판부, 2016).
61 임희모, "전문인선교사 서서평의 통전선교", 임희모, 『서서평, 예수를 살다』, 76-102.

야 한다. 서서평의 '성공이 아니라 섬김입니다'라는 경구를 잊어서는
안 될 것이다.

3. 교회의 본질 회복: 통전적 영혼 구원 선교

교회의 본질은 선교이다. 교회는 하나님의 백성 공동체 혹은 예
수 그리스도의 몸으로서 하나님의 뜻을 받들어 이 세상에서 하나님
과 예수 그리스도의 구원 활동에 참여하는 것이다. 선교는 하나님
의 일이다. 삼위일체 하나님께서 구원의 선교를 수행하신다. 하나
님은 예수 그리스도를 믿는 자들에게 세례를 베푸시고 교회를 세우
신다. 구원받은 공동체로서 교회는 선교하는 하나님의 통치에 참여
하여 하나님 나라를 세우도록 부름받았다. 이러한 하나님의 부름에
응답하기 위하여 교회는 기능적으로 예배, 목회, 교육, 봉사, 친교,
전도 등을 실시하는 것이다. 그러므로 교회가 행하는 이러한 기능
적 활동들은 선교하시는 하나님의 구원 활동에 참여하는 과정인 것
이다.

그런데 오늘날 한국교회는 여러 가지 한계를 노출하고 있다. 이
한계는 선교의 한계로부터 연유한다. 또 이 선교의 한계는 한국교
회가 강조하는 구원 개념의 협소함으로 인하여 생긴 것이다. 19세
기 조선에서 복음을 실천한 선교사들이 이원론적 영혼 구원에 초점
을 맞추고 교회 개척에 집중한 것은 그 시대 상황에서 최선이었을
것이다. 그러나 이 19세기의 구원론과 선교론이 21세기 오늘날의
시대 상황을 이끌어가지 못하고 있는 것이 사실이다. 이러한 연유
로 제2 종교개혁이 한국교회에서 논의되고 있다. 협소한 구원론으

로는 한국교회가 더는 삼위일체 하나님께서 주도하시는 선교에 온전히 참여할 수 없다. 이러한 상황에서 한국교회는 서서평이 수행한 통전적 영혼 구원 선교를 참고할 필요가 있다. 여기에서 우리는 서서평의 1922년 선교 보고 편지를 분석하고자 한다. A4 용지 2장 분량의 편지에 선교 내용이 빽빽이 타이핑되어있다. 이를 요약하면 다음과 같다.62

1921년 [전주에서] 열린 연례선교사회의의 마지막 날[6월 28일]에 군산에 가서 여자고아를 넘겨받아 기르게 된 사연이다. 군산병원 사역 당시 질이 나쁜 사람들의 손아귀에 붙잡힌 여자고아를 방면하려고 수없이 노력을 했었지만 결국 경찰서장에게 넘겨졌던 아이였다. 나[서서평]는 그해 여름 [황해도] 소래에 체류했는데, 지역간호사가 되어 매일 오전 분주하게 아픈 선교사들과 병원을 찾아온 현지주민들을 돌보았다. 그리고 공부를 하고 번역작업을 했다.

9월 13일부터 가을 사역이 시작되어, 화순지역에서 1주일간 성경반을 강의하고, 교회를 떨어져 나간 교인들을 설득하여 다시 되돌리는 일에 협조하였고, 광주에서 며칠 지내고 1달 예정의 보성지역 전도 준비 그리고 출발, 그러나 아버지가 불신가정에 강제로 결혼시키려는 19살 처녀를 만나 광주학교로 데려온 일이 중도에서 생겼다. 일을 끝내고 다시 보성지역으로 순회전도차 출발하였다. 한 달 동안 시골 교회들을 방문하고, 불신자 마을에서 설교하고, 오전에 기독교인들을 가르치고, 오후에는 [가가호호] 심방하고, 저녁에는 불신자 대상 집회를 열었다. 날씨가 허락하는 한 프로젝터를 활용하여 수천

---

62 Elise J. Shepping, "Letter, Kwangju, Korea, June 5, 1922."

명에게 그리스도의 생애 사진들과 구세주의 이야기를 들려주었다. 수많은 사람들이 결단하였고, 교회를 떠난 사람들이 다시 교회로 돌아왔다. 이 순회여행에서 병든 자 수백 명을 치료하였다.

성경학원 수업에 제때에 맞춰 돌아와 11월 23일부터 12월말까지 수업을 실시하였다. 금년 1월은 간호교과서 번역과 광주와 목포에서 행할 10일 성경반 강의개요 준비로 보냈다. 광주 여성성경반은 내 [서서평]가 책임자였는데 400명이 등록하여 228명이 수료증을 받았고 지각과 조퇴로 172명이 받지 못했다. 사실 나는 500명 이상 등록을 기대했는데 나쁜 일기와 혹독한 유행성감기에 거의 모든 가정이 걸려 한 명도 보내지 못한 교회가 많았다. 수에 있어서는 작년 442명에 미치지 못했지만 금년 성경반의 특징은 훈련과 질서 면에서 큰 발전을 이루었다. 또한 등급을 세분하여 4급에서 7급까지 올렸다. 작년 사역을 분야별로 나누면 다음과 같다. i) 전도사역: 4명의 전도부인에 대한 지도 및 감독, 시골지역 순회전도 103일. ii) 교육사역: 시골지역 공부반 10개, 1달 성경반 29일 강의, 10일 성경반: 광주, 목포; 제물포 성경학교: 14일, 기혼여성 낮 교실: 10일, 정규주일학교; 주 1회로 2달간 진행. iii) 간호와 의료사역: 소래와 광주: 30일, 시골에서 수백 건 진료와 간호. iv) 번역사역: 간호교과서 번역: 31일, 신구약성경 개요, 사도 바울의 생애와 선교여행 지도, 나병환자와 선교사 자료. v) 긴급구호사역: 젊은 기독교인 과부 1명, 병원 고아 1명.

서서평은 1920년 초부터 주로 전도사역과 성경교육에 집중하였다. 전도사역은 순회전도로서 광주의 남동지역(로라복 선교사 담당)

인데 화순과 보성지역을 순회하면서 사역한 것이다. 서서평 선교의 특징 혹은 전략은 영혼 구원을 중시하여 복음 전도를 강조하지만 이 일에 제1의 순서를 두지는 않았다. 첫째, 서서평에게 사역의 우선순위는 만나는 사람의 처지 혹은 시급성에 따라 선후가 가려진다. 위의 내용에서 보듯이, 보성지역으로 1달간 순회전도 여행을 떠나는 도중에 19살 처녀에게 불행한 사건이 발생하자 이 일을 처리하느라고 순회여행을 미루고 광주로 돌아와 학교입학을 시켰다. 그리고 그녀가 무사한 것에 대하여 하나님께 감사드리고,[63] 며칠 후에 순회전도를 재개하고 있다. 당시 순회전도 여행은 1개 조 5명 정도가 1달 정도를 시골에서 보내야 하는 과정으로 상당의 준비가 필요한 중대사였다. 그런데 서서평은 이 순회여행을 잠시 미루고 불행한 처녀의 절박한 상황을 수습한 것이다, 둘째, 간호사 선교사인 서서평에게 주된 사역이 1920년 초부터 순회전도 사역으로 바뀌었다. 위에서 보듯이 서서평은 복음 전도, 성경 교육, 간호와 의료, 의료교과서 번역, 구조사역 등 다양하게 사역하였다. 여기에서 서서평에게 전도(영혼 구원)와 다른 사역은 같은 비중을 갖는다. 셋째, 당시의 선교사상이나 남장로교의 선교정책은 영혼 구원의 복음 전도를 강조하였다. 이러한 상황에서 서서평처럼 긴급구조나 질병 치료 등 사회선교를 복음 전도와 같은 비중을 두고 처리한다는 것은 쉬운 일은 아니었다.[64] 넷째, 서서평의 이러한 논리를 분석하면

---

63 "Thank God she is safe." in: Elise J. Shepping, "Letter, Kwangju, Korea" (dated June 5, 1922).

64 경우는 다르지만, 가난한 사람들의 구제를 교회가 나서서 해야 한다고 주장한 최중진 목사는 선교사들에 의해 정죄를 받고 제명되었다. ("전라대회 회의록 [1910. 1. 10.-1911. 1. 18.]: 전북편",「호남교회춘추」[1996 봄], 39-60; 임희모,『서서평, 예수를 살다』, 166-170.)

서서평은 인간을 영과 육으로 분리하지 않고, 예수님처럼 인간을 영과 육을 지닌 존재 즉 네페쉬로 이해한 것이다. 다섯째, 이러한 인간 이해는 전인적 인간 혹은 총체적 인간 이해라는 것, 이러한 전인적 인간이 주위 세계와 사회적 관계를 맺을 때 본 필자는 통전적 인간으로 이해한다. 여섯째, 이러한 전인적 인간구원은 전인적으로 영과 육 즉 영혼과 육체(몸)를 구원하는 전인적 영혼 구원이 된다, 이러한 전인적 영혼 구원을 이루는 선교를 전인적 영혼 구원 선교라고 말할 수 있고, 더 나아가 사회적 관계를 강조하는 통전적 영혼 구원 선교라는 말도 타당성을 갖는다. 서서평 선교사는 이미 1920-1930년대에 통전적 영혼 구원 선교를 수행하였다.

서서평의 이러한 통전적 영혼 구원 선교는 나사렛 예수께서 실시한 하나님 나라 선교이다. 서서평 선교사의 활동 시기에는 하나님의 선교(missio dei) 혹은 선교적 교회(missional church)가 논의되지도 않았다. 그러나 서서평의 통전적 영혼 구원 선교는 예수 메시아가 갈릴리에서 실행한 하나님 나라 선교와 같은 성격을 갖는다. 이러한 의미에서 나사렛 예수의 하나님 나라 선교와 서서평의 통전적 영혼 구원 선교가 오늘날 과학 혁명 시대의 한국교회에도 적용 가능한 선교모델이다.

오늘날 영혼 구원을 강조하는 한국교회는 눈에 띄게 육(사회)을 무시하는 경향을 강화하여 사회성의 결핍을 드러내고 있다. 이것은 성경 해석과 복음 적용에서도 그렇고, 더 나아가 예수 그리스도를 이해하는 데서도 그렇다, 이러한 부정적 현상이 오늘날 루터 종교개혁 500주년을 맞는 한국교회에서 크게 돋보이고 있다. 이렇듯이 협소한 구원론이나 선교론은, 선교를 본질로 갖는 교회의 교회됨 즉 교회론에 문제를 드러내고 있다. 결국 한국 사회에 한국교회가 무엇인가 잘못된 적폐세력으로 오해하게 만들어 교회가 하나님의 영광을 가리는 지경에까지 이르렀다.

이러한 상황에서 교회가 진실한 선교 예컨대 통전적 영혼 구원 선교를 수행하는 교회가 됨으로써 교회는 창조주 하나님께 영광을 돌리는 신실한 교회가 될 것이다. 그리고 피조물들은 자신을 구속하는 예수 그리스도를 믿어 구원을 얻을 것이고, 성령은 그리스도의 몸인 교회에 충만하여 하나님 나라의 통치에 그리스도인들을 참여토록 하여 모든 생명체가 구원과 해방, 정의와 평화, 생명의 풍요를 누릴 것이다. 행함 있는 믿음을 실천하는 선교를 수행하는 교회는 선교의 본질을 회복한 교회가 되어 하나님께 영광을 돌릴 것이다 (soli deo gloria).

V. 결론

한국교회는 관행적으로 영육 이원론적 관점에서 영혼을 배타적으로 강조하고 영혼 구원 선교를 실시하여 왔다. 19세기 말의 특수한 한국 상황에서 복음 전도를 실시한 선교사들은 그들 나름의 시대적 한계 속에서 구령사업 중심의 선교를 강조하고 한국교회 초기의 교회 개척과 교회 성장에 일정 부분 기여하였다. 그러나 변화하는 20세기 한국교회와 21세기 오늘날 한국교회는 제2 종교개혁의 대상으로 전락함으로써 루터 종교개혁의 요점들을 재고하기에 이르렀다. 한편 20세기 중반에 이미 세계 교회는 선교하시는 하나님을 인지하고 선교신학(missio dei)을 확대하고 심화시켰다. 이후 1970년대에 들어 로잔위원회의 복음주의권 선교신학 역시 통전적 선교를 수렴하였다. 한국교회는 21세기의 ICT 융합과 AI(인공지능 로봇)의 상용화가 시작되는 상황에서 종교개혁 500주년 이후의 한국교회의 선교적 미래를 논의하게 되었다.

서서평 선교사는 루터 종교개혁 전통에서 형성된 개신교 교회인 미국남장로교 해외선교실행위원회가 한국에 파송한 간호선교사로서 한국인들에게 예수 그리스도를 믿고 주님의 은혜로 구원을 얻도록 복음을 전하고 선포하고 증언하였다. 또 서서평은 하나님의 통치에 그리스도인들과 교회가 참여하여 지극히 작은 자들을 섬기게 하여 하나님 나라를 세우는 일에 헌신케 하였다. 즉 각종 병자와 정신적 혼란 자들을 간호하고, 치유하고, 가난하고 불우한 여성들과 무기력한 여성들에게 복음을 전하고 교육하고 자립시켜 여전도회를 활성화하고 긴급구조를 요청하는 위기의 여성들을 구하고 사회적 약자들을 섬기는 통전적 영혼 구원 선교를 실시하였다.

이러한 서서평 선교사는 오늘날 신자유주의 시장 체제에서 무한한 탐욕의 노예가 된 대다수 한국교회와 그리스도인들에게 물질주의적 성공을 추구할 것이 아니라 인간과 사회의 질적 향상을 위하여 지극히 작은 자들을 섬길 것을 강조하였다. 서서평은 이것을 오로지 예수 그리스도를 믿고 성경 말씀을 순종하는 '행함 있는 믿음을 실천함'으로써 드러냈다. 서서평은 지극히 작은 자들에 대한 자신의 열정과 헌신을 통하여 섬김의 선교적 모범을 실천하였다.

루터가 교황 성직주의를 비판하고 만인사제직을 강조한 이래 그리스도인들은 누구나 하나님과 직접 교통하며 하나님을 섬기는 사제가 될 수 있다. 누구나 신자들은 성경 말씀을 나누고 기도하고 봉사하고, 예수 그리스도를 전도하고 선교할 수 있게 되었다. 특히 선교의 영역에서 오늘날 모든 신자가 자신의 직업을 가지고 서서평처럼 말씀을 선포하고 기도하고 교육하고 봉사하는 자들이 될 수 있다. 교회는 전 교인이 사회에서 예수 그리스도를 증언함으로써 선교적 교회가 된다. 즉 교인들을 세상 속으로 파송하여 지역사회나 타 문화권에서 '행함 있는 믿음을 실천'하게 하여 하나님의 통치에 동참하는 공동체가 되게 해야 할 것이다.

하나님 나라를 이루는 교회는 세상을 새롭게 창조하고 구원하시는 하나님의 선교에 동참함으로써 교회의 본질을 회복하는 교회가 된다. 이러한 교회가 성경 말씀에 순종하고 예수 그리스도를 믿어 하나님의 은혜로 속죄의 구원을 얻는 성도가 되어 성 삼위 하나님을 선포하고 증언하는 '행함 있는 믿음'을 실행하는 자들이 될 것이다.

20세기에 서서평 선교사는 내한하여 당대에 '행함 있는 믿음'으로 올바른 선교 즉 통전적 영혼 구원 선교를 수행하였다. 이는 나사렛 예수가 갈릴리에서 복음으로 선포하고 증언한 하나님 나라를 이루는 선교의 연장선에 있다. 이러한 선교를 수행한 서서평의 '행함 있는 믿음'의 선교 모델은 오늘날 과학혁명 시대에 선교를 수행해야 할 한국교회가 생각 깊이 논의하고 적용해야 할 현재적이고 미래적 비전이다.

7 장
금정교회의 평신도 교인인 서서평 선교사의 사역

I. 서론

'행함이 있는 믿음'을 실천한 기독교인을 한국 사회가 칭송한 적이 있다. 1934년 당시 동아일보가 서서평 선교사가 오랜 병상 생활을 마감하고 동년 6월 26일 서거하자 6월 28일 자 사회면에 특집기사 3개를 실었고, 다음 날 "偉大한 人類愛, 徐舒平氏 靈前에"[1]라는 사설을 실어 서서평 선교사의 죽음을 애도하였다. 당시 한국교회와 일부 선교사들을 곱지 않은 시선으로 바라보던 한국 사회가 "不運의 女性들을 위하여 그 靑春을 받히고[바치고] 그 財産을 받히고[바치고] 그 熱情을 받히더니[바치더니] 급기야는 그 生命까지를 즐거운 마음으로 받히엇다[바쳤다]"라고 서서평 선교사를 칭송하였다. 서서평은 '성공이 아니라 섬김이다'(Not Success but Service)라는 좌우

---

1 "偉大한 人類愛, 徐舒平氏 靈前에,"「동아일보」(1934년 6월 29일).

명을 가지고 "철저한 신앙에다 언행이 일치한 자"[2]로서 예수 그리스도에 대한 순종과 선교를 마감했다.

서서평 선교사는 미국 남장로교 해외선교실행위원회가 조선 주재 간호사 선교사로 파송하여 1912년 3월 19일에 입국하였다. 서서평 선교사는 처음에 광주선교부(Kwangju Mission Station)의 광주제중원에 배치되어 선교를 시작하였다(1912. 3.-1914. 8.). 그 이후 군산선교부의 구암예수병원으로 이동 배치되었고(1914. 9.-1917. 8.) 서울 세브란스병원간호부양성소로 전근되어 간호부 양성과 양성소 운영에 참여했다(1917. 9.-1919. 12.). 1919년 6월부터 서서평은 광주선교부에 소속하여 1920년 초부터 광주지역 순회전도사역을 시작하고, 1931년 하반기부터 공식적으로[3] 금정교회(현재 광주제일교회)에서 평신도로 여성전도사역을 책임 맡았고 1934년 6월 26일에 소천하였다.[4]

이 글은 서서평이 광주선교부의 최초 교회인 광주교회가 개명된 금정교회에서 활동한 선교사역을 분석한다. 이 교회는 원래 배유지(Eugene Bell) 선교사가 광주로 이주하여 1904년 12월 25일 첫 예

---

2 백춘성, 『천국에서 만납시다.』(서울: 대한간호협회 출판부, 1996: 증보판), 103.

3 *Minutes of the Fortieth Annual Meeting of Southern Presbyterian Mission in Korea 1931* (이하 Minutes of Annual Meeting 1931 등으로 명기), 23.

4 서서평에게 사후 35년이 된 1969년 국민훈장 동백장이 추서되었다. 한국여성기독교금주회 조직과 여성선도, 고아들의 입양과 양육, 조선간호부회(한국간호협회의 전신) 창립과 국제간호사협회 가입 노력, 선교 및 성경교육과 여성계몽 사업 헌신 등 우리나라 문화 발전에 기여한 공로를 기려 대한민국 대통령과 국무총리 명으로 훈장을 수여하였다. (서재룡, "광주제일교회 초기역사와 인물들[1904-1934] - 최흥종, 강순명, 서서평", 서서평연구회, 『동백(동백)으로 살다: 서서평 선교사』 [전주: 학예사, 2018], 171-173); Sophie Montgomery Crane, *A Legacy Remembered: The Medical Mission History of PCUS in Korea*, 정병준 옮김, 『기억해야 할 유산』 [서울: 한국장로교출판사, 2011], 81).

배를5 드림으로 세워졌는데, 그동안 위치를 옮겨 1906년 북문안교회, 또다시 자리를 옮겨 1919년에 금정교회가 되었다. 서서평의 광주 거주기간은 1912년 3월부터 1914년 8월까지 그리고 1920년 1월부터 1934년 6월 26일까지이다. 남장로교 한국선교회(줄여서, 한국선교회)가 공적으로 서서평에게 금정교회의 여전도회 책임 사역을 맡긴 것은 1931년부터 1934년까지다.

서서평이 개인적으로 언제부터 한국인 교회인 북문안교회나 금정교회에 출석했는지 공식적 기록을 찾기가 쉽지 않다. 그러나 그녀는 첫 부인조력회를 1922년 10월 금정교회에서 조직했고,6 1924년 양림교회 분립 시에도 한사코 자신과 이일학교 학생들은 자기 숙소와 이일학교에서 멀리 떨어진 금정교회(신임 당회장은 최흥종 목사)에 남아서 봉사했다.7 이러한 사실을 감안하면 서서평은 1920년 이후 개인적으로 금정교회에 출석한 것으로 추측할 수 있다. 이러한 사적인 교회 활동의 연장선에서 한국선교회가 서서평의 공적 사역 중 일부를 1931년부터 금정교회의 전도사역에 할당한 것일 수 있다. 그러므로 본 글은 서서평이 공적으로 금정교회에서 복음 전도 업무를 행한 1931년 하반기부터 임종 때까지의 선교 활동을 집중적으로 분석하지만 이전 1920년부터 평신도로 출석한 서서평의 활동의 연장선에서 이해할 것이다.

---

5 홍순균, 『110년의 발자취』 (광주: 대한예수교장로회 광주제일교회, 2016), 12.
6 광주제일교회 교인인 홍순균은 서서평은 한국 도착 이후 줄곧 금정교회를 섬겼다고 주장한다(홍순균, 『110년의 발자취』[광주: 도서출판 은혜, 2016], 82-83). 또 서재룡은 서서평에게 금정교회는 "모교회, 등록교회, 출석교회"라고 강조한다(서재룡, "광주제일교회 초기역사와 인물들: 최흥종, 강순명, 서서평 - 1904-1934", 서서평 연구회, 『초기 광주선교와 서서평 선교사』[2018. 4. 21.], 각주 69).
7 백춘성, 『천국에서 만납시다.』, 100.

이를 위하여 이 글은 서서평의 선교 현장인 전남 광주지역의 역사적, 사회경제적 상황을 살피고, 뒤이어 한국선교회의 선교정책 및 광주선교부 설립, 금정교회의 지도자들과 서서평의 초기 사역을 간략히 분석한다. 그리고 1931년부터 1934년 사이에 서서평의 공적 업무를 중심으로 분석하되 서서평의 전기 사역(1912-1930)은 필요한 부분에서만 언급한다. 이 연구를 통하여 본 글은 평신도 전문인선교사인 서서평이 지역교회를 통하여 전문인선교를 어떻게 행했는가를[8] 서술할 것이다. 본 글은 한국선교회의 연례회의록(Minutes of the Annual Meetings)과 서서평의 선교보고와 선교편지 및 기고문 등 1차 자료를 주로 활용하고, 서서평의 삶과 선교에 대한 정보와 자료를 담고 있는 백춘성의『천국에서 만납시다』도 활용한다.

II. 전남과 광주의 선교상황과 북문안교회와 서서평의 초기 사역

1. 전남과 광주의 선교상황: 역사적, 사회경제적 상황[9]

19세기 중반 이후 조선의 봉건제 지배체제는 서세동점의 서구와 일본 세력의 침략에 속수무책이었다. 1876년 일본이 무력으로 조선과 우호조약을 체결한[10] 이후 전라도 특히 전남지역은 이들에

---

8 임희모,『서서평, 예수를 살다』, 75-102.
9 무등역사연구회,『광주-전남의 역사』(파주: 태학사, 2001), 204-247.
10 나카스카 아키라(中塚明),『근대 한국과 일본』, 김승일 옮김 (서울: 범우사, 1995), 36-39.

저항하는 힘이 솟구쳤다. 장성의 기정진(奇正鎭) 중심의 재야 유생들이 위정척사운동을 통해 양반체제 강화와 서양세력의 퇴치를 주장하는 운동을 벌였다. 이러한 상황에서 동학농민운동이 전북과 전남에서 세차게 일어나 봉건적 학정과 수탈에 저항하고 일제 침략에 반대하면서 새로운 세상을 갈망하였다. 1897년 10월 목포가 개항되어 전남 서부 지역의 풍부한 농산물을 반출하고 일본의 공산품을 들여오게 되었고 일본 이주민들이 유입되었다. 이러한 침략과 위기적 상황에서 일제에 저항하는 의병운동도 곳곳에서 일어났다. 특히 1896년 기정진의 손자 기우만(奇宇萬)의 영향을 받은 나주의 의병들은 반개화, 반침략, 동학농민전쟁반대의 특징을 보였다.[11] 이러한 분위기에서 나주의 유생 중심의 지배층은 나주선교부 개설차 방문한 유진 벨(Eugene Bell) 일행에게 심한 적대감을 보였는바 결국 한국선교회는 나주를 포기하고 목포선교부를 설치하게 되었다.

한편 1910년 이후 일제의 식민지 시기 대부분의 농민들은 만성적 빈민으로 전락하였다. 일제는 토지조사사업(1910-1918)이라는 이름으로 일본의 이주민들과 자본가들에게 헐값으로 토지를 불하하였다. 이로 인하여 전라남도와 광주는 쌀과 면화를 생산하여 공급하는 생산기지로 변하였고 일본의 상품을 값비싸게 소비하는 일제의 수탈구조에 빠져들었다. 일제의 토지조사사업이 완료된 1918년의 농민들은 인구의 80%를 차지했다. 전체 농가의 3%가 지주였고 이들이 경지의 50%를 차지한 가운데 소작 농가는 전체 농가의 77%에 이르렀고 수확량의 50-60%를 지주에게 바쳤다.[12] 이러한

---

11 무등역사연구회, 『광주-전남의 역사』, 221.
12 위의 책, 234.

수탈체제는 지주제의 모순을 드러내 농민들이 저항하고 소작쟁의
를 격하게 일으켰다. 1920-30년대의 농촌 빈민, 화전민, 토막민,
공사장막일꾼의 수입과 생활비는 대체로 1인당 4전에서 10전 사이
였다.13

　　이러한 식민지 수탈구조에서 일제에 저항하는 3·1운동이 일어
나 독립을 주장하고 시위를 벌였다. 이러한 열기는 1929년 광주학
생운동으로 발전하였다. 여기에 참여한 주도층은 기독교인, 천도
교인, 청년과 학생들이었고 참여자의 주된 계층은 농민과 학생들이
었다. 이렇듯이 변화하는 조선 상황에서 1860년 일찍이 동학이 창
시되었고 혁세사상의 진원지 역할을 했다. 서세동점의 상황이 심화
되자 위기의식 속에서 새로운 사회의 출현을 기대하며 사회변혁과
후천개벽을 주장하며 천도교가 생겼고, 1910년 전후로 한국 민중
들의 열망을 담아 증산교, 대종교 및 원불교 등 민족종교가 발흥하
였다.

2. 미국 남장로교 선교정책과 광주선교부 설치

　　한국의 이러한 역사적 변화 상황에서 미국 남장로교가 한국 선
교를 위해 7인의 선발대를 파송했는데 1892년 10월 18일과 11월
3일에 제물포에 도착하였다. 이들은 곧 남장로교한국선교회를 조
직했는데 레이놀즈가 회장, 테이트가 회계, 전킨이 서기를 맡았
다.14 이들이 한국어와 문화에 적응하면서 선교를 시작할 때 미국

---

13 강만길, 『일제시대 빈민생활사 연구』 (서울: 창작과비평사, 1987), 16.
14 George Thompson Brown, *Mission to Korea*, 천사무엘·김균태·오승재 옮김, 『한국
　　선교이야기: 미국 남장로교 한국 선교 역사(1892-1962)』 (서울: 도서출판 동연,

북장로교 선교사들이 도움을 주고 안내를 했다. 남장로교 선교사들이 북장로교 선교사들과 합의하거나 수용한 정책들은 다음과 같다. 여기에서 선교 관련 특징 다섯 가지만 언급하려고 한다.

첫째, 1893년 1월 26일 한국에 장로교 정치 형태를 갖는 단 하나의 교회를 세운다는 원칙을 세우고 북장로교 선교사들과 남장로교 선교사들이 '장로교 정치 형태를 유지한 선교회 의 공의회'(장로교공의회)를 조직하고 몇 가지 조항을 만들어 지키려고 노력하였다.[15]

둘째, 이 공의회는 북장로교와 남장로교 및 캐나다장로교 등 선교사들이 회합하여 예양 협정을 맺은바 선교지 분할을 실시하였다. 남장로교는 대전 이남의 서쪽과 남쪽의 지역 즉 호남지역을 선교지로 받았다.

셋째, 남장로교 선교사들은 북장로교가 취한 네비우스 선교정책을 자신의 선교정책으로 수용하였다. 북장로교 선교사들은 중국 산동성의 지푸에서 활동하면서 선교이론을 정리한 네비우스(John Nevius) 박사를 1890년 초빙하여 선교전략을 마련하였다. 이는 거점 중심의 선교적 외연 확장과 자립교회를 세우는 데 중점을 두었고, 교회 건축에 있어서 본토식으로 지을 것을 강조했다.

넷째, 남장로교는 전통적인 삼각형 선교전략을 실행하였다. 이 시기 선교전략은 복음선교사와 교육선교사와 의료선교사를 파송하여 삼각 구조를 갖추어 상호 돕는 것이었다. 북장로교의 경우 복음선교사가 절대 다수를 차지하였으나 남장로교의 경우 거의 1:1:1의 비율을 유지하였다. 남장로교는 1882-1986년 총 450여 명의 선교

2010), 46.

15 곽안련, 『한국교회와 네비우스 선교정책』, 박용규·김춘섭 옮김, (서울: 기독교서회, 1994), 125-187.

사를 한국에 파송하였는데, 목회선교사 136명(30%), 교육선교사 149명(33%), 의료선교사 114명(25%), 기타 51명(12%)의 비율을 가졌다.16

다섯째, 선교전략의 내적 논리를 분석하면 남장로교 역시 고대 그리스 철학적 영육이원론을 배경으로 하는 영혼 구원 중심의 전도와 선교를 강조하였다. 영육이원론이라 인간을 영과 육이 분리된 존재로 보면서 영은 불멸하지만 육은 하찮게 죽고 없어질 요소로 보았다. 이러한 인간관을 갖게 되면 영혼은 중요하지만 육체 관련 교육이나 사회적 환경 등은 소홀히 여기거나 무시한다. 이러한 이해에서 선교를 살피면 교육선교나 의료행위는 개종과 교회 세우기를 통한 영혼 구원이나 구령사업에 도움이 되는 선에서 선교 도구로 전락된다. 이러한 '오직 영혼 구원 중심' 선교는 선교사들에게 현지 주민들이 겪는 사회적 문제와 문화적 필요와 상황적 요구에 소홀히 대처하거나 관심을 기울이지 않게 했다.17

이러한 선교정책을 가진 한국선교회는 선교거점을 확보했다. 선발대 7인의 초기 2년은 서울에서 언어를 배우면서 주로 선교지 진입을 위한 사전 탐방을 했다. 1896년 전주선교부와 군산선교부, 1898년 목포선교부 그리고 1904년에 광주선교부가 설치되었다. 이들 선교부는 1905년에야 전통적 삼각형 선교 체제가 갖추어졌다. 1904-1905년 한국선교회의 연례회의록에 의하면 목포와 광주 선교사들을 합하여 업무를 할당했다.18 의사인 놀란(Joseph Wynne Nolan, 재

---

16 인돈학술원 편, 『미국 남장로회 내한 선교사 편람, 1892-1987』(대전: 한남대학교 출판부, 2008), 59.

17 임희모, "토착화 선교사 서서평(Elisabeth J. Shepping)의 사역", 「선교와 신학」 48집 (2019 여름호), 335-366.

18 *Minutes of Annual Meeting 1904*, 17.

한기간 1904-1907) 선교사는 목포-광주 선교부에 속하였고, 1905년부터 광주선교부로 이동하였다.[19] 이로 인하여 광주선교부 역시 1905년에 목회선교사, 교육선교사와 의료선교사를 두루 갖추었다.[20]

목포선교부와 광주선교부를 설립하여 전남지역 선교의 개척자로 불리는 배유지 선교사가 광주로 옮겨 1904년 12월 25일 광주 자택에서 처음으로 예배를 드림으로 광주교회가 탄생했다. 이 교회를 세운 배유지 선교사는 1916년까지 제1대 당회장으로 활동하였다. 그는 1895년 4월에 내한하여 1897년 남장로교한국선교회 회장으로도 봉직하였다. 그는 네비우스 선교방법과 삼각형적 통전선교를 통하여 광주선교부를 개척하고 확장하고 발전시켰다. 네비우스 정책은 어느 거점을 만들고 이를 중심으로 복음선교와 교육선교와 의료선교를 조화롭게 진행하는 것이었다.[21] 광주교회는 1906년 북문안으로 이전하여 이름이 북문안교회로 바뀌었다.

최영종(후에 최흥종으로 개명)은 김윤수 집사와 배유지 선교사를 만나 기독교인이 되었다. 최영종은 1904년 12월 배유지 선교사가 광주에서 최초 예배를 드리는 그 현장에 참여하였다. 1906년부터 최영종은 기독교인의 정체성을 가졌고, 1907년에는 광주교회의 첫 세례자가 되면서 이름을 최흥종으로 바꿨다. 그리고 마침 광주진료

---

19 Joseph Wynne Nolan, "노라노 선교사의 선교편지 및 보고서", 광주기독병원선교회, 『제중원 편지1』(광주: 광주기독병원선교회, 2015), 8, 13-14.

20 교회 개척과 목회를 맡은 배유지 선교사 부부, 순회 전도와 의료선교사인 오웬 선교사 부부, 목회 및 교육을 맡은 프레스톤 선교사 부부 및 의료선교사 노라노 등 7인이 이주하였다.

21 최영근, "미국 남장로교 선교사 유진 벨(Eugene Bell)의 선교와 신학", 「장신논단」 Vol. 46 No. 2 (2014), 150-153.

소에 부임하는 의사 윌슨(Robert M. Wilson) 선교사의 어학 선생이 되었고, 1908년에는 북문안교회의 집사로 임명되었다. 그런데 1909년 오기원(Clement C. Owen, 1867-1909) 선교사가 오한으로 쓰러졌을 때 목포선교부의 보위렴(Wille H. Forsythe, 1873-1911) 의료선교사를 광주로 불렀다. 보 의사가 광주로 오는 길에 심하게 나병을 앓는 여자를 만나 이 여자를 말에 태우고 와서 겨드랑이를 잡고 부축하는 보 선교사를 보고 최흥종은 감격하여 격하게 회심하였다.[22] 이후 최흥종은 나환자와 빈민들을 돌보고 섬기는 삶을 살았다. 최흥종은 유산으로 받은 땅 1,000평을 나환자를 위하여 희사하였고, 나환자 치료와 선교에 전념하였다. 1921년에는 목사 임직을 받았다. 그는 일제에 대한 민족적 저항과 사회적 약자들에 대한 자비심으로 사회 선교를 실시하였다. 1924년 금정교회가 양림교회를 분립시킬 때 따라 나가지 않은 교인들로 구성된 금정교회의 5대 담임 목사로 취임하였다.

위에서 언급한 바와 같이 전통적 삼각형 선교전략의 중심은 복음 전도이고 복음 전도의 핵심은 영혼 구원이다. 이 영혼 구원을 위하여 교육 선교와 의료 선교는 도구 역할을 한다. 영혼 구원을 강조하는 이러한 선교구조는 다른 어떤 사항에서 배타주의를 드러내게 된다. 배유지 선교사는 선교회 간 연합이나 협력이 얼마든지 가능하다고 하면서도 보수적 복음주의가 아니면 연합할 수 없다고 하였다.[23] 이러한 식의 선교는 영혼 구원과 복음 전도를 절대화하면서

---

22 박종렬, "목회자로서 오방의 생애와 사상," 오방기념사업회, 『화광동진의 삶』 (광주: 광주YMCA, 2000), 34-35.

23 최영근, "전남지역 선교의 선구자: 유진 벨(Eugene Bell)의 생애와 선교", 한남대학교 교목실 엮음, 『미국 남장로교 선교사 열전』 (서울: 동연, 2016), 87-109, 특히 107-108.

의료선교나 교육 선교는 상대화하는 논리를 갖는다. 현실적으로 영혼 구원에 집중하여 교회설립 중심의 복음 전도를 강조한 대부분의 남장로교 선교사들은 한국인들에게 필요한 복음 전도와 사회선교를 통전적으로 실시한 최흥종 목사(1880-1966)와 서서평 선교사를 멀리하고 꺼렸다.[24] 이들은 1880년 동갑내기로 사회 선교적 지향이 같아 오누이로 지내며 사역을 서로 도왔다.[25]

3. 광주제중원과 서서평의 초기 사역(1912. 3.~1914. 8.)

이 기간의 서서평 사역은 주로 병원에서 간호사역을 실시했다. 이러한 이유로 여기에서는 남장로교 의료선교에 대하여 소개하고 광주제중병원 설립과 업무에 대하여 간략하게 소개하면서 그녀의 사역을 서술하고자 한다.

1) 남장로교 의료선교와 광주제중원[26]

미국 남장로교는 1867년 중국에 선교사를 파송한 이래 총 9개국[27]에서 선교를 하였다. 의료선교는 중국에서 1881년부터 실시했으나 현지인의 전통적 치료법과 달라 갈등을 빚었다. 그러나 한국에서의 의료선교는 치료를 받으려는 사람들이 몰려들어 이들을 감

---

24 박종렬, "목회자로서 오방의 생애와 사상", 49; 차종순, "최흥종 목사의 복음적 사회운동", 오방기념사업회, 『화광동진의 삶』, 230.
25 백춘성, 『천국에서 만납시다』, 163.
26 Sophie Montgomery Crane, 『기억해야 할 유산』, 62-74, 99-107.
27 중국(1867), 브라질(1869), 멕시코(1874), 일본(1885), 콩고(1891), 한국(1892), 대만(1949), 아이티(1973), 방글라데시(1974) 등이다.

당하기가 어려웠다. 남장로교 의료선교사로서는 처음으로 1894년 한국에 도착한 드루(Alessandro Damer Drew) 선교사는 군산지역에서 열심히 복음을 전하여 1896년 군산선교부 설치에 1등 공신이 되었지만 건강상의 문제로 1901년 본국으로 소환되었다.[28]

1905년이 되어 복음선교사, 교육선교사와 의료선교사가 3곳의 선교부에 고루 갖추어졌다.[29] 놀란(Jacob Wynne Nolan) 의료선교사는 1904년에 목포에 도착하였으나 1905년부터 광주선교부에 속해 1905년 11월 20일에 광주제중원을 열고 최초 9명의 환자를 진료했고 첫 6주간 293명을 치료했다. 그러나 1907년 4월 선교사 사직원을 내고 함경도의 미국인 광산으로 떠났다. 그의 뒤를 이어 1907년 윌슨(Robert Manton Wilson) 선교사가 광주선교부에 도착하여 그래함병원(Ellen Lavine Graham Hospital)을 짓고, 1912년 스코틀랜드 구라선교회의 재정지원으로 남녀 800명을 수용할 수 있는 나병원을 지었다. 남장로교는 나환자병원에 대하여 인력과 경영 전문지식을 제공했지만 자본과 운영자금 등 재정지원은 하지 않았다.[30] 나환자병원 건설과 운영에 있어서 윌슨의 기여는 절대적이었다.

이 시기 선교병원은 의사 1명에 훈련받은 정규간호사(R.N.) 1명

---

28 이후 한국에 도착한 초기의 의사들은 다음과 같다. 1897년 전주선교부의 잉골드(Mattie Ingold) 여의사는 최의덕(L. B. Tate)선교사와 결혼(1905)하여 복음전도자가 되었다. 1898년 목포선교부의 오웬(Clement Carrington Owen) 선교사는 1895년 한국에 도착한 북장로교의 여의사 Georgiana Whiting과 1900년 결혼하여 1905년 이후 둘 다 복음전도자가 되었고, 1902년의 군산선교부 소속의 알렉산더(A. J. A. Alexander)는 부친상을 당하여 1903년 2월에 2개월 만에 급거 귀국하였다.

29 Thomas Henry Daniel 의사선교사는 1904-1909년 군산선교부, 1910-1916년 전주선교부, 1916-1917년 서울 세브란스병원에서 사역을 했고, Wylie Hamilton Forsy- the 의사선교사는 1904-1905년 전주선교부, 1909-1911년 목포선교부서 활동했다.

30 Sophie Montgomery Crane, 『기억해야 할 유산』, 102-103.

의 배치가 원칙이었다. 1905년 케슬러(Ethel Kestler) 간호선교사가 군선선교부에 도착했고,[31] 광주제중원은 1912년 쉐핑(서서평)이 도착하여 정규간호사 배치가 이루어졌다.

2) 서서평의 초기 사역과 임무

한국선교회 연례회의록에 나타난 서서평의 공적 업무는 다음과 같다. 1912년 광주선교부 소속으로[32] 1년 차 언어공부를 했다.[33] 간호사로서 일하려면 1년 차 구두시험과 필기시험에 합격해야 했기 때문에[34] 서서평은 언어공부에 집중했다. 1913년 그녀는 1년차 구두시험과 필기 시험을 합격했다.[35] 그녀에게 주어진 업무는 병원 간호 사역 외에 지역 여성을 대상으로 복음전도 사역 보조와 2년 차 언어공부를 계속하는 것이었다.[36] 이 시기 서서평의 소속과 활

---

31 이 시기 간호사의 이동은 다음과 같다. 1907년 Emily Cordell이 전주선교부에 속하여 1910년 H. D. McCallie와 결혼하여 목포로 떠났고, 1910년 Laura May Pitts는 전주에 왔으나 1911년 병으로 사망하였다. 이로 인하여 군산선교부의 Kestler가 1912년 전주선교부로, 1912년 Lillie Ora Lathrop이 목포선교부에서 근무하다가 1918년 군산선교부로, 1912년 Elisabeth J. Shepping은 광주선교부에서 1914년 군산구암병원으로, 1917년 서울 세브란스간호부양성소로, 1919년 6월 광주선교부로 소속되었으나 세브란스양성소에서 계속 근무하다가 1920년 초에 광주선교부에서 활동하였다. 1912년 Anna Lou Greer가 순천선교부에서 1928년 군산선교부로, 1916년 Esther Boswell Matthews는 광주선교부에서 1920년 목포선교부로 전근되었다. 1920년 광주선교부에 도착한 Georgiana Florine Hewson은 1926년에 목포선교부로, 1931년 순천선교부로 전근됐다. Ethel Kestler는 1912년부터 전주선교부에서 1946년까지 계속 근무하였다.

32 *Minutes of Annual Meeting 1912*, 4.

33 위의 회의록, 27.

34 위의 회의록, 29.

35 *Minutes of Annual Meeting 1913*, 74-75.

36 위의 회의록, 35.

동에 대하여 오해와 이설이 많다. 1912년 군산선교부 소속설,[37] 광주에서 4년 근무설[38] 그리고 1912년과 1914년 혼란[39] 등이다. 그러나 서서평은 1912-13년 광주선교부 소속이었다.

서서평은 1912년에 언어공부에 집중하여 1년차 구술시험과 필기시험에 합격했고, 1913년에는 병원사역을 시작했다. 윌슨(R. M. Wilson) 선교사가 1913년 6월 1일 이후 안식년을 떠나자[40] 서서평은 병원 행정과 간호사역 책임을 맡았다. 또 여자나환자들에게 성경과 글쓰기를 가르쳐 선한 기독교인들로 만들었다.[41] 서로득 선교사 부인(Mrs. Martin Luther Swinehart)이 진행한 여자 산업학교의 연이(Yunnie)라는 소녀가 도움을 청하자 서서평이 기꺼이 도움을 주고 재정을 지원했다.[42]

3) 서서평 선교사의 초기 광주지역 사역의 특징

광주체류시기(1912. 3.-1914. 8.)에 전문인 간호선교사 서서평의 활동을 분석하면 4가지 사역으로 특징화된다. 첫째, 선교사로서 기본으로 갖추어야 할 한국어를 말하고 쓰기에 집중하고 한국문화와

---

37 George Thompson Brown, *Mission to Korea*, 242; Sophie Montgomery Crane, 『기억해야 할 유산』, 81.
38 송인동, "서서평(E. J. Shepping) 선교사의 언어와 사역", 「신학이해」 제40권 (2011), 179.
39 이만열, 『한국기독교의료사』 (서울: 아카넷, 2003), 404 (1912년 군산선교부); 409 (1912년 광주선교부).
40 *Minutes of Annual Meeting 1913*, 34.
41 타마자(John Van Neste Talmage), 『한국 땅에서 예수의 종이 된 사람』, 마성식·채진홍·유희경 옮김 (서울: 한국장로교출판사, 1998), 30.
42 Lois H. Swinehart, "Kwangju Girl's Industrial School," *Korea Mission Field* (Jan. 1915), 22.

한국인을 이해하도록 노력하였다. 둘째, 주된 업무인 병원간호사 역에 집중하여 일반 병자들을 돌보았고, 윌슨 원장의 안식년 휴가에는 병원을 책임 운영하였다. 그리고 봉선리 나환자 치료소에서 여자 나환자들을 돌보았다. 셋째, 복음 전도 사역에 헌신하였다. 여성 나환자들에게 복음을 전하고 기독교인으로서 새로운 삶을 살게 하였다. 또 지역 여성을 대상으로 복음 전도를 하였다. 넷째, 여성 나환자들에게 접근하여 성경을 가르치고 글쓰기를 가르쳤다. 또 자립하도록 가르치는 산업학교(industrial work)에서 불우한 학생들을 돕고 구제하였다. 서서평은 공적 업무인 병원 사역과 복음 전도 이외에 사적이고 개인적으로 차별받고 소외당하는 여자 나환자들을 치료하고 가난하고 불우한 소녀를 돕는 등 사회적 약자들을 돕는 데 헌신하였다.

III. 금정교회 평신도인 서서평 선교사의 활동 (1920. 1. ~ 1934. 6.)

1. 1931~1934년의 공적 업무

1) 연례회의록에 나타난 공적 업무

1931년 연례회의록에 의하면, 서서평은 이일학교 교장, 남문교회(South Gate Church)의 전도사역, 지역의 부인조력회 사역, 주일학교 사역과, 여자선교사총회와 한국장로교총회의 여전도회총회에 남장로교 대표로 참석하는 것이었다.[43] 1932년 연례회의록에 의하면, 서서평은 이일학교 수업을 학년별 9개월로 확정,[44] 이일학교 교장, 지역 부인조력회 사역, 남문교회 전도사역, 주일학교 사역을 맡았다.[45] 1933년 연례회의록에 의하면, 서서평은 한국장로교 총회 여전도회해외선교부에 파견될 3인 중 1인으로 추천되었고, 이일학교 교장, 주일학교 사역, 남문교회 전도사역, 부인조력회 사역이 주어졌고,[46] 이일학교가 9개월 정규학교로 개강하다. 1934년 2월2일 임시회의가 유화례 선교사의 집에서 열려 광주제중원의 병원소실 현황과 병원건물 재건축을 논의했는데 이 회의에 참석했다.[47] 1934년 연례회의록에 의하면 4월 24일부터 광주에서 열린 이 총회에 병상에 누운 서서평은 참석하지 못했다. 광주선교부 등 4개 선교부 보고가 끝나자, 다 같이 찬송가 "come thou fount of every blessing"(복의 근원 강림하사: 28장)을 부르고 윌슨이 몸이 불편하여 이 자리에 참석하지 못한 이들을 위하여 기도하는 중 특히 서서평을 위하여 기도했다.[48] 서서평의 사역은 예년과 같이 이일학교 교장, 남문교회 전도사역, 주일학교, 부인조력회 등이었다. 그러나 바로 뒤이어 '업무란' 끝에 "1934년 6월 26일 별세했다"는 기록이 남겨져 서서평은 더는 현실적으로 주어진 업무를 할 수 없게 되었다. 제주위원회는 "서서평 선교사가 제주도를 방문하여 여성 사

---

43 *Minutes of the Annual Meeting 1931*, 23, 28, 40.

44 *Minutes of the Annual Meeting 1932*, 12,

45 위의 회의록, 26.

46 *Minutes of the Annual Meeting 1933*, 15.

47 위의 회의록, 47-48(병원 측으로 Brand 의사와 Pritchard 간호사가 현황 보고를 했고, 서서평, 전남노회 대표. 광주교계 대표들이 모여 복구를 논의하였다).

48 *Minutes of the Annual Meeting 1934*, 4: 바로 뒤의 인용은 17.

역[부인조력회]을 잘 시작하고 잘 조직하여 잘 운영되고 있다"고 보고했다.[49]

2) 서서평의 선교편지 분석 1: 1932년 6월 21일(발송일자)

이 시기 서서평의 선교활동은 1932년 6월 21일(발송일자)과 1933년 9월 15일(접수일자)의 편지들과 1933년 12월(The Presbyterian Survey, 745-747)의 기행문에서 드러난다.[50] 1932년 선교 보고(1931 하반기-1932 상반기)를 가급적으로 원문대로 분석하면 다음과 같다.

(1) 금강산 여성선교사회 총회 참석차 가다가 식당 웨이트리스로 빚을 진 여성의 위기 상황을 해결하고 3명의 여성을 구제한 일.

(2) 1년간 이일학교 사역 이야기: 교사들의 헌신에 감사하면서 학생들의 활동에 대한 보고: 40명의 학생이 17개 마을에서 개인적 일과 주일학교 사역의 일환으로 주일학교 참석자 19,214명을 가르침, 17명 학생이 8개 마을에서 행한 오두막집 기도회에 1,384명이 참석했고 여름방학에 12명의 학생이 일일성경학교를 열었고 금년에 17명이 세례, 16명이 학습을 각각 받았다. 4명이 성경과를 졸업했고 5명이 일반과를 졸업했다. 졸업생 3명과 재학생 1명이 결혼을 했는데 3명은 서서평 집에서 결혼했다. 그러나 1명은 교회에서 했는데 서서평이 한국에서 본 가장 아름다운 결혼식으로 몹시 질서 있게 진행되었다.

---

49 위의 회의록, 21.
50 Elisabeth J. Shepping, "*Annual Report of E. J. Shepping, 1932*" (June 21, 1932).

(3) 구출된 소녀들 이야기: 세 경우가 있었는데, 서서평에게로 왔을 때 이들 3명은 비기독교인이었다. 이 중 1명은 돈으로 구출되었고 1명은 도망친 종이었다. 그녀는 몇 시간 동안 경찰서에 다툰 후에 나에게 넘겨졌다. 한 소녀는 싸구려 술집도 운영하는 백정의 딸이었는데 이 사정이 드러나지 않도록 숨겼다. 그렇지 않으면 나머지 학생들이 그녀를 용납하지 않을 것이기 때문이었다. 금년이 지나기 전에 이들 모두는 세례를 받아 기독교인이 되어 부인조력회와 주일학교와 여성절제회에서 활동하였다. 결혼이 바람직하다고 설득하느라고 힘을 소모했지만 이들 모두는 행복하게 결혼을 했다.

(4) 복음전도 이야기: 몸이 무척 아프고 불편한 상태에도 서서평은 지난 2월 이후 시장 가판대나 길거리에서 복음 전도를 했다. 이 일은 이일학교 학생들의 여성절제회 사역의 일부인데, 수천 명이 운집한 시장에서 사람들이 보고 읽고 생각할 수 있도록 하나님의 말씀을 세 곳에 붙였다. 병원 전도자들도 개인적으로 전도를 하고 우리 학생들도 그렇게 했고, 쪽 복음서는 몇 권을 팔았고 전도지는 수천 부를 나누어 주었다. 이 사역은 내가 가장 관심 있는 것으로 내가 하고 싶은 일인데 몸이 불편하여 참여할 수가 없다. 서서평은 이 사역을 성공적으로 수행할 수 있는 적임자를 보내 달라고 하나님께 간구하고 있다. 절실하게 필요한 이 사역에 협력한 병원전도자들에게 감사를 드림.

(5) 조선간호부 회장으로서 서서평은 곧 새롭게 발행될 조선연감에 대하여 언급한다. 이 연감에 간호에 관한 서서평의 글이 실리는데 이는 자명한 내용을 담고 있다. 조선의 간호부 직업 전반에 관한 사업이 매우 엄중한 단계에 들어섰는데 이는 조선간호부회와 일

본간호협회의 병합문제와 이에 대한 일본간호협회의 태도 때문이다. 그러나 서서평은 하나님께서 미래적으로 더욱 큰 활동의 장으로 인도하고 현재의 교착상태로부터 이끌 것을 믿고 있다.

(6) 부인조력회(여전도회) 사역은 성장하고 있다. 3개 장로회 연합위원회는 관계된 3개 장로회연합부인조력회(여전도회) 사역이 진보하고 연합효율성과 경제적 유익을 가져온다는 사실을 확신한다. 연합위원회의 의장으로서 서서평은 연구 중인 부인조력회 사역에 시간과 힘을 보태면서 기발한 도움과 영감을 준 김필례 여사에게 감사를 드린다. 연합위원회는 '탁월성의 표준'이라는 기준을 조선교회에 맞도록 변형하였다. 우리는 모국[미국] 교회의 표준 아래에 그 기준을 두지 않으려고 했는데 이는 자존심의 문제였기 때문이다. 그러나 한국인들의 재정 능력이 그들 능력 이상을 요구하는 교회 문건 항목을 수용할 수 없는 관계로 이 항목을 30% 선까지 줄여서 15점으로 정했다.

(7) 남문교회[금정교회] 여성 사역의 감독관인 서서평은 이 교회 주일학교에 14개 성인여성반을 열게 된 것을 기쁘게 보고한다. 이일학교의 학생 8명과 교사 3명이 여기에 교사로 매주 봉사한다. 금정교회의 전도부인은 이일학교 졸업생인데 놀랍게 사역을 잘한다. 이 여성반의 회원은 증가하고 있고 이 교회가 광주에서 가장 아름다운 교회라고 여길 정도다. 엄 부인과 김 씨는 이 교회의 집사로 활동하고 있다.

(8) 한국인들이 벌인 서서평의 선교 20주년 축하잔치에 대한 상념:51

---

51 이 부분에 대한 서서평의 글은 <u>전문</u>을 그대로 번역하였다. 서서평의 감성이 더욱 잘

지난 20년 동안 한국인들을 위해 봉사한 나[서서평]에게 감사하면서 이들 시민이 벌인 축하잔치는 나에게 깊은 감동을 남겨주었다. 이 일 학교 앞에 세워진 기념비를 대하면 나는 그들의 사랑과 감사를 항상 기억하게 된다. 또 그들이 나에게 엄청나게 사랑스럽고 아름다운 선물들을 보내면서 보여준 사랑에 대해 나는 실질적으로 이들에게 보답하고 실현해야 (한다는) 이상을 늘 마음에 간직하려 한다. 그들의 심한 가난을 생각하면 그들이 아낌없이 보내준 선물들에 나는 엄청 놀란다. 특히 나를 감동시킨 것은 광주시의 여러 15개 단체들이 써준 감사의 글이었다.[52] 내가 알게 된 것은 조선 왕들의 옥쇄 글자들을 썼던 대단히 유명한 문필가 중의 한 사람이 썼다는 글자였다. 나는 이전에 한 번도 본 적이 없었는데, 이 글자가 나를 위하여 증정된 액자에 들어있었다. 비기독교인들이 그 축하잔치에 참석한 것을 나는 대단히 감사하고 있으며, 그들의 참석은 대단한 친절을 보여준 것이다. 한국인들이 보여준 친절함에 대하여 나는 정말로 점점 더 놀라게 된다. 한국인들의 옛적 미덕은 잃어버린 예술이 아니라 오늘날도 살아있어서 가벼운 접촉에도 감동할 준비를 하게 한다. 그들을 위하여 내가 행한 20년의 가엽고 연약한 노력이, 그들이 근래 수년 동안 나에게 베푼 사랑과 친절을 생각할 때, 부끄러움이 되어 나를 덮는다. 또 내가 하나님께 기도하면서 요구한 모든 것은, 나를 살게 하여 내가 이전에 가진 것보다 더 많이 받아서 내가 주님을 섬길 수 있게 또 한 번 기회를 더 주시라는 것이다. 이와 같은 성대한 잔치는

드러나도록 1인칭으로 가급적 직역으로 번역하였다.

52 서서평 선교사의 선교20주년기념축하는 김필례가 사회, 류상원의 기념사, 광주시 15개 시민단체 연서의 감사장 증정, 최원순 외 10여 명의 축사 순으로 진행되었다.("徐舒平 孃의 宣敎20年記念: 고아교육, 부인조력회창립, 李一女學校를 設立,"「동아일보」(1932년 6월 14일)

잃어버린 기회들에 대하여 우리에게 눈을 크게 뜨게 한다. 하나님께서 지난날의 수많은 실수로부터 나를 지켜주소서!

(9) 광주 주일학교연합회 총무인 서서평은 3개 마을의 사역을 재개했으며 사역자가 부족하여 재개할 수 없는 5 마을이 아직도 남아있다고 보고했다. 주일학교 사역은 이러한 마을들에 감동을 주는 일이다. 하나님께서 더욱 많은 사람의 마음을 여시고 이러한 필요한 사역을 위하여 이들이 이일학교에 와서 훈련받게 하소서.

(10) 서서평은 장로교여성선교사회의 차기 의장(현재 부의장)으로 활동할 예정이라는 통보를 받았다. 작년에 부의장으로 선출되었는데 이러한 일은 더 많은 책임과 육체적 힘이 필요한데, 자신은 현재 이러한 힘의 부족하다는 것이다. 이러한 상황에서 서서평의 기도는 하나님께서 서서평이 장차 필요로 하는 모든 것을 공급해주실 것과 이 한국 땅에서 하나님의 이름으로 봉사할 수 있게 해달라는 것, 또한 하나님 나라의 세움에 작은 몫을 하게 하라는 것이다.

3) 서서평의 선교편지 분석 2: 1933년 9월 15일(접수일자)[53]

서서평이 쓴 본 선교 보고는 1932년 4월부터 1933년 3월까지의 선교적 삶을 본국 실행위에 보고한 글이다. 간략히 분석하고자 한다.

(1) 지난 가을 서서평의 건강 악화와 지난 1월 선생님 한 분이 체포되어 불안한 시기였다는 것이나 학생들이 배로 증가하여 심각

---

53 Elisabeth J. Shepping, "*Annual Report of E. J. Shepping, 1932(-1933)*" (Received September 15, 1933).

한 어려움에도 진보가 이루어진다는 것, 이일학교 학생들은 54명의 세례자, 2명의 학습자, 비기독교인들 19명의 자녀로 구성되었다는 것.

(2) 전체 93명이 등록했으나 여러 이유로 몇 명은 탈락했다. 이학교의 학생들은 다음과 같이 사역을 한다. ① 주일학교: 40명 이상의 학생들이 27개 마을에서 44,482명의 참석자를 가르치고, ② 마을 기도단: 매주 목요일 26명의 학생이 13개 마을에서 기도회를 열어 2,550명이 참석했다. ③ 세계여성절제회(W.C.T.U.): 시장과 마을에서 설교하고, "싸우라!"라는 책자와 여성절제회 신문을 팔았다. ④ 학기 단위로 부인조력회 사역: 7개 원주회와 15리 거리의 마을들에서 4개의 원주회가 있다.

(3) 이일학교의 몇 가지 사역: 학생들이 부인조력회 사역을 계획할 때 필요한 영적생활의 발전을 위하여 신약성경을 읽었고, 금년에는 매달 구약성경을 읽는다. 작년에 정부당국이 성경과는 허락을 받으라는 명령을 내렸으나 금년 4월 서류들을 반려하고 필요하지 않다는 설명을 했다. 성경과의 신임과장이 여러 면에서 개혁을 실시했다. 벨 여사(Mrs. Bell), 페이즐리 여사(Mrs. Paisley)와 레비여사(Mrs. Levi)가 성경과에 귀중한 봉사를 하고 여기에 남대문교회(금정교회) 목사도 가담하였다. 이 선생(Miss Lee)은 신임교사로서 젊은 여성인데 우리 학교의 직원으로 행복한 가족이 되었다.

학교가 여러 면에서 많이 변화하고 있는데, 이일학교의 모든 재산을 둘러싸는 울타리를 쳤다. 도움을 준 타마자 선교사와 여러 친구에게 감사드린다. 오랫동안 원하던 기숙사의 사생활이 보호되고 있다.

검열차 방문한 정부 관료들이 학생들에게 실제적인 산업 활동을 가르친 학교로 유일하게 우리 학교를 주목했고 지난여름 사립학교 교장단도 우리 학교를 주목했다. 또 관료들이 이일학교가 나이든 소녀들과 결혼한 여성들에게 공부뿐만 아니라 손으로 바느질 작업을 배우게 한다는 점에서 소년들에게도 이러한 식의 교육시키는 남학교가 있으면 좋겠다고 했다.

직조잠사과는 평상시처럼 진행하고 있다. 지난 가을에는 손해를 봤지만 금년에는 이익을 남겼다. 몇 건물들은 시간이 걸리고 돈을 필요로 하지만 지금까지 하나님은 우리를 놀랍게 도왔고, 우리는 성장통을 때때로 감내하면서 성장하고 있다.

(4) 서서평의 개인적 사역의 요약: 능력의 하나님께서 오랜 병환에서 몹시 가엾은 서서평의 몸을 지탱하게 했는데, 지난 15년 지내온 것보다 지금이 더 좋아지고 더 강건하다고 말할 수 있어서 그녀는 하나님께 감사한다.

조선간호부회의 회장으로서 지난 10월이 간호부 회의 일로 일본을 여행했고 지난달에는 대구 연례총회에서 회장직을 다른 사람에게 넘겼다. 일본과 연합하는 것으로 국제간호사협회에 실질적으로 가입하는 것을 결론짓고 10년의 회장 활동을 마치며 조선간호부회를 위한 몫을 다했다고 생각한다.

총회여성해외선교부의 부의장으로 지난 9월의 평양 총회에서 선교부의 의장으로 활동했다. 조선의 간호업무를 관장하는 위생업무과와 관련한 일로 서울을 여러 번 왕래했다. 이런 일들로 인해 서서평은 학교의 정규 업무를 수행할 수 없었다. 이제 3개국 장로회 부인조력회 사역을 위한 통합위원회는 우리가 함께 한다면 어떤 것도 할 수 있다는 예를 보여준다. 1931년 10월에 조직된 이래 우리는 그저 만났고 최선의 모임을 가지며 가장 유익한 모임을 진행했다. 광주 주일학교연합회 역시 활발하게 움직이고 있으며 이번 여름에는 더 많은 매일성경학교(D.V.B.S.) 개설을 계획하고 있다. 또한 우리는 정상적 학원을 운영하는데 여기에서 서서평은 매주 목요일 2개 교시(periods)를 가르친다.

(5) 이일학교 업무에 있어서 여러 가지 일들을 처리할 뿐만 아니라 하루에 4-5교시를 가르치면 시간은 날아가듯이 지나간다. 학교에 가스펠 홀을 완공하고 울타리와 마당을 고쳤다. 이제 학생들을 위해서 경건한 예배를 드리고 여자와 어린이들을 가르치고 설교할 장소가 생겼다. 그러나 남자들을 위한 적당한 집회 장소가 없어서 그들에게 접근할 수 없다. 서서평은 예년에 비해 금년에 더 많은 청중에게 예를 들면 선천과 대구에서는 각각 1,500명 이상의 청중 앞에서 가르치고 설교했다. 하나님께 감사를!

4) 서서평의 기고문(1933년 12월; The Presbyterian Survey, 745-747)[54]

이 기고문의 전반부(745-746쪽)는 일반적인 제주도 문화와 관습과 풍광 그리고 여자들의 생활에 관하여 서술한다. 후반부(746-747쪽)에서 제주도 선교와 복음 전래에 관하여 소개하고 1933년 현재 제주 기독교의 상황과 과제를 서술한다.

---

54 Elisabeth J. Shepping, "Our Korean Home Missions," *The Presbyterian Survey* (December, 1933), 745-747.

복음화 시작 첫 20년에 제주도에 16개의 교회가 생겼고, 5명의 목사, 12명의 장로, 1명의 전도부인, 12명의 부인조력회원, 장로정치제도를 이루었고, 노회가 조직된 지 이제 3년이 되었다. 제주도의 상황은 기독교인들이 핍박을 당하고, 악령숭배와 영적 무지가 심하고, 공산주의자들이 득세하고 있다는 것이다. 이러한 상황에 대하여 서서평은 영적, 지적 세계의 지평 확대를 시도했고, 수천 부의 전도와 부인조력회 소책자를 전달했고, 십일조 생활과 공중보건과 건강, 및 육아와 질병 예방을 가르치고 집안 청결도 강조했다.

5) 1931-34년의 선교 활동의 특징

첫째, 선교사로서 공적 활동은 이일학교의 교장, 남문교회의 전도 활동, 주일학교 사역과 부인조력회 사역이다. 선교편지에 이들 활동에 보고가 자세히 기재되어 있다.

둘째, 이러한 활동들이 서로 연결되어 진행된다. 특히 이일학교 교직원과 학생들이 중심 역할을 수행하면서 주일학교, 금정교회 복음 전도, 부인조력회 활동 등이 진행된다.

셋째, 이러한 여러 활동이 결국 금정교회에 영향을 주고 전도영역이 확대되고 교회가 성장한다. 금정교회가 지역사회 복음화의 중심을 이루게 된다.

넷째, 서서평은 이러한 공적 활동 이외에 혹은 공적 활동 중에 사적이고 개인적인 활동을 했다. 대표적인 사적이고 개인적 활동 즉 한국선교회 연례회의에서 서서평 선교사에게 공적으로 업무를 할당하지 않은 것으로서 조선간호부회 회장 활동과 이에 따른 여러 크고 작은 활동들, 성매매 여성 전락 위기의 소녀 혹은 성매매 여성 구출, 고아 및 과부와 더불어 살기, 제주도 선교 방문 등이다. 그리고 이일학교 교장 활동은 공적 업무지만 가난한 소녀들이나 과부 등을 만나 집에서 환대하여 더불어 살며 등록금을 내지 못할 처지에 있는 이들에게 교육비를 지출하고 교육시키고 시집을 보내는 일들을 서서평 개인의 사적, 개인적인 일이다.

다섯째, 서서평은 주어진 공적 사역을 창의적으로 접근하여 더 진보된 방향으로 사업을 이끌었다. 이일학교의 일반과는 가난하고 불우한 소녀들의 교육을 위하여 서서평이 만든 것인데 후에는 9개월 수업제도를 도입하여 한국선교회나 광주선교부의 도움 없이 모범적이고 성공적으로 정규학교의 교과를 운영하였다. 여기에는 산업 활동으로 학생들이 뽕나무를 심고 누에를 키워 실을 뽑아 직조하고 옷을 만들어 미국에 수출하였다. 미국의 벤스 여사(Mrs. Flora Vance)가 이를 판매하고 대금을 보내 주면 이것으로 학생들의 학비와 생활비 등으로 일부를 쓰고, 나머지는 학교 재정으로 썼다. 이러한 이일학교에 대하여 정부 관료들과 사립학교 교장단이 이일학교를 방문하여 교육 내용과 커리큘럼을 부러워하고 배우려는 자세를 보였다. 이는 서서평 개인은 물론 하나님께도 영광을 드리는 일이었다.

2. 1920~1930년 사이의 선교 활동

우선 서서평은 세브란스병원간호부양성소에서의 사역을 끝내고 1920년 1월에 광주로 내려왔지만, 광주제중원에서 간호업무를 수행할 이유가 없었다. 왜냐면 이미 1916년부터 매튜스(Esther Boswell Matthews) 간호사가 광주제중원에서 사역을 하고 있었고 1920년 6월 한국선교회 연례회의에서 목포로 발령이 났고, 그 뒤를 이어 휴슨(Georgiana Florine Hewson) 간호사가 1920년부터 광주제중원으로 배치되었다. 이러한 사정 하에서 1919년 12월에 선교회 임시위원회는[55] 서서평의 공적 사역을 광주지역 순회 전도로 결정한 바 있었다.

(1) 순회전도 활동: 1920년 초부터 서서평은 광주의 동부지역 순회 전도를 했다. 1달 동안 '성한 사람'은 거의 만날 수가 없었고[56] 500여 명의 환자를 치료하였다. 이들은 어린 신생아로부터 나환자들을 포함하여 노인에 이르기까지 온갖 질병에 걸린 사람들이었다. 특히 여성들의 신체적, 정신적, 사회적, 영적 돌봄이 필요하고 교육이 절실하다는 것을 깨달았다. 1924년 전남 동북지역과 동남지역의 순회전도 사역을 거쳐[57] 1925년에는 전남 동남지역 여자전도사역의 감독으로 활동했다.

(2) 부인조력회 조직과 활동: 1920년에 서서평은 10일간 열리는 여성성경반을 열고 강의를 하는 가운데 미국남장로교 부인조력회의 창설자이자 감독관인 윈스보로(Winsborough) 여사를 만나 한국에 부인조력회 조직의 가능성을 논의했다. 이리하여 1922년에 그녀는 금정교회에서 부인조력회를 처음으로 조직하고 전주 등 호남지역을 넘어 전국적으로 확대하였다. 1928년 총회전도부 부인전

---

55 *Minutes of Annual Meeting 1919*, 63.

56 Elise J. Shepping, "*Letter, Kwangju, Chosen, Asia*" (March 16, 1921), 1

57 *Minutes of Annual Meeting 1924*, 34; 바로 뒤이어 *Minutes of Annual Meeting 1925*, 20.

도회연합회 정관이 통과되고 제1대 회장 리류의시(Miss Louise H. McCully, 캐나다장로교), 서서평은 연합회의 사무총장으로 전국 조직 책임자로 활동했다.58

(3) 이일성경학교 설립과 실질적 교육: 서서평은 사적으로 1920 년부터, 그러나 실질적으로는 1922년부터, 침실에서 소녀들을 모 아 성경을 가르치며 "영적으로 [충만하고] 실천적인 여성지도력"59 을 양성하였다. 이 학교가 1924년 선교 사회에서 인준을 받았고 1925년에는 일반과와 성경과를 개설했고 1926년에 후원자의 이름 을 따라 이일성경학교로 개명하였다. 실질적인 교육과 실천을 강조 한 접근으로 이일성경학교의 명성이 드높았다.

(4) 광주교회 하기강습회를 실시했다.60 1922년 여름 휴가기간 을 이용하여 7월 5일부터 한 달간 주일학교 교사들과 일반 남녀 교 인들을 대상으로 성경, 영어, 일어, 지리, 역사, 노래 등을 가르쳤다. 오웬기념각에서 열린 이번 강습회에 김창국 목사 등 한국인 4명과 서서평 등 선교사 3명이 강사로 참여하였고, 수강생 100여 명이 3 개 반으로 나뉘어 강습을 받았다.

(5) 1923년 조선간호부회 창설과 전문직간호사 양성: 서서평은 1923년에 조선간호부회를 창설하고 회장을 피선되어 10년을 회장 으로 활동하였다. 전문직 간호사 양성61 특히 수준 높은 간호사교

---

58 Elisabeth J. Shepping, "*Report of Miss Elisabeth J. Shepping, R.N. Principal of Neel Bible School, Kwangju, Korea, Asia,*" (Dated June 1929).

59 Maie Borden Knox, "An Interview," *Korea Mission Field* (1926/10), 215-217 특 히 215쪽.

60 "광주교회 하기강습회", 「동아일보」 (1922년 7월 12일).

61 소향숙, "의료간호 선교사 서서평의 한국 간호교육에 미친 영향", 소향숙 외 4인 공저, 『서서평 선교사(Elisabeth J. Shepping 1880-1934)의 섬김과 삶』 (서울: 도서출판 케노시스, 2014), 127-168; 윤매옥, "간호선교사 엘리자베스 쉐핑(Elisabeth J.

육을 시키기 위하여 서서평은 1929년 몬트리올의 국제간호사협의
회(ICN: International Council of Nurses)에 조선간호부회를 가입시
키고자 노력하였다. 열악한 조선의 간호수준을 올리기 위한 방안으
로는 우선 국제적 인정과 협조를 받을 필요가 있었다.[62] 사실 ICN
에 가입하기 위하여 몇 가지 조치를 취하였다. ① 조선간호부회와
서양인 선교간호부회인 재선서양인졸업간호부회와 1926년 통합
을 하였고, ②「조선간호부회보」를 한국어와 영어로 편집하여 발
간하고, ③ 영문 간호학책을 한국어로 번역하여 간호교과서로 활
용했다.

(6) 서서평은 사회적 선교를 행하다. 나환자와 걸인들을 환대하
고 고아 14명을 양녀와 양자로 받고 실업 활동하면서 자수와 바느
질 등 일자리를 만들고 과부 등 가난한 여자들 38명과 더불어 살았
다. 또 1925년 1월 27일 밤 7시에 남녀 300여 명이 모인 가운데 광주
기독청년회 주최로 광주 금정교회에서 금주금연운동 강연이 있었
는데, 서서평은[63] 금주운동에 대하여 강연하고 금주금연에 대한 전
단지를 나누어 주었다. 또 불운한 소녀들이 술집에 팔려가고 성매매
에 빠질 위기의 여성들을 구출하기 위하여 1925년부터 여성 긴급구
조 사업을 준비하여 1927년 서울여성구조센터(Seoul Rescue Home
for Women)를 운영하였다.[64]

Shepping. R.N.)의 생애와 한일장신대학교 간호학과의 나아갈 방향," 임희모 외 5명
공저, 『서서평 연구논문 3집: 다양한 얼굴을 지닌 서서평 선교사』 (전주: 도서출판 학
예사, 2016), 189-215.

62 이꽃메, "일제시대 두 간호단체에 관한 고찰(考察): 조선간호부회(朝鮮看護婦會)의
간호수준과 향상 노력과 조선간호부협회(朝鮮看護婦協會)의 사회 활동",「간호행정
학회지」제6권 제3호, 424.

63 "人道問題講演",「동아일보」(2015년 1월 30일)

64 Minutes of Annual Meeting 1924, 60; Minutes of Annual Meeting 1927, 41.

서서평의 다양한 사회선교 사역은 본격적으로 1920년부터 시작한 순회전도 사역을 통하여 고통받는 여성들에 대하여 더욱 깊이 인식하고 아픔을 느끼고 이들을 예수 그리스도의 복음으로 구원하려는 것이었다. 이러한 그리스도의 복음적 구원을 위하여 부인조력회를 조직하고, 사적으로 여자성경학교를 세우고, 조선간호부회를 창설하였다. 더 나아가 식민지 상황에서 사회경제적으로 가장 고통받는 약자들인 고아, 과부, 걸인, 나환자 등을 돌보고, 성매매 여성으로 전락하여 죄를 지을 위기의 여성들을 구출하는 데 힘썼다. 서서평이 개인적으로 그리고 사적으로 진행한 이러한 선교적 노력이 부분적으로 한국선교회의 사역으로 인정을 받았다. 한국선교회는 서서평에게 금정교회에서 여성들에게 성경을 가르치고 전도하도록 발령을 냄에 따라 서서평은 공적 사역으로 금정교회를 섬겼다.

3. 서서평의 활동과 금정교회의 성장과 발전(1931~1934)

금정교회의 성장은 일정 부분 서서평의 활동과 관련을 맺는다. 금정교회의 성도들은 또한 서서평의 선교사역을 돕기도 하였다. 눈에 띄는 몇 가지 사항을 정리하면 다음과 같다.

1) 서서평과 최흥종과의 만남: 광주 시민사회장례 제1호와 제2호

나병환자에 대한 지대한 관심을 가지고 나병환자 병원에서 근무한 최흥종을 서서평은 1912년에 만났다. 1909년 나병에 고통을 겪는 여성을 말에 태워 고삐를 잡고 정성껏 모시고 광주에 들어오는

보 의사(Wily Forsythe)를 바라보며, 사람에 대한 긍휼지심을 가지고 나환자들을 위하여 땅을 기증하여 그 땅 위에 나병원을 짓고 나환자들을 돌보는 최흥종을 서서평은 눈여겨보았을 것이다. 이러한 긍휼지심의 눈으로 불우한 여인 중 가장 불우한 여자 나병환자들을 서서평이 돌보고 이들에게 성경을 가르치고 읽기를 가르치고 글쓰기를 가르쳤다. 평소 민족의식이 강한 최흥종이 3·1 만세 운동에 참여하다가 체포되어 서울구치소에 있었다. 서울에서 근무하던 서서평은 서대문 감옥의 최흥종 목사를 방문하여 도움을 주었다. 성경책과 영어사전 등을 넣어 주었다고 한다. 서서평과 최흥종은 소천시 광주 시민사회장 1호(1934년)와 2호(1966년)로 각각 장례를 치러 예우와 존경을 받았다. 이들은 또한 각각 국민훈장 동백장(1969년 추서)과 건국훈장 애족장(1962년)을 받았다.

2) 서서평은 처음으로 1922년 금정교회 부인조력회를 만들고 광주의 여성들을 훈련하여 여성 지도력을 양성하였다. 부인조력회는 고도의 훈련이 필요하였다. 십일조 하기와 주일 지키기, 회의참석과 발언하기, 복음 전도하기 등은 필수사항이었다. 이러한 사항들을 지킴으로써 여성들은 지도자가 되었는데 금정교회에서부터 훈련이 시작되었다. 금정교회의 여성 지도력 중 특히 김필례 여사가 뛰어났다. 윈스보로 여사가 1920년 광주에 왔을 때 김필례는 의사인 최영욱[65]과 결혼한 여성이었다. 윈스보로 여사가 보내 준 부인조력회 관련 영문자료들을 한글로 번역하는 등 서서평의 부인조력회 활동과 조직 사역을 도왔다. 이러한 이유로 1925-1927년에

---

65 호남지역 교회의 사회선교의 아버지로 알려진 최흥종 목사의 동생으로 초대 전라남도 도지사로 봉직하다가 6·25 때 살해되었다.

미국 남장로교 부인조력회(총무 윈스보로 여사)의 장학금으로 미국 아그네스 스콧(Agnes Scott)대학을 졸업하고 컬럼비아대학교 사범대학에서 석사학위를 취득하였다. 이후 한국에 귀국하여 여전도회 전국연합회 발전에 헌신한 김필례(Pilley Choi[Kim], 1891-1983)는 17-20대 회장으로서 한국여성들의 삶의 질을 높이는데 지대한 공헌을 했다.

3) 1924년 양림교회 분립이 일어났는데 서서평은 극구 금정교회에 출석하였다. 숙소가 가깝고 일터가 가까운 양림동의 양림교회에 출석하지 않고 거리가 먼 금정교회를 다니며 봉사를 했다. 이일학교 학생들도 금정교회를 다녔다. 최흥종 목사는 교회분립 시 금정교회의 제5대 담임목사로 취임하였다. 서서평은 이러한 최흥종과는 사회적 목회와 통전적 선교에 대한 이해가 같아 평소에도 많은 대화를 나누었다. 이러한 대화를 통하여 서서평은 복음 전도와 의료 사역과 교육 선교를 통전시키고, 인간을 영과 육을 지닌 전인적 존재로 이해하여 통전적 영혼 구원 선교를 수행하면서 금정교회를 섬겼다. 이후 금정교회 목사는 서서평의 이일학교에서 성경을 강의하면서 서서평을 돕기도 했다.

4) 1931년 이후 한국선교회는[66] 공적으로 서서평에게 남문교회의 전도사역을 맡겼다. 이에 대하여 서서평은 본국 실행위원회에 연례 선교보고를 작성하여 보냈는데 해당 부분을 인용하면 다음과 같다.[67]

남문교회[금정교회]의 여성 전도사역의 감독관으로서 나는 우리 교

---

66 *Minutes of Annual Meeting 1931,* 23.
67 Elisabeth J. Shepping, "*Annual Report of E. J. Shepping, 1932*," Dated June 21, 1932.

회의 14개 성인여성 주일학교반 운영을 기쁘게 보고합니다. 여기에 우리 이일학교의 학생들 중 8명이 그리고 우리 교사들 중 3명이 매 주일 교사로 봉사하고 있습니다. 우리 교회의 전도부인은 이일학교 졸업생인데 매우 놀랍도록 사역을 잘 하고 있습니다. 우리 교회의 교인들은 증가하고 있고 우리 교회가 광주에서 가장 아름답습니다. 엄 부인과 김 선생은 교회의 집사로 활동합니다.

평신도선교사 서서평은 지역교회인 금정교회에 교인으로 등록하여 전도에 전념하였다. 서서평은 광주의 첫 세례교인이고 첫 장로이고 첫 목사가 된 최흥종 목사와 교류를 통하여 자신의 선교 지향을 실천하였다. 위의 인용문을 검토하면 성인 여성들에게 전도하고 주일학교에 등록시켜 교육했는데 이일학교 졸업생과 재학생들과 교사들이 참여하고 있다. 서서평은 이일학교라는 조직을 만들어 복음 전도를 실시했다. 또 부인조력회 역시 조직적으로 개교회적, 지역교회적, 전국교회적 그리고 3국 장로회 여전도회(교단적) 접근을 시도하였다. 서서평은 이렇듯이 신분은 남장로교한국선교회의 전도부에 속하고 한국의 지역교회를 평신도 교인으로서 섬기면서 다양한 선교를 창의적이고 조직적으로 실시하였다.

5) 1933년 남루한 옷을 입고 예배에 참석한 가난한 광주천변 사람들이 금정교회에서 예배드리기가 어려워졌다. 일부 교인들이 이들에게 냄새가 난다고 싫어하는 분위기를 만들었다. 가난한 자들의 어려움을 가슴 아파한 서서평은 이들의 삶을 살피고 복음당을 짓고 강순명 전도사를 초청하여 자유롭게 신앙생활을 하도록 도왔다. 일부 교인들이 금정교회를 떠나 복음당으로 몰려들어 예배를 드렸다.

이로 인하여 복음당이 뜻하지 않게 금정교회와 갈등에 휩싸였다. 금정교회가 들고 일어나 서서평을 향하여 교회를 분리시켰다고 야단이었다. 이러자 서서평은 복음당의 강순명과 교인들과 논의하여 옷을 깨끗하게 빨아 입고 다시 금정교회에 들어가기로 하였다. 교회분열의 위기를 넘기고 사건은 일단락되었다.

6) 1934년 6월 26일 서서평이 소천하자 금정교회는 거금을 들여 서서평의 묘비석을 만들어 세웠다. 그녀가 평소 금정교회에 보여준 봉사의 모범과 헌신적 섬김을 감사하며 기념하고자 세운 것이다. 2019년에는 광주제일교회와 서서평연구회가 공동으로 서서평 상 (Shepping Award)을 제정(상금, 상패 및 업적 연구 발표), 매년 시상하고 있다.

IV. 결론

서서평 선교사의 한국에서의 신분은 두 개였다. 하나는 미국 남장로교 해외선교실행위원회가 공식적으로 한국에 파송한 선교사로서 한국선교회에 속하여 광주선교부에 부임하였고 군산, 서울을 거쳐 다시 광주에서 사역하였다. 여기에서 그녀는 간호선교사와 교육선교사로 불렸다.[68] 다른 하나는 한국의 금정교회의 평신도 전도인이었다. 서서평은 공적 사역과 사적, 개인적 사역의 경계를 넘나들며 통전적 영혼 구원 선교를 하였다. 그녀의 사적 사역들이 나중에 한국선교회의 공적 사역으로 넘겨진 것은 이일성경학교와 서울

---

68 인돈학술원 편, 『미국 남장로회 내한선교사 편람 1892-1987』, 88.

여성구출갱생원의 경우이다. 서서평은 이들 이외의 사적 개인적 사역들 예컨대 고아와 과부들과 걸인들을 돌보고 불행한 소녀들을 구출하고 교육하고 양육하여 결혼을 시키는 일 등에 모든 생명과 재산과 열정을 다 쏟아부었다.

이 글은 서서평이 금정교회에 개인적으로 출석하여 섬긴 사역들과 공적으로 활동한 사역을 분석하였다. 특히 금정교회의 평신도 전문인 선교사라는 관점으로 분석하였다. 간호선교사로서 입국하여 순회 복음전도자와 교육선교사로, 그리고 사회구제와 사회변혁을 행하는 자로 활동하였다. 서서평은 금정교회의 평신도로 활동하면서 창의적 발상으로 새로운 사역에 접근하고 조직적으로 예수 그리스도의 복음을 다양하게 전하였다.

강만길.『일제시대 빈민생활사』. 서울: 창작과 비평사, 1987.

강영안 외 20인 지음.『새로운 한국교회를 위한 20가지 핵심과제: 한국교회 개혁의 길을
　　　묻다』. 서울: 새물결플러스, 2013.

곽안련. 박용규 · 김춘섭 옮김.『한국교회와 네비우스 선교정책』. 서울: 대한기독교서회,
　　　1994.

광주기독병원선교회.『제중원 편지1』. 광주: 광주기독병원선교회, 2015.

광주제일교회광주교회사연구소 「종교개혁 500주년 기념 2017 한국교회사 특강」. 2017.

群山府.『群山府史』. 1935.

국립전주박물관.『옛사진 속의 전북 1894-1945』. 전주: 전주국립박물관, 1998.

군산제일고등학교총동문회.『군산제일100년사』. 군산: 영문사, 2012.

귀일원60년사 편찬위원회.『귀일원 60년사』. 광주: 사회복지법인 귀일원, 2010.

김광식.『토착화와 해석학』. 서울: 대한기독교출판사, 1987.

김금남 엮음.『동광원 사람들』. 광주: 도서출판 사색, 2007.

김수진.『매계교회 100년사: 한국 최초의 자주교회를 선언한 역사적 교회』. 정읍: 매계교
　　　회 100년사 출판위원회, 2002.

김영동.『교회를 살리는 선교학』. 서울: 장로회신학대학교출판부, 2003.

김옥순. "서서평 선교사가 뛰놀던 고향을 가다." 「한일장신대 소식」 No. 28 (2014 봄).

김은주. "서서평(Elizabeth J. Shepping)의 교육사역 이해와 기독교교육에 대한 함의."
　　　「신학과 사회」 제29집 2호.(2015).

김인주. "제주 선교와 서서평의 역할." 서서평연구회.『행함 있는 믿음으로 본 · 여성주의
　　　관점에서 본 서서평 선교사』. 전주: 학예사, 2017.

김태웅. "군산부 주민의 이동사정과 계층분화." 김종수 김민영 외 공저.『새만금도시 군
　　　산의 역사와 삶』. 서울: 선인, 2012.

대한예수교장로회제주노회.『제주 기독교 100년사』. 서울: 쿰란출판사, 2016.

"됴션[조선]간호부회데[제]이회회록." 백춘성.『천국에서 만납시다』. 232.

라벤토스, 다니엘/이한주·이재명 옮김.『기본소득이란 무엇인가』. 서울: 책담, 2016.

러셀, 레티 M.『공정한 환대: 서로 다른 사람들이 사는 세계에서 낯선 이들을 받아들이시
　　　는 하나님의 환영』. 서울: 대한기독교서회, 2012.

로잔운동.『케이프타운 서약: 하나님의 선교를 위한 복음주의 헌장』. 서울: 국기독학생회
　　　출판부, 2014.

뢰베니히, W./박호용 옮김.『마틴 루터: 그 인간과 그의 업적』. 서울: 성지출판사, 2002.

류대영.『개화기 조선과 미국 선교사: 제국주의 침략, 개화자강, 그리고 미국 선교사』.

서울: 한국기독교역사연구소, 2004.

류장현. "16세기 종교개혁의 한계와 극복." 제2종교개혁연구소 엮음.『제2종교개혁이 필요한 한국 교회』.

_____.『미국종교사』. 파주: 청년사, 2007.

_____.『초기 미국선교사 연구 1884-1910』. 서울: 한국기독교역사연구소, 2001.

무등역사연구회.『광주·전남의 역사』. 파주: 태학사, 2001.

민경배.『일제하의 한국기독교 민족·신앙운동사』. 서울: 대한기독교서회, 1991.

_____.『한국기독교사회운동사』. 서울: 대한기독교출판사, 1987.

민경희.『미국 이민의 역사 이론과 실제: 미국 이민자들의 적응과 동화』. 청주: 도서출판 게신: 충북대학교 출판부, 2008.

박상현. "간호와 복지의 선구자 서서평." 이웅교 편저.『한국 사회복지를 개척한 인물』. 광주: 광주대학교 출판부, 2013.

박형국.『삶과 죽음의 변증법: 그리스도와 생명의 정의(正義)』. 서울: 한국장로교출판사, 2018.

배덕만 외 4인.『터닝포인트: 종교개혁 500주년』. 서울: 뉴스엔조이, 2017.

백용기. "남북전쟁 이후 미국의 사회적 기독교운동."「신학논단」63 (2011), 57-87.

박종렬. "목회자로서 오방의 생애와 사상." 오방기념사업회.『화광동진의 삶』. 광주: 광주 YMCA, 2000.

백종국.『바벨론에 사로잡힌 교회』. 서울: 뉴스앤조이, 2003.

백춘성.『천국에서 만납시다: 한국여성 개화에 바친 간호원 선교사 서서평 일대기』. 서울: 대한간호협회출판부, 1996(증보판).

보라도리, 지오반나/철성·김은주·김준성 옮김.『테러 시대의 철학: 하버마스, 데리다의 대화』. 서울: 문학과 지성사, 2004.

볼프, 한스 발터/문희석 옮김.『구약성서의 인간학』. 왜관: 분도출판사, 1976.

브라운, 조지 톰슨/천사무엘·김균태·오승재 옮김.『한국선교이야기: 미국남장로교 한국 선교역사(1892-1962)』. 서울: 도서출판 동연, 2010.

브라켈만, 귄터/백용기 옮김.『사회운동과 기독교』. 서울: 다산글방, 2001.

서서평. "바울의 模本." 백춘성.『천국에서 만납시다』. 47-52.

_____. "죠선간호부 사업상태." 백춘성.『천국에서 만납시다』. 228-231.

서서평연구회.『다양한 얼굴을 지닌 서서평 선교사』. 전주: 학예사, 2016, 85-114.

_____.『서서평 선교사의 통전적 선교의 다양성』. 전주: 학예사, 2015.

_____.『행함 있는 믿음으로 본·여성주의 관점에서 본 서서평 선교사』. 전주: 학예사, 2017.

서재룡. "광주제일교회 초기역사와 인물들: 최흥종, 강순명, 서서평 - 1904-1934." 서서평 연구회.「초기 광주선교와 서서평 선교사」. 2018년 4월 21일.

_____. "서서평 선교사와 최흥종·강순명·이현필: 호남의 영성운동가들." 서서평연구회. 『행함 있는 믿음으로 본·여성주의 관점에서 본 서서평 선교사』. 전주: 학예사, 2017.

서정민. "한국교회 '토착화'와 '토착화신학'에 대한 역사적 이해." 「한국기독교와 역사」 제18호 (2003. 02.).

송경의. "정신의학자의 서서평 이해: 서로득 부인이 쓴 'Glorious Living'을 중심으로." 양창삼. 『조선을 섬긴 행복』.

송인동. "서서평(E. J. Shepping) 선교사의 언어와 사역." 「신학이해」 제40권 (2011).

송현강. "미국 남장로교의 전북지역 의료선교(1896-1940)." 「한국기독교와 역사」 제35호 (2011년 9월 25일).

_____. "한말·일제강점기 군산영명학교·멜볼딘여학교의 설립과 발전." 「역사학 연구」 제59집 (2015. 08).

송현숙. "호남지방 기독교 선교기지 형성과 확장에 관한 연구." 「한국기독교와 역사」 제19호 (2003).

순천시사편찬위원회. 『순천시사: 문화예술편』. 순천시, 1997.

스와인하트, 로이스 H./송창섭 옮김. 『조선의 아이 사랑이: 선교사 부인이 구한 조선의 아이들』. 서울: 살림, 2010.

신규환·박윤재. 『제중원 세브란스 이야기』. 서울: 역사공간, 2015.

신명열. 『이공李空 성자와 여인들』. 광주: 도서출판 정자나무, 2015.

심상태. "21세기 한국교회 순교영성의 진로모색." 한국순교자영성연구소 『한국순교자 영성의 어제와 오늘』. 파주: 한국학술정보(주), 2007, 133-191.

심재영·김형환 편집. 『군산제일100년사』. 군산: 군산제일고등학교총동문회, 2012.

아키라, 나카스카(中塚明)/김승일 옮김. 『근대 한국과 일본』. 서울: 범우사, 1995.

안종철. 『미국선교사와 한미관계 1931-1948』. 서울: 한국기독교역사연구소, 2010.

알렌, 호레이스 N./윤후남 옮김. 『알렌의 조선 체류기』. 서울: 예연커뮤니케이션, 1996.

양창삼. 『조선을 섬긴 행복: 서서평의 사랑과 인생』. 서울: Serving the People, 2012.

언더우드, 엘리자베스/변창욱 옮김. 『언더우드 후손이 쓴 한국의 선교역사 1884-1934』. 서울: 도서출판 케노시스, 2013.

_____. 『한국의 선교역사 1884-1934』. 변창욱 옮김. 서울: 도서출판 케노시스, 2013.

엄두섭. 『도암의 성자 이세종: 호세아를 닮은 성자』. 서울: 도서출판 은성,1987.

_____. 『맨발의 성자 - 한국의 성프란치스코 이현필전』. 서울: 도서출판 은성, 1990.

_____. 『순결의 길·초월의 길』. 서울: 도서출판 은성, 1993.

연세대학교 간호대학. 『연세대학교 간호대학 100년사』. 서울: 연세대학교 간호대학, 2008.

오복희. "이공설교지." 신명열. 『이공李空 성자와 여인들』. 205-347.

우병훈. "루터의 만인 제사장직 교리의 의미와 현대적 의의."「신학논단」제87집 (2017).

윤매옥. "간호선교사 엘리자베스 쉐핑(Elisabeth J. Shepping, R.N.)의 생애와 한일장신대학교 간호학과의 나아갈 방향." 서서평연구회(임희모 외 5명 공저).『서서평 연구 논문 3집: 다양한 얼굴을 지닌 서서평 선교사』. 전주: 학예사, 2016.

윤은순. "1920 · 30년대 한국기독교의 절제운동 - 금주 금연운동을 중심으로."「한국기독교와 역사」제16호 (2002.02).

윤은호. "이세종의 생애와 영성사상에 관한 연구."「신학논단」제74집 (2013).

이기서.『교육의 길 신앙의 길: 김필례 그 사랑과 실천』. 서울: 북산책, 2012.

이꽃메. "일제시대 두 간호단체에 관한 고찰(考察): 조선간호부회(朝鮮看護婦會)의 간호수준과 향상 노력과 조선간호부협회(朝鮮看護婦協會)의 사회 활동."「간호행정학회지」제6권 제3호.

_____.『한국근대간호사』. 서울: 한울 아카데미, 2002.

이덕주. "한국교회사 입장에서 본 한국신학사상사 서술문제."「한국기독교와 역사」제12호 (2000년 3월).

_____.『한국 토착교회 형성사 연구』. 서울: 한국기독교역사연구소, 2000.

이덕주 · 조이제 엮음.『한국 그리스도인들의 신앙고백』. 서울: 한들, 1997.

이만열.『한국기독교의료사』. 서울: 아카넷, 2003.

이병하. "환대 개념과 이민정책: 이론적 모색." 최진우 엮음.『다양성의 시대, 환대를 말하다』.

이성환.『전쟁국가 일본』. 서울: 살림출판사, 2005.

이오갑. "루터 신학과 영성의 개요: 구원론과 칭의, 십자가 신학과, 성서를 중심으로"「신학사상」178집 (2017, 가을).

이재근. "매코믹신학교 출신 선교사와 한국복음주의 장로교회의 형성 1888-1939."「한국기독교와 역사」제35호 (2011년 9월).

이종록. "무명옷에 고무신 · 보리밥에 된장국 - 서서평의 비제국주의적 정신이 갖는 시대적 의미에 대한 연구."「담론201」(2015년 18권 4호).

이형기.『종교개혁 신학사상: 루터와 칼빈을 중심하여』(서울: 장로회신학대학출판부, 1984), 12; 25.

[인터넷 자료].『수피아100년사』.

이태숙 · 김종원 엮음.『서유럽 무슬림과 국가 그리고 급진이슬람주의』. 서울: 아모르 문디, 2009.

인돈학술원 편.『미국 남장로회 내한 선교사 편람, 1892-1987』. 대전: 한남대학교 출판부, 2008.

임수지. "선교사 드보라. 서서평: 영광의 삶을 살다." 임희모『서서평, 예수를 살다』

임희국.『한국에 비쳐진 복음의 빛: 루터, 그리고 서서평』. 서울: 기독교문사, 2017.

임희모. "광주선교부 금정교회의 평신도인 서서평의 사역." 서서평 연구회.『동백(冬柏)으로 살다: 서서평 선교사』. 전주: 도서출판 학예사, 2018.

_____.『생명봉사적 통전 선교: 동·동남아시아 중심』. 서울: 도서출판 케노시스, 2011.

_____. "마요셉빈(Mrs. Josephine Hounshell McCutchen) 선교사의 사역,"「장신논단」 Vol. 50 No. 3 (2018. 09.).

_____.『서서평, 예수를 살다』. 서울: 도서출판 케노시스, 2017(개정증보판).

_____. "서서평(Elisabeth J. Shepping, R.N.) 선교사의 성육신적 선교."「선교와 신학」 36 (2015 여름).

_____. "선교사 서서평과 한일장신대학교의 선교적 영성." 한일장신대학교정년퇴임기념논문집발간위원회.『본향을 떠나 약속의 땅으로』. 파주: 한국학술정보, 2009.

_____. 선교적 그리스도인으로서 서서평(Elisabeth J. Shepping) 선교사의 선교사역." 「선교신학」 38 (2015.02.).

_____.『아프리카 독립교회와 토착화 선교: 킴방구 교회의 예배와 신앙생활 집중 연구』. 파주: 한국학술정보(주), 2007.

_____.『예수 그리스도의 제자도 선교』. 서울: 도서출판 케노시스, 2017.

_____. "전문인 선교사 서서평(Elisabeth J. Shepping)의 통전적 선교 전략과 영성."「신학논단」 74 (2013.12).

_____. "타자와 환대의 선교: 레비나스 철학과 선교신학의 만남."「한국기독교신학논총」 56 (2008), 189-211.

_____. "토착화 선교사 서서평(Elisabeth J. Shepping)의 사역."「신학과 선교」 48(2019).

_____.『한국교회 생명선교신학과 통전선교전략』. 서울: 도서출판 케노시스, 2013.

_____. "환대의 선교사 서서평(Miss Elisabeth J. Shepping, R.N.)의 무조건적 환대."「장신논단」 51-1권 (2019년 3월).

장승익.『디아코니아 신학 선언』. 서울: 예영커뮤니케이션, 2018.

전라남북노회 기념식 준비위원 이승두, 이자익, 홍종필.「전라도선교 25주년 기념」. 1917.

「전라대리 회의록(1910.1.10-1911.1.18): 전북편.」「호남교회춘추」 (1996 봄).

제2종교개혁연구소 엮음.『제2종교개혁이 필요한 한국교회』. 서울: 기독교문사, 2015.

조룡호·박문일.『21세기로 매진하는 중국조선족 발전방략연구』. 심양: 료녕민족출판사, 1997.

"[조선간호부회] 第拾回定期總會錄." 백춘성.『천국에서 만납시다』, 246.

지겐발크, 바돌로메우스/박영환·이용호 옮김.『덴마크 할레선교회의 역사적 보고서』. 서울: 도서출판 바울, 2010.

진기영. "총체적 선교의 관점에서 보는 윌리엄 캐리의 인도선교 평가." 임희모 교수 정년퇴임 준비위원회 편.『생명봉사적 통전선교: 이해와 전망』. 서울: 도서출판 케노시스, 2015.

차성환. 근대적인 전문 사회사업의 선구자 서서평." 임희모 외 4명.『서서평 선교사의
　　통전적 선교의 다양성』. 전주: 도서출판 학예사, 2015.

_____. "서서평의 누미노제 체험과 지역사회서비스의 이해 - 칼 융의 무의식 이론에 기
　　대어." 서서평연구회.『다양한 얼굴을 지닌 서서평 선교사』. 전주: 학예사, 2016.

차종순.『성자 이현필의 삶을 찾아서』. 광주: 대동문화재단, 2010.

_____. "최흥종 목사의 복음적 사회운동." 오방기념사업회.『화광동진의 삶』.

_____. "호남교회사에서 복음적 사회운동에 대한 한 연구 - 五放 崔興琮 목사의 생애와
　　사상을 중심으로."「한국기독교와 역사」 제11호 (1999.7).

최상도. "순교담론의 패러다임."「한국기독교와 역사」 40 (2014년 3월 25일), 115-145.

최순신. "강형신 전도사." 대한예수교장로회제주노회 역사위원회.『제주교회 인물사1:
　　죽엉도 가람수게』. 제주시: 평화출판사, 2013, 133-144.

최영근. "미국 남장로교 선교사 유진 벨(Eugene Bell)의 선교와 신학."「장신논단」Vol.46
　　No.2 (2014).

_____. "미국 남장로교 여선교사 엘리자베스 쉐핑(Elizabeth J. Shepping)의 통전적 선
　　교 연구."「한국기독교신학논총」 82 (2012. 7.).

_____. "전남지역 선교의 선구자: 유진 벨(Eugene Bell)의 생애와 선교." 한남대학교
　　교목실 엮음.『미국 남장로교 선교사 열전』. 서울: 동연, 2016.

최진우 엮음.『다양성의 시대, 환대를 말하다: 이론, 제도, 실천』. 서울: 박영사, 2018.

_____. "환대의 윤리와 평화." 최진우 엮음.『다양성의 시대, 환대를 말하다』, 5-31.

출입국외국인정책본부.「출입국외국인정책 통계월보」. 2018년 7월호.

타마자(John Van Neste Talmage)/마성식 · 채진홍 · 유희경 옮김.『한국 땅에서 예수의
　　종이 된 사람』. 서울: 한국장로교출판사, 1998.

파일, 케네스 B./박영신 · 박정신 옮김.『근대 일본의 사회사』. 서울: 현상과 인식, 1986.

하라리, 유발.『호모 데우스: 미래의 역사』. 서울: 김영사, 2017.

한국기독교목회자협의회.『한국기독교분석레포트』. 서울: 도서출판 URD, 2013.

한국기독교역사연구소『한국기독교의 역사 II』. 서울: 기독교문사, 1990.

_____ 북한교회사집필위원회.『북한교회사』. 서울: 한국기독교역사연구소, 1996.

한국민중사연구회 편.『한국민중사 II: 근현대편』. 서울: 풀빛, 1986.

한국연합선교회.『에딘버러세계선교사대회 연구 총서 1-10권』. 서울: 미션 아카데미,
　　2010.

한국일.『선교적 교회의 이론과 실제』. 서울: 장로회신학대학교출판부, 2016.

한규무. "오방 최흥종의 신앙노선과 선교 활동."「한국기독교와 역사」 제48호(2018년 3
　　월 25일).

홀, 셔우드『닥터 홀의 인도회상』. 김원경 옮김. 서울: 좋은 씨앗, 2009.

_____/김동열 옮김. 『닥터 홀의 조선회상』. 서울: 좋은 씨앗, 2010(개정판 3쇄).

호슬리, 리처드/김준우 옮김. 『예수와 제국: 하느님 나라와 신세계 무질서』. 서울: 한국기
    독교연구소, 2004.

홍순권. 『한말 호남지역 의병운동사 연구』. 서울: 서울대학교출판부, 1994.

홍순균. 『110년의 발자취』. 광주: 도서출판 은혜, 2016.

황선명. 『민중종교운동사』. 서울: 종로서적, 1980.

_____. "후천개벽과 혁세사상: 조선 말기 민중종교운동을 중심으로."

황선명 외 5인. 『한국근대민중종교사상』. 서울: 학민사, 1983.

"光州教會 夏期講習會." 「동아일보」 1922년 7월 12일.

"故徐舒平孃 追悼會開催." 「동아일보」 1934년 7월 1일.

"社說: 偉大한 人類愛 - 徐舒平氏 靈前에." 「東亞日報」 1934년 6월 29일.

"人道問題講演." 「동아일보」 1925년 1월 30일.

"慈善 敎育事業에 一生 받힌 貧民의 慈母 徐舒平孃 長逝, 生前에는 再生한 耶蘇의
    稱號 모범할 勤勉力行의 一生." 「동아일보」 1934. 6. 28.

Baily, Samuel L. *Immigrants in the Lands of Promise: Italians in Buenos Aires and New
    York City, 1870 to 1914*. Ithaca and London: Cornell University Press, 1999.

Bainton, Roland H. *Martin Luther*. Berlin: Deutsche Buch-Gemeinschaft, 1967.

Balandier, Georges. *The Sociology of Black Africa - Social Dynamics in Central Africa*.
    London: Andre Deutsch Limited, 1970.

Barton, James L./김태연 · 김원희 번역. 『선교사역의 국내본부: 1910년 에딘버러세계선
    교사대회 제6분과위원회 보고서』. 서울: 한국연합선교회, 2012.

Bodnar, John. *The Transplanted: A History of Immigrants in Urban America*.
    Bloomington: Indiana University Press, 1985.

Boersma, Hans. *Violence, Hospitality, and the Cross*. 윤성현 옮김. 『십자가, 폭력인가
    환대인가』. 서울: 기독교문서선교회, 2014.

Bonk, Jonathan J. *Missions and Money: Affluence as a Western Missionary Problem*.
    Maryknoll: Orbis Books, 1991.

Butterfield, Rosaria C. *The Gospel Comes with a House Key: Practicing Radically Ordinary
    Hospitality in Our Post-Christian World*. Wheaton, Il: Crossway, 2018.

Brown, George Thompson. *Mission to Korea*. Atlanta, Ga: Board of World Missions,
    P.C.U.S., 1962.

_____. *Mission to Korea*. 천사무엘·김균태·오승재 옮김. 『한국선교이야기: 미국 남장로
    교 한국 선교 역사(1892-1962)』. 서울: 도서출판 동연, 2010.

Choi, Pil Ley. "The Development of Korean Women during the Past Ten Years." *The
    Korea Mission Field* Vol. 19 (Nov. 1923).

"Christian Missions and Social Progress." *Korea Repository: Vol. V* (Feb. 1898).

Clark, Charles Allen. *The Korean Church and the Nevius Methods.* Chicago: Fleming H. Revell Company, 1928.

Crane, Sophie Montgomery. *A Legacy Remembered.* 정병준 옮김.『기억해야 할 유산』. 서울: 한국장로교출판사, 2011.

Dennis, James S. *Christian Missions and Social Progress: A Sociological Study of Foreign Missions: Volumes I, II, III.* New York: Fleming H. Revell Company, 1897, 1899, 1906.

Derrida, Jacques. *Of Hospitality.* Translated by Rachel Bowlby. Stanford, Ca: Stanford University Press, 2000.

_____. *Acts of Religion.* Edited by Gil Anidjar. New York: Routledge, 2002.

Dowley, Tim. *Atlas of the European Reformations.* Minneapolis: Fortress Press, 2015.

Eberhardt, Charles Richard. *The Bible in the Making of Ministers: The Scriptural Basis of Theological Education: The Lifework of Wilbert Webster White.* New York: Association Press, 1949.

Erwin, Cordelia. "The W.C.T.U. in Korea." *Korea Mission Field* (Feb. 1925).

_____. "Finding Aid for Wilbert Webster White Papers, 1878-1945."「The Burke Library Archives (Columbia University Libraries) at Union Theological Seminary, New York」. (Revised by Roth Tonkiss Cameron 5/6/2009).

"Finding Aid for James Shepard Dennis Papers, 1873-1916." http://bu.edu/mission ary/missionary-biography/c-d/dennis-james-shepard-1842-1914.

Gifford, Daniel L. "Annual Meeting of the Presbyterian Mission, North." *The Korea Repository II* (Nov. 1895).

Göthel, Ingeborg. *Geschichte Koreas: Vom 17. Jahrhundert bis zur Gegenwart.* Berlin: VEB Deutscher Verlag der Wissenschaften, 1978.

Greene, Willie B. "Bible Institutes for Korean Women." *The Presbyterian Survey* (1930, December).

Gützlaff, Charles. *Journal of Three Voyages along the Coast of China in 1831, 1832, & 1833, with Notices of Siam, Corea, & the Loo-choo Islands.* London: Thomas Ward and Co. 1834.

Hall, Rosetta Sherwood. Ed. *The Life of Rev. William James Hall.* New York: Press of Eaton & Mains, 1897.

"Herz." *DUDEN Band 8: Die Sinn-und Sachverwandten Wörter.* Mannheim: Duden Verlag, 1986.

Hollister, William. "History of Medical Work at Kunsan Station." *The Presbyterian Survey*

(Oct. 1936).

http://library.columbia.edu/news/libraries/2008/20081202_nyts_white.print.html (2016년 11월 15일 검색).

http://babel.hathitrust.org/cgi/pt?id=nncl.0035526980;view=1up;seq=7 (2020년 1월 6 일 검색).

http://new.pck.or.kr/bbs/board.php?bo_table=SM02_04_03&wr_id=84 (제103회 개 정 총회선교신학, 2020년 1월 6일 검색).

Jongeneel, Jan A. B. *Philosophy, Science, and Theology of Mission in the 19th and 20th Centuries: Part I.* Frankfurt am Main: Peter Lang, 2002.

Hollister, Wiliam. "History of Medical Work at Kunsan Station." *The Presbyterian Survey* (October, 1936), 591.

Kerr, William. "Anti-Prostitution Movement in Chosen." *KMF* (May, 1924).

Knox, Maie Borden. "An Interview." *KMF* (1926).

Koenig, John. *New Testament Hospitality.* 김기영 옮김.『환대의 신학』. 서울: 한국장로교 출판사, 2002.

Kraft, Charles H. *Appropriate Christianity.* Pasadena, Ca: William Carey Library, 2005.

Latourette, Kenneth Scott. *Christianity in a Revolutionary Age: A History of Christianity in the Nineteenth and Twentieth Centuries Vol. 3: The 19th Century Outside Europe: The Americas, the Pacific, Asia and Africa.* New York: The Paternoster Press, 1961.

Lawrence, Edna M. "Nurses and Nursing of the Severance Hospital." *KMF* (1937).

Levinas, Emmanuel. *Totality and Infinity: An Essay on Exteriority.* Translated by Alphonso Lingis. Pittsburgh, Pa: Duquesne University Press, 2005.

_____. *Otherwise Than Being or Beyond Essence.* Translated by Alphonso Lingis. Pittsburgh, Pa: Duquesne University Press, 2004.

Luther, Martin. "Reply to the Answer of the Leipzig Goat (1521)." *Works of Martin Luther III.*

_____. "The Preface to the New Testament, 1522."

Mackenzie, W. Douglas. *The Preparation of Missionaries.* 이종만 옮김.『선교사 훈련』. 서울: 한국연합선교회, 2012.

Martin, Lee R. "Old Testament Foundations for Christian Hospitality," *Verbum et Ecclesia* 35(1)(2014), Art. #752, 9 pages. http://dx.doi.org/10.4102/ve.v35i1. 752.

McCully, Elizabeth A. *A Corn of Wheat or the Life of Rev. W. J. McKenzie of Korea.* Toronto: The Westminster Co. Ltd, 1904: 2nd Edition.

McLaren, C. I. "The Abolition of Vice." *KMF* (Feb. 1924).

Micah Declaration. http://www.micahnetwork.org/integral-mission 2020년 1월 4일 검색.

Minutes of the Annual Meetings of the Southern Presbyterian Mission in Korea, 1904-1934.

"Miss Tinling's Visit to Korea." *KMF* (Mar. 1922).

"Miss Tinling's Work in Korea." *KMF* (Jan. 1924).

Morse, Richard C. *History of the North American Young Men's Christian Associations.* New York: Association Press, 1913.

Mott, John R. "Closing Address," *The World Missionary Conference, Edinburgh 1910. The History and Records of the Conference Vol. 9.* New York: Fleming H. Revell Company, 1911.

"Mrs. R. G. Vance." *The News Leader.* Staunton(Va): 15. April 1942(Wed).

Niwa, S. "Abolition of Prostitution." *KMF* (Feb. 1924).

Nolan, Joseph Wynne. "노라노 선교사의 선교편지 및 보고서." 광주기독병원선교회.『제중원 편지1』. 광주: 광주기독병원선교회, 2015.

Oh, Keung Sun(M.D.). "Prohibition for Korea." *KMF* (1926).

Panchyk, Richard. *Catholic New York City.* Charleston(SC): Arcadia Publishing, 2009.

Pohl, Christine D. *Making Room: Recovering Hospitality as a Christian Tradition.* Grand Rapids, Mich: Wm. B. Eerdmans Publishing Co., 1999.

Pola, Thomas. "Seele." *Evangelisches Lexikon für Theologie und Gemeinde.* Wuppertal: Brockhaus Verlag, 1994.

Raum, Elizabeth. *German Immigrants in America.* Mankato: Minn: Capstone Press, 2008.

Reynolds, W. D. "Korea." *The Missionary* (May, 1894).

_____. "The Native Ministry." *The Korea Repository III* (May, 1896).

Russell, James E. "The School and Industrial Life." James E. Russell·Frederick G. Bonser. *Industrial Education.* New York: Teachers College, Columbia University, 1914.

Rusell, Letty M. *Just Hospitality.* 여금현 옮김.『공정한 환대』. 서울: 대한기독교서회, 2012.

Scharpff, Paulus. *Geschichte der Evangelisation.* Gießen: Brunnen Verlag, 1964.

Shepping, Elisabeth J. *Annual Report of E. J. Shepping.* 1932[-1933].

_____. *Annual Report of Miss Elise J. Shepping.* Kwangju, Korea. received September, 1928.

_____. *Annual Report of Elisabeth J. Shepping – 1932.* Kwangju, Korea." Received at Nashville, Tennessee (September 15, 1933).

_____. *Annual Report of E. J. Shepping, 1932.* dated June 21, 1932.

_____. "District Nursing II." *Korea Mission Field* Vol. XVI No.9 (Sept. 1920).

_____. "Letter from Miss Shepping." *The Missionary Survey* (August 1918).

_____. "Letter, From Somewhere in Korea." (April, 1922).

_____. *Letter.* Kwangju, Chosen, Asia, March 16, 1921.

_____. *Letter.* Kwangju, Korea. June 5, 1922.

_____. "Sanitary Work in Korea." *The Missionary Survey* (October, 1920).

_____. *S. S.* Empress of Canada. dated August 7, 1930.

Shepping, Miss E. J. "An Island in the Pacific." *Korea Mission Field* Vol.18/1 (1922, 1).

_____. *Principal of Neel Bible School, Kwangju, Korea, Asia.* June 3, 1931.

_____. "Korean High School Girls." *Korea Mission Field* (March 1928).

Swallen, W. L. "The Training of a Native Ministry II." *The Korea Repository IV* (May, 1987).

Swinehart, Lois Hawks.. "Adventures in the Lace-making Industry." *The Missionary Survey* (May 1920).

_____. "Adventures in the Lace-making Industry: Second Trip." *The Missionary Survey* (Oct. 1920).

_____. "Adventures in the Lace-making Industry, No. 3" *The Missionary Survey* (Jan. 1921).

_____. "Elise Johanna Shepping - A Missionary Deborah." Hallie Paxon Winsborough Compiled. Sarah Lee Vinton Timmons Edited. *Glorious Living: Informal Sketches of Seven Women Missionaries of the Presbyterian Church, U.S.* Atlanta, Ga: Committee on Woman's Work Presbyterian Church, U.S., 1937.

_____. *Jane in the Orient.* New York: Fleming H. Revell Company, 1924.

_____. *Korea Calls - A Story of the Eastern Mission Field.* New York: Fleming H. Revell Company, 1929.

_____. "Kwangju Girl's Industrial School." *KMF* Vol. XI No.1 (Jan. 1915).

_____. "Letter from Mrs. Swinehart." *The Missionary Survey* (Jan. 1923).

_____. *Sarangie: A Child of Chosen - A Tale of Korea.* New York: Fleming H. Revell Company, 1926.

_____. *Sarangie: A Child of Chosen - A Tale Korea.* 송창섭 옮김. 『조선의 아이 사랑이: 선교사 서부인이 구한 조선의 아이들』. 서울: (주)살림출판사, 2010.

_____. "The Industrial Work of Soonchun, Korea." *The Presbyterian Survey* (June, 1931).

Swinehart, Mrs. L. H. "Industrial Work at Kwangju: A Retrospect." *KMF* (1930).

The Missionary Survey (Oct. 1915), 752.

The Missionary Survey (Mar. 1908), 127.

Tinling, C. I. "The W.C.T.U. in Korea." *KMF* (Nov. 1923).

Walls, Andrew F. *The Missionary Movement in Christian History: Studies in the Transmission of Faith*. Maryknoll: Orbis Books, 1996.

White, Wilbert Webster. *How to Study the Bible - Read-Read-Read: Thoughtfully to Read is to Study Read in the Best Version Obtainable in Your Mother Tongue*. (A diagram sheet, W. W. White Archive).

_____. *Prospectus of First Session, to be Conducted in Montclair, New Jersey, January until May, 1901*.

_____. "Wilbert Webster White Papers 1878-1945."

Yoo, Young Suk. *Earlier Canadian Missionaries in Korea: A Study in History 1888-1895*. Mississauga(Ontario): The Society of Korean and Related Studies, 1987.

│ 찾아보기 │